SCHUBERT-STUDIEN

FESTGABE

DER ÖSTERREICHISCHEN AKADEMIE
DER WISSENSCHAFTEN
ZUM SCHUBERT-JAHR 1978

ÖSTERREICHISCHE AKADEMIE DER WISSENSCHAFTEN
PHILOSOPHISCH-HISTORISCHE KLASSE
SITZUNGSBERICHTE, 341. BAND

VERÖFFENTLICHUNGEN
DER KOMMISSION FÜR MUSIKFORSCHUNG
HERAUSGEGEBEN VON FRANZ GRASBERGER

HEFT 19

SCHUBERT-STUDIEN

FESTGABE
DER
ÖSTERREICHISCHEN AKADEMIE DER WISSENSCHAFTEN
ZUM SCHUBERT-JAHR 1978

HERAUSGEGEBEN VON
FRANZ GRASBERGER
UND
OTHMAR WESSELY

MIT 11 ABBILDUNGEN AUF 7 TAFELN

WIEN 1978

VERLAG DER
ÖSTERREICHISCHEN AKADEMIE DER WISSENSCHAFTEN

Vorgelegt durch w. M. FRANZ GRASBERGER
in der Sitzung am 8. März 1978

Gedruckt mit Unterstützung durch den
Verein der Freunde der Österreichischen Akademie der Wissenschaften,
die Niederösterreichische und die
Oberösterreichische Landesregierung

—ISBN 3 7001 0263 1

Druck: Ernst Becvar, A-1150 Wien

INHALTSVERZEICHNIS

Otto Biba

FRANZ SCHUBERT IN DEN MUSIKALISCHEN ABENDUNTERHALTUNGEN DER GESELLSCHAFT DER MUSIKFREUNDE

Im Archiv der Gesellschaft der Musikfreunde in Wien[1] befindet sich folgende *Einladung zu den Privat-Abend-Concerten der Gesellschaft der Musikfreunde des österreichischen Kaiserstaates. Die Gesellschaft der Musikfreunde hat im fortwährenden Bestreben, ihren musikalischen Unternehmungen einen stets höheren Aufschwung zu geben, beschlossen, im Verlauf des nächsten Winters in ihrem Saale jedesmal an einem Donnerstage Abends um 7 Uhr, 8 Abend-Unterhaltungen, 4 Zögling- und 4 Opern-Concerte in der Art zu veranstalten, daß in die erste Hälfte der Abend-Unterhaltungen die 4 Zögling-Concerte, in die zweite Hälfte aber die 4 Opern-Concerte abwechselnd eingeschaltet werden, so, daß hierdurch ein Cyklus von 16 Abend-Concerten entsteht, für welchen den Liebhabern der Tonkunst entweder im Ganzen, oder auch nur für eine einzelne der benannten 3 Abtheilungen sich zu abonniren frei stehet.*

Das zur Leitung und Ausführung dieser musikalischen Privat-Unternehmungen eigens bestellte Comité glaubt den kunstsinnigen Theilnehmern um so mehr die befriedigendsten Kunstgenüsse zusichern zu können, als selbes bemüht und auch bereits so glücklich war, für diese Unternehmungen mehrere ausgezeichnete, zum Theil nur in wenigen Privatzirkeln bekannte Kunsttalente zu gewinnen, die nur im edlen Mitgefühle für eine schöne gute Sache ihre gefällige Mitwirkung zugesichert haben, dieses Comité sich auch der bereitwilligen Mitwirkung mehrerer am Conservatorium als Professoren angestellten ausgezeichneten Künstler im Solo-Vortrage versichert hat; daher, mit so vortrefflichen Künstlertalenten ausgerüstet, allerdings in der Lage ist, die Meisterwerke eines Haydn, Mozart, Beethoven, Onslow, Spohr, Schubert u. a. m. würdig zur Aufführung zu bringen. ...

Ganz in der gewünschten Form konnte die Idee nicht verwirklicht werden. Zu den regelmäßigen vier Zöglings- und vier Opernkonzerten kam es nicht, somit auch nicht zu einem Zyklus von 16 Abenden. Allerdings bemühte man sich, mehr als acht Abendunterhaltungen

[1] Programmzettel-Sammlung 1818.

zustande zu bringen. Schon im ersten Jahr 1818 waren es zehn, die zwischen 12. März und 28. Mai veranstaltet wurden.

Diese Abendunterhaltungen brachten ein gemischtes Programm von Vokal- und Instrumentalmusik überwiegend kleiner, kammermusikalischer Besetzung. Daß schon in dieser ersten Ankündigung der Name Franz Schuberts neben jenen von Haydn, Mozart, Beethoven und den erfolgreichen Georg Onslow und Louis Spohr erwähnt ist, muß als überaus bemerkenswert festgehalten werden. Erschien diese Ankündigung doch 1818, in dem Jahr, in dem das erste gedruckte opus Schuberts erschienen ist.

Weitere Details über diese Veranstaltungsserie erfahren wir aus folgender 1818 verlegten Broschüre[2]: *Kurze Nachricht über Zweck und Verfassung der Anstalt der wöchentlichen musikalischen Abend-Unterhaltungen.* Sie ist mit August 1818 datiert und erwähnt noch manches, was sich später als undurchführbar erwiesen hat. Insbesondere war es nicht möglich, wirklich wöchentlich diese Konzerte zu veranstalten. Als Zweck der Veranstaltungen nennt sie[3] „*den Selbstbetrieb und Genuß der Musik und die Beförderung der Geselligkeit unter den Kunstliebhabern unserer Residenz-Stadt*". Interessant für die Entwicklung des öffentlichen Konzertlebens in Wien ist der in dieser Broschüre noch ausgedrückte Plan, zu diesen Veranstaltungen „*auf freundschaftliche Weise in einem Privathause zusammen*" zu kommen. Was also ursprünglich als etwas besser organisierter musikalischer Salon gedacht war, wandelte sich noch im Gründungsstadium zu einem Konzert-Zyklus, der öffentlich zugänglich war und für den Abonnements aufgelegt wurden. Denn die Konzerte fanden schon bald in Sälen statt, die auch von anderen für Konzerte benützt wurden, und schließlich in dem der Gesellschaft der Musikfreunde: erst in der Wohnung des Hofrates Johann Baptist Freiherr von Lang im Haus *Zum roten Apfel* in der Singerstraße, seit März 1819 im *Müllerschen Kunstsaal am rothen Turm* (heute Rotenturmstraße/Schwedenplatz), seit dem Frühjahr 1820 im *Gundelhof* (Brandstätte/Bauernmarkt) und seit dem Frühjahr 1822 im *Roten Igel* unter den Tuchlauben[4]. Dieses Haus ist im Jahr 1822 von der Gesell-

[2] Archiv der Gesellschaft der Musikfreunde in Wien, Sign. 2697/32.

[3] S. 3.

[4] EDUARD HANSLICK, *Geschichte des Concertwesens in Wien.* Wien 1869, 160. — Programm der Abendunterhaltung vom 4. März 1819. Zu einem Gesuch um die Überlassung des Konsistorialsitzungssaales in der „domus antiqua" der Universität (im heutigen Haus Sonnenfelsgasse 19) für die Abendunterhaltungen vom September 1819 vgl. THEOPHIL ANTONICEK, *Musik im Festsaal der Österreichi-*

schaft der Musikfreunde für ihre Zwecke gemietet worden, wurde dann von ihr angekauft und schließlich in den Jahren 1829 bis 1831 durch ein neues Gebäude ersetzt, das den ersten ausschließlich als solchen erbauten und verwendeten Konzertsaal Wiens besaß. Wegen dieser Bauarbeiten fanden zwischen April 1829 und Dezember 1831 keine Abendunterhaltungen statt. Sie hielten sich dort bis 19. März 1840 und wurden dann aus nicht näher bekannten Gründen nicht mehr fortgesetzt. 1856 versuchte man mit je vier Konzerten im Frühjahr und Herbst die Abendunterhaltungen in der ursprünglichen Idee wieder aufleben zu lassen. Es scheint nicht recht gelungen zu sein, da jene vom 16. Dezember 1856 die letzte geblieben ist.

Über die Zahl der Besucher sind wir nicht unterrichtet, über die Eintrittspreise informiert uns die oben zitierte Einladung aus dem Jahr 1818. Demnach sollte eine Sperrsitzkarte zu allen acht Abendunterhaltungen 4 Gulden und zu den vier Zöglings- und den vier Opern-Konzerten jeweils 3 Gulden kosten, eine gewöhnliche Eintrittskarte für acht Abendunterhaltungen 3 Gulden und für die anderen jeweils vier Konzerte je 2 Gulden. Der ganze Zyklus von geplanten sechzehn Abenden sollte also im Abonnement mit einem Sperrsitz 10 Gulden und für einen der anderen Sitze 7 Gulden kosten.

Wie schon erwähnt, kam die Organisation in dieser geplanten Form und mit der geplanten Anzahl von sechzehn Abendunterhaltungen nicht zustande. Im Herbst 1820 und für das Jahr 1821 wurde die Veranstaltungsreihe überhaupt — aus nicht bekannten Gründen — unterbrochen. Eine Übersicht über Zahl und Termine der Abendunterhaltungen kann nach ihren erhaltenen Programmen[5] geboten werden:

1818	12. März	—	28. Mai	10 Abendunterhaltungen
	3. September	—	31. Dezember	17
1819	7. Jänner		15. April	11
	7. Dezember	—	28. Dezember	4

schen Akademie der Wissenschaften. Wien 1972, 42. Dem Ansuchen — unterzeichnet von Raphael Georg Kiesewetter, Georg Krebner, Freiherr von König, Johann Nepomuk Schönpichler, Anton Peck, Vinzenz Hauschka und Karl Frak — wurde seitens der Universität nicht stattgegeben.

[5] Archiv der Gesellschaft der Musikfreunde in Wien, Sign. 2697/32: Sammelband mit den eingeklebten Programmen. Lediglich das Programm für die 14. Abendunterhaltung am 6. März 1828 wurde nicht auf den dafür vorgesehenen Platz geklebt, es fehlt also.

1820	4. Jänner	—	29. April		12
1822	21. November	—	26. Dezember		6
1823	2. Jänner	—	20. März		10
	66. November	—	26. Dezember		8
1824	1. Jänner	—	25. März		12
	11. November	—	30. Dezember		7
1825	6. Jänner	—	24. März		9
	10. November	—	29. Dezember		7
1826	5. Jänner	—	30. März		9
	16. November	—	28. Dezember		7
1827	4. Jänner	—	15. März		9
	22. November	—	20. Dezember		5
1828	3. Jänner	—	20. März		11
	20. November	—	18. Dezember		5
1829	8. Jänner	—	2. April		11
1831	1. Dezember	—	29. Dezember		5
1832	5. Jänner	—	22. März		11
	22. November	—	27. Dezember		6
1833	10. Jänner	—	28. März		10
	7. November	—	19. Dezember		7
1834	9. Jänner	—	20. März		9
	13. November	—	18. Dezember		6
1835	8. Jänner	—	26. März		8
	12. November	—	17. Dezember		6
1836	7. Jänner	—	24. März		10
	17. November	—	15. Dezember		3
1837	12. Jänner	—	30. März		5
	23. November	—	21. Dezember		4
1838	4. Jänner	—	1. Februar		4
	6. Dezember	—	20. Dezember		3
1839	3. Jänner	—	31. Jänner		5
1840	2. Jänner	—	19. März		8
1856	26. Februar	—	1. April		4
	25. November	—	16. Dezember		4

Die Programme begannen meist mit einem Streichquartett und endeten meist mit einem Werk für Vokalensemble — ein Vokalquartett mit oder ohne Klavierbegleitung oder auch eine Nummer aus einer Oper. Dazwischen gab es Arien, selten Lieder, Duette, Terzette, regelmäßig Variationen und oft auch andere kleinere Instrumentalformen wie

Rondo und Fantasie für verschiedene Instrumente. Größere Kammermusikbesetzungen (bis zum Nonett) waren selten. Daß die ursprüngliche Idee, bei den Abendunterhaltungen auch den Schülern des Konservatoriums der Gesellschaft der Musikfreunde eine Produktionsmöglichkeit zu geben, nicht ganz in Vergessenheit geriet, sondern modifiziert wurde, beweist eine Notiz auf dem Programm zur 11. Abendunterhaltung am 7. Februar 1833: „*Am 14. und 21. Februar findet keine Abendunterhaltung Statt, wohl aber wird Freitags den 22.ten Februar eine außerordentliche Abendunterhaltung gegeben, welche aus einer Production der Zöglinge des Konservatoriums besteht. Zur Dekung der Kosten ist für den Sperrsitz ein Betrag von 1 fl 12 xr C: Mze: und für den Eintritt allein 48 xr C: Mze: bestimmt. Jene Herren Abonnenten, welche ihre Sperrsitze behalten wollen, belieben es in der Kanzlei längstens bis 17. Februar zu melden.*“

Die Veranstaltung war also außerhalb der Abendunterhaltungen, deren Publikum wurde aber auf sie besonders hingewiesen: Die Schüler des Konservatoriums sollten die Möglichkeit haben, vor einem erlesenen, kunstverständigen Publikum sich zu produzieren.

Über das Publikum sind wir leider nicht so gut informiert wie über die Programme. Listen der Abonnenten haben sich nicht erhalten. Da die Ausführenden aber in der Hauptsache aus den Reihen der abonnierenden Zuhörer kamen — Gäste waren freilich willkommen — und wir unter den Ausführenden die ersten Kräfte des Wiener Musiklebens finden, dürfen wir mit einem überdurchschnittlich guten und musikverständigen Publikum rechnen.

Auf neun Programmen aus den Jahren 1820 und 1821[6] sind unter der Überschrift *Mangelnde Billeten* die Namen einiger Abonnenten mit ihrer Abonnementnummer angeführt; dabei handelt es sich wohl um die Gedächtnisstütze für einen der Organisatoren der Abendunterhaltungen. Wir können daraus aber einige Namen aus dieser von führenden Persönlichkeiten des Wiener Musiklebens gebildeten wirklich illustren Gesellschaft kennenlernen[7].

---

[6] 7. Dezember, 14. Dezember, 21. Dezember 1820, 11. Jänner, 25. Jänner, 1. Februar, 1. März, 22. März, 29. April 1821.

[7] Die Vornamen sind nach folgenden Unterlagen ergänzt: ANTON ZIEGLER, *Addressen-Buch von Tonkünstlern, Dilettanten, Hof-Kammer-Theater- und Kirchen-Musikern, Vereinen* [etc.]. Wien 1823. — LEOPOLD VON SONNLEITHNER, Musikalische Skizzen aus Alt-Wien. *Recensionen und Mittheilungen über Theater und Musik* 7 (1861) 737—741, 753—757; 8 (1862) 4—7, 177—180, 369—375 (Beitrag von WILHELM BÖCKING); 9 (1863) 305—325; Neuveröffentlichung von OTTO ERICH DEUTSCH in *Österreichische Musikzeitschrift* 16 (1961) 49—62, 97—

Bogsch [Friedrich]	Lan[n]oy [Eduard Freiherr von]
Bohmann	Linhart [Sophie]
Buber [Anton]	Neuling [Vincenz]
Contini [Francesco]	Piringer [Ferdinand]
Franchetti [Fortunata]	Preysinger [Josef]
Fürstenberg [Josef Landgraf von]	Radinger [Ernst]
Groß [Carl]	Schmid Josef Calasanz
Gymnich [August von]	Schul[t]z
Halm [Anton]	Sonnleithner Leop:[old]
Hauschka [Vincenz]	Sonnleithner Joseph
Hueber	Sto[c]khammer Gr[a]f
Jansa [Leopold]	Troyer Gr[a]f [Ferdinand]
Kiesewetter [Raphael Georg]	Waß Gr[a]f
Kirchlehner [Joseph oder Franz]	Würth [Heinrich von]
Krebner [Georg]	Zizius [Johann]

Manche dieser Personen sind dabei zweimal mit verschiedenen Abonnement-Nummern genannt, hatten also — mindestens — zwei Abonnements. Die höchste Abonnement-Nummer, die in diesen Notizen vorkommt, ist 89. Rückschlüsse auf die Zahl der Abonnements kann man daraus also nicht ziehen.

Jedes Konzert hatte einen Leiter[8], der auch für die Auswahl und Zusammenstellung der Programme und der Ausführenden verantwortlich war, auf den Programmzetteln aber nicht regelmäßig genannt wurde. Er kam aus einem Kreis von für die Abendunterhaltungen vorgesehenen *Directores*. Auf den genannten neun Programmen sind in den Notizen *Mangelnde Billeten* auch die Namen einiger *Directores* genannt. Da manche von ihnen auch unter den oben zusammengestellten Namen der Mitglieder aufscheinen, müssen wir wieder annehmen, daß diese mehr Abonnements besessen haben, ja daß dies grundsätzlich möglich war:

Bogner [Ferdinand]	Gymnich [August von]
Fradl [Karl]	Hauschka [Vincenz]
Fröhlich [Anna]	Kirchlehner [Franz]

110, 145—157. — CARL FERDINAND POHL, *Die Gesellschaft der Musikfreunde des österreichischen Kaiserstaates und ihr Conservatorium.* Wien 1871. — OTTO ERICH DEUTSCH, *Schubert. Die Dokumente seines Lebens.* Kassel-Basel etc. 1964. — HERFRIED KIER, *Raphael Georg Kiesewetter (1773—1850). Wegbereiter des musikalischen Historismus.* Regensburg 1968.

[8] *Kurze Nachricht über Zweck und Verfassung der Anstalt der wöchentlichen musikalischen Abend-Unterhaltungen.* Wien 1818 (wie A. 2), 6f.

Krebner [Georg]	Salomon Frl.
Mosel [Ignaz] von	Schmiedel [Johann]
Piringer [Ferdinand]	Schönpichler [Johann Nepomuk]

„*Das Programm der aufzuführenden Stücke wird im Saale zu jedes Anwesenden Einsicht aufgehängt*", heißt es in der *Kurzen Nachricht* ...[9] von 1818. Tatsächlich waren die Programme anfangs handgeschrieben. Seit 1823 tauchen fallweise lithographierte Köpfe, manchmal auch Umrahmungen der Programmzettel auf; die Programmfolge war aber fast immer handschriftlich eingetragen. Nach der durch den neuen Saalbau bedingten Pause gab es seit 1. Dezember 1831 im ganzen einfach lithographierte Programme, in die aber das Datum handschriftlich eingesetzt war. (Offensichtlich waren sie schon länger vorbereitet, die tatsächlichen Termine waren aber von der Eröffnung und Benützbarkeit des neuen Saales[10] abhängig und daher vorerst unsicher).

Mit Jänner 1832 waren auch die Daten lithographiert. Wohl nur ein kurzer Versuch war es, als von November 1837 bis Februar 1838 die Programmzettel im Buchdruck hergestellt wurden. Ebenfalls im Buchdruck waren die Programmzettel der von Josef Hellmesberger angeregten letzten Saison 1856 hergestellt; die Namen der Ausführenden sind allerdings handschriftlich hinzugefügt.

Soviel im allgemeinen zu dieser Konzertreihe. Schon Carl Ferdinand Pohl hat darauf hingewiesen[11], daß sie für Franz Schubert und die Verbreitung seines Schaffens sehr wichtig war. Hier soll nun eine vollständige Liste der Schubert-Aufführungen in den Musikalischen Abendunterhaltungen folgen, die sich auf die Programmsammlung im Archiv der Gesellschaft der Musikfreunde in Wien stützt[12]. Die sich daraus ergebenden neuen Daten für Erstaufführungen Schubertscher Werke wurden von mir bereits der Editionsleitung der Neuen Schubert-Ausgabe zur Berücksichtigung im *Neuen Deutsch-Verzeichnis* mitgeteilt.

Zur Rezeptionsgeschichte des Schubertschen Schaffens ist schließlich die Beobachtung interessant, daß er ab 1825 in jedem Jahr der nach Rossini am meisten aufgeführte Komponist war, was sicher im größeren Zusammenhang seines Verhältnisses zur Gesellschaft der Musikfreunde

[9] Wie A. 2.

[10] Der Saal wurde am 4. November 1831 eröffnet. Vgl. POHL a. O. 21. — RICHARD VON PERGER — ROBERT HIRSCHFELD, *Geschichte der k. k. Gesellschaft der Musikfreunde in Wien*. Wien 1912, 40.

[11] a. O. 12.

[12] wie A. 5.

zu sehen ist[13]. Eine Notiz auf dem Programm der Abendunterhaltung vom 15. Jänner 1829 spricht wohl auch für den engen Konnex des Publikums dieser Veranstaltungsreihe zu Schubert: „*Einladung zu einen Concert am 30. Jänner Abends 7 Uhr. Der Ertrag ist zur Errichtung eines Monuments für den Compositor Franz Schubert bestimmt.*" Es handelt sich dabei um das bekannte von Anna Fröhlich veranstaltete Konzert[14].

Daß am 30. März 1837 eine *Fantasie für Pianoforte und Horn über Schubertische Lieder* von Carl Czerny[15] auf dem Programm stand, also ein typisches Werk der frühen Salonmusik, darf bei einer Betrachtung der Schubert-Pflege in den Musikalischen Abendunterhaltungen nicht übergangen werden.

Ein abschließendes Register schlüsselt die Aufführungsnachweise nach Werken und nach Interpreten auf. Dabei wurden die Vornamen der Interpreten nur dort ergänzt, wo sich die Personen mit größtmöglicher Sicherheit identifizieren ließen[16].

8. Abendunterhaltung (Director: Bogner)
Donnerstag, 25. Jänner 1821

Der Erlkönig von Goethe, in Musick gesetzt von Fr[anz] Schuberth gesungen von Herrn v[on] Gymnich
[D 328]

10. Abendunterhaltung
8. Februar 1821

Die Sehnsucht von Schiller in Musick gesetzt von Franz Schuberth. Vorgetragen von Herrn Götz
[D 636]

14. Abendunterhaltung
8. März 1821

Tartarus von Schiller, in Musick gesetzt von Franz Schuberth, gesungen von H[er]rn Preysinger
[D 583]

---

13 Vgl. OTTO BIBA, Franz Schubert und die Gesellschaft der Musikfreunde in Wien. *Schubert-Kongreß Bericht Wien 1978.* Graz 1979 (im Druck).

14 DEUTSCH a. O. 574.

15 Wohl aus Carl Czernys 1835 publiziertem opus 339, *Drey brillante Fantasien über die beliebtesten Motive aus Franz Schuberts Werken.* Wien A. Diabelli & Co. Die Fantasien erschienen gleichzeitig in verschiedenen Fassungen: Vlg.Nr. 5178—5180 Pianoforte und Horn (oder Violine oder Violoncello); Vlg.Nr. 5181—5183 Pianoforte zu vier Händen; Vlg.Nr. 5184—5186 Pianoforte und Physharmonika (oder zwei Pianoforte).

16 wie A. 7.

16. Abendunterhaltung
29. April 1821

Sehnsucht von Schiller in Musik gesetzt von Franz Schubert. Gesungen von Herrn Götz.
[D 636]

Fünftes Concert
19. Dezember 1822

Gruppe aus dem Tartarus, Gedicht von Schiller, in Musik gesetzt von Schubert, vorgetragen von H[errn] v[on] Preisinger
[D 583]

Achtes Concert
Donnerstag, 9. Jaenner 1823

Geist der Liebe, Vocalquartett von Schubert, vorgetragen von den H[erre]n Barth, Tietze, Leschetitzki und Kiesewetter
[D 747]

13. Concert
Donnerstag, 20. Februar 1823

Gretchen am Spinnrade, Gedicht von Göthe, in Musik gesetzt von Schubert, gesungen von Fr[äu]l[ei]n v[on] Lienhart
[D 118]

Fünfzehntes Concert (Director: H[er]r v[on] Schmiedel)
Donnerstag, 6. März 1823

Die abgeblühte Linde (Lied von Schubert) vorgetragen von Herrn Rueß
[D 514]

2. Abendunterhaltung
13. November 1823

Der Zwerg, Gedicht von M[atthäus von] Collin, in Musick gesetzt von Schubert vorget[ragen] von Herrn v[on] Preysinger
[D 771]

11. Abendunterhaltung
15. Jänner 1824

Die Nachtigall von Unger, Musik von Schubert für 4 Männerstimmen, gesungen von den Herrn v[on] Barth, Tieze, Nejebse, Rotter
[D 724]

13. Abendunterhaltung
Donnerstag, 29. Jänner 1824

Rastlose Liebe, Gedicht von Göthe, Musick von Schubert, gesungen von Herrn Tietze
[D 138]

17. Concert (Director: H[err] v[on] Pöck)
Donnerstag, 4. März 1824

Vocal Quartett (die Nachtigall) von Schubert gesungen von den Herren Barth, Tieze, Nejebse und Rotter
[D 724]

4. Abendunterhaltung (Director: Herr Pöck)
Donnerstag, 2. Dezember 1824

Der Wanderer: Lied von Schubert, vorgetragen von H[errn] Hoffmann
[D 493]

9. Abendunterhaltung (Director H[er]r Fischer)
Donnerstag, 13. Jänner 1825

Erlkönig, Gedicht von Göthe, Musik von Schubert, vorgetr[agen] von Herrn Tietze
[D 328]

11. Abendunterhaltung (Director: Herr Kirchlechner)
Donnerstag, 27. Jänner 1825

Die Sehnsucht von Schiller, in Musik gesetzt von Schubert, vorgetragen von Fräulein Fröhlich
[D 636]

12. Abendunterhaltung (Director: Herr Fischer)
Donnerstag, 3. Februar 1825

Der Blumen Schmerz Gedicht von Graf Maylath in Musik gesetzt von Schubert, vorget[ragen] von Herrn Groß
[D 731]

13. Abendunterhaltung (Director: Herr Bogner)
Donnerstag, 24. Februar 1825

Die zürnende Diana, Gedicht von Mayerhofer, in Musik gesetzt von Schubert, vorget[ragen] von H[errn] Hoffmann
[D 707]

1. Abendunterhaltung
Donnerstag, 10. November 1825

Geist der Liebe von Schubert. für 4 Männerstimen, Titze
[D 747]

2. Abendunterhaltung (Director: Herr Fradl)
Donnerstag, 17. November 1825

Der Gondelfahrer, Vocal Quartett von Schubert, vorget[ragen] von den Herren Suchy, Karl Groß, Nejebse und Fuchs
[D 809]

9. Abendunterhaltung
Donnerstag, 12. Jänner 1826

Rastlose Liebe von Göthe in Musick gesetzt von Schubert vorgetragen vom Herrn Illem
[D 138]

16. Abendunterhaltung (Director: Herr Baron v[on] Lannoy)
Donnerstag, 30. März 1826

Der Wanderer in Musik gesetzt von Schubert, vorgetr[agen] vom H[errn] J. Hoffman
[D 493]

1. Abendunterhaltung (Director: Herr Schmiedel)
Donnerstag, 16. November 1826

23.te Psalm in Musik gesetzt für 2 Sopran und 2 Alt-Stimmen von Franz Schubert
[D 706]

2. Abendunterhaltung (Director: Herr Schönpichler)
Donnerstag, 23. November 1826

Der Einsame, Gedicht von Lappe, in Musik gesetzt von Fr[anz] Schubert gesungen von Herrn Tietze
[D 800]

6. Abendunterhaltung (Director: Herr Hauschka)
Donnerstag, 21. Dezember 1826

Der Zwerg, Gedicht von M[atthäus] Edlen v[on] Collin, in Musik gesetzt von Franz Schubert, vorgetr[agen] von Herrn Schoberlechner
[D 771]

7. Abendunterhaltung (Director: Herr Kirchlechner)
Donnerstag, 28. Dezember 1826

Die junge Nonne, Gedicht von Craigner in Musik gesetzt von Schubert vorgetragen von Fräulein Schindler
[D 828]

9. Abendunterhaltung (Director: Herr Schmiedel)
Donnerstag, 11. Jänner 1827

An Schwager Kronos, Gedicht von Göthe, in Musik gesetzt von Franz Schubert, vorgetragen von Herrn Schoberlechner
[D 369]

10. Abendunterhaltung (Director: Herr Schönpichler)
Donnerstag, 18. Jänner 1827

Sehnsucht, Gedicht von Schiller, in Musik gesetzt von Fr[anz] Schubert, vorgetragen von Fräulein Louise Weiß
[D 636]

11. Abendunterhaltung (Director: Herr Geissler)
Donnerstag, 25. Jänner 1827

Nachthelle Gedicht von Seidl in Musik gesetzt von Franz Schubert, vorget[ragen] von Herrn Titze und dem Chor (in Manuscript)
[D 892]

12. Abendunterhaltung (Director: Herr Piringer)
Donnerstag, 1. Februar 1827

Die zürnende Diana, Gedicht von Mayerhofer in Musik gesetzt von Schubert, vorgetr[agen] vom Herrn Schoberlechner
[D 707]

13. Abendunterhaltung (Director: Herr Bogner)
Donnerstag, 8. Februar 1827

Lied des gefangenen Jägers aus Walter Scott's Fräulein vom See in Musik gesetzt von Franz Schubert vorgetragen von Herrn Schoberlechner
[D 843]

15. Abendunterhaltung (Director: Herr Kirchlechner)
Donnerstag, 8. März 1827

Normans Gesang aus dem Fräulein am See von Walter Scott mit Musik von Schubert, vorgetr[agen] von H[errn] Titze, begleit[et] vom H[errn] Schubert
[D 846]
Gott in der Natur. Gedicht von Gleim, Musik von Schubert, vorgetr[agen] von den Schülerinnen des Konservatoriums
[D 757]

1. Abendunterhaltung (Director: Herr Bogner)
Donnerstag, 22. November 1827

Die zürnende Diana, Gedicht von Mayerhofer, in Musik gesetzt von Fr[anz] Schubert, gesungen vom Herrn Schnitzer
[D 707]

3. Abendunterhaltung
Donnerstag, 6. Dezember 1827

Der Kampf, Gedicht von Schiller in Musik gesetzt von Franz Schubert, gesungen von Herrn Schoberlechner
[D 594]

4. Abendunterhaltung (Director: Herr Hauschka)
Donnerstag, 13. Dezember 1827

Der Zwerg Gedicht von Collin in Musik gesetzt von Schubert, vorgetr[agen] von Herrn Schoberlechner
[D 771]

6. Abendunterhaltung (Director: Herr Schmiedel)
Donnerstag, 3. Jänner 1828

Normans Gesang, Gedicht aus Walter Scotts Fräulein v[om] See, in Musik gesetzt von Schubert, vorgetr[agen] von Herrn Titze
[D 846]
Neues Quintett, Mondschein, Gedicht von Schober, in Musik gesetzt von Franz Schubert, vorgetr[agen] von den Herren Titze, Groß, Greisinger, Obermüller und Fuchs
[D 875]

7. Abendunterhaltung (Director: Herr Kirchlechner)
Donnerstag, 10. Jänner 1828

Gute Nacht. Aus dem Liederkreise (die Winterreise) von W[ilhelm] Müller in Musik gesetzt von F[ranz] Schubert, vorg[etragen] von H[errn] Titze
[D 911/1]

9. Abendunterhaltung (Director: Herr Bogner)
Donnerstag, 24. Jänner 1828

Das Ständchen Gedicht von H[errn] Grillparzer in Musik gesetzt von Schubert vorgetr[agen] von Fräulein Fröhlich (beides in Manuscript)

10. Abendunterhaltung (Director: Herr Fischer)
Donnerstag, 31. Jänner 1828

Ellen's Gesang, Gedicht aus Walter Scotts Fräulein von See, in Musik gesetzt von F[ranz] Schubert, vorgetragen von Fräulein Joseph

11. Abendunterhaltung (Herr Chimani)
Donnerstag, 7. Februar 1828

Der 23.te Psalm für 4 Singstimmen von Schubert
[D 706]

12. Abendunterhaltung (Director: Herr Hauschka)
Donnerstag, 21. Februar 1828

Ellen's Gesang, aus Walter Scotts Fräulein vom See, in Musik gesetzt von F[ranz] Schubert, vorgetragen von Frau v. Frontini

13. Abendunterhaltung (Director: Herr Piringer)
Donnerstag, 28. Februar 1828

Vierstimmiger Gesang, Gott in der Natur, Gedicht vom Gleim in Musik gesetzt von Schubert
[D 757]

1. Abendunterhaltung (Director: Herr Hauschka)
Donnerstag, 20. November 1828

Dithyrambe, Gedicht von Schiller in Musik gesetzt von Franz Schubert, vorgetragen vom Herrn Nejebse
[D 801]

2. Abendunterhaltung (Director: Herr Bogner)
Donnerstag, 27. November 1828

Chor (Widerspruch) Gedicht von Seidl, in Musik gesetzt von Franz Schubert
[D 865]

4. Abendunterhaltung (Director: Herr Fischer)
Donnerstag, 11. Dezember 1828

Der Alpenjäger, Gedicht von Schiller in Musik gesetzt von Franz Schubert, vorgetragen von Herrn Nejebse
[D 588]

5. Abendunterhaltung
Donnerstag, 18. Dezember 1828

Der Kreuzzug, Gedicht von Leitner, und die Post, aus der Winterreise von W[ilhelm] Müller, beide in Musik gesetzt von Franz Schubert, vorgetragen vom Herrn Schoberlechner
[D 932; D 911/13]

6. Abendunterhaltung (Director: Herr Freih[err] v. Lannoy)
Donnerstag, 8. Jänner 1829

Der blinde Knabe aus dem englischen von Craigher in Musik gesetzt von Franz Schubert, vorgetragen von Herrn Titze
[D 833]

7. Abendunterhaltung (Director: Herr Piringer)
Donnerstag, 15. Jänner 1829

Vierstimmiger Gesang von Schubert, vorgetragen von Fräulein Kirstein und Jeckel, den H[erren] Schnitzer u[nd] Lugano[17]

8. Abendunterhaltung (Director: Herr Schmiedel)
Donnerstag, 22. Jänner 1829

Der Lindenbaum — und — im Dorfe aus der Winterreise, Gedicht von Wilh[elm] Müller, in Musik gesetzt von F[ranz] Schubert, vorget[ragen] von H[errn] Schoberlechner
[D 911/5; D 911/17]

9. Abendunterhaltung (Director: Herr Hauschka)
Donnerstag, 29. Jänner 1829

Die Ungeduld von W[ilhelm] Müller in Musik gesetzt von F[ranz] Schubert, gesungen von Herrn Schnitzer
[D 795/7]

---

[17] Bei diesem Werk sind die Ausführenden nicht genannt, wohl aber bei einem abschließenden Quartett mit Chor eines ungenannten Komponisten. Es ist wohl anzunehmen, daß dieselben auch Schuberts Vierstimmigen Gesang vorgetragen haben.

10. Abendunterhaltung (Director: Herr Bogner)
Donnerstag, 5. Februar 1829

Im Walde von E[rnst] Schulze, in Musik gesetzt von F[ranz] Schubert, vorgetragen von Herrn Obermüller
[D 834]

12. Abendunterhaltung (Director: Herr Fischer)
Donnerstag, 19. Februar 1829

Drang in die Ferne, Gedicht von Leitner, Musik von F[ranz] Schubert, vorgetragen vom Herrn Titze
[D 770]

1. Abendunterhaltung
Donnerstag, 1. Dezember 1831

Chor mit Soli aus dem Drama Rosamunde von Schubert vorgetr[agen] von den Fräuleins Sack, Bodgorschek, den Herren Hüttenbrenner, Leitgeb und dem Chor
[D 797]

2. Abendunterhaltung
Donnerstag, 8. Dezember 1831

Die Ungeduld von Wilh[elm] Müller, in Musik gesetzt von Franz Schubert, vorgetragen vom Herrn Pirzl
[D 795/7]

3. Abendunterhaltung
Donnerstag, 15. Dezember 1831

Rastlose Liebe (Gedicht von Goethe) in Musik gesetzt von F[ranz] Schubert gesungen vom Herrn Tietze
[D 138]

7. Abendunterhaltung
Donnerstag, 12. Jänner 1832

Fantasie für das Pianoforte, von F[ran]z Schubert vorgetragen vom H[errn] Karl v[on] Boklet
Mirjams Siegesgesang, Gedicht von Grillparzer in Musik gesetzt von F[ranz] Schubert, für Chor mit Tenor-Solo; vorgetrag[en] vom H[errn] Titze und dem Chor
[D 942]

9. Abendunterhaltung
Donnerstag, 26. Jänner 1832

23.ter Psalm, in Musik gesetzt von F[ranz] Schubert, vorgetragen, von den Schülerinnen der III.^{ten} Gesangsklasse
[D 706]

14. Abendunterhaltung
Donnerstag, 8. März 1832

Jäger Chor aus dem Drama Rosamunde von Franz Schubert
[D 797]

16. Abendunterhaltung
Donnerstag, 22. März 1832

Liebesbotschaft von Rellstab in Musik gesetzt von Franz Schubert, vorgetr[agen] von H[errn] Titze
[D 957/1]

1. Abendunterhaltung
Donnerstag, 22. November 1832

Mondschein, von Schober in Musik gesetzt von Fr[an]z Schubert, vorgetragen von den Herren Gottfried, Engelmann, Krause, Greisinger und Leutgeb
[D 875]

4. Abendunterhaltung
Donnerstag, 13. Dezember 1832

Geist der Liebe von Matthisson für 4. Männerstimmen von F[ran]z Schubert, vorget[ragen] von den H[erre]n Gottfried, Randhartinger, Krause u[nd] Richling
[D 747]

6. Abendunterhaltung
Donnerstag, 27. Dezember 1832

Am Strome, von Rellstab, in Musik gesetzt für Pia[no]forte eine Singstimme und Waldhorn von F[ran]z Schubert, vorget[ragen] von den H[erre]n Titze und Hoschek
[D 943]

8. Abendunterhaltung
Donnerstag, 17. Jänner 1833

Sehnsucht, Gedicht von Schiller, Musik von F[ran]z Schubert, vorgetr[agen] vom H[errn] Lutz
[D 636]

11. Abendunterhaltung
Donnerstag, 7. Februar 1833

An mein Herz, von E[rnst] Schulze, in Musik gesetzt von F[ran]z Schubert vorgetragen vom Herrn Ludwig Titze
[D 860]

14. Abendunterhaltung
Donnerstag, 14. März 1833

Ständchen, von Rellstab, in Musik gesetzt von Franz Schubert, vorgetr[agen] vom Herrn Lutz
[D 957/4]

15. Abendunterhaltung
Donnerstag, 21. März 1833

Die Sterne von Leitner in Musik gesetzt von Franz Schubert, vorget[ragen] vom Herrn Lutz
[D 939]

16. Abendunterhaltung
Donnerstag, 28. März 1833

Der Wanderer, von Schmidt, mit Musik von F[ran]z Schubert, vorget[ragen] vom Herrn Vogel
[D 493]

2. Abendunterhaltung
Donnerstag, 14. November 1833

Jagdchor aus Rosamunde, von Franz Schubert
[D 797/8]

5. Abendunterhaltung
Donnerstag, 5. Dezember 1833

Hirtenchor, von Franz Schubert
[D 797/7]

12. Abendunterhaltung
Donnerstag, 20. Februar 1834

Der Gondelfahrer, Gedicht von Mayerhofer, in Musik gesetzt von Franz Schubert, vorgetragen von den H[erre]n Titze, Randhartinger, Klein und Richling
[D 809]

16. Abendunterhaltung
Donnerstag, 20. März 1834

Willkommen und Abschied, Gedicht von Göthe, in Musik gesetzt v[on] Franz Schubert vorg[etragen] von H[errn] Rizy
[D 767]

1. Abendunterhaltung
Donnerstag, 13. November 1834

Die Nachtigall, Vocalquartett von Schubert, vorget[ragen] von den Herren Weber, Müller, Klein und Rösner
[D 724]

12. Abendunterhaltung
Donnerstag, 25. Februar 1836

Mondenschein von Schober, Vocalquintett von Fr[an]z Schubert, vorgetr[agen] von den Herren Groß, Heppner, Effenberger, Nowotny und Reichmann
[D 875]

15. Abendunterhaltung
Donnerstag, 17. März 1836

Lied von Schubert, vorgetr[agen] vom Herrn Cramolini

16. Abendunterhaltung
Donnerstag, 24. März 1836

Die Post von Müller, in Musik gesetzt von F[ran]z Schubert, vorgetr[agen] vom H[errn] Groß
[D 911/13]
Jägerchor aus der Oper: Rosamunde von F[ran]z Schubert
[D 797/8]

2. Abendunterhaltung
Donnerstag, 1. Dezember 1836

Lied von Schubert (der Hirt auf dem Felsen), vorgetr[agen] von Herrn Groß, und Professor Fridlowsky d[em] j[üngeren]
[D 965]

6. Abendunterhaltung
23. Februar 1837

Gebeth von De la Motte Fouquè, Vokal-Quartett von Franz Schubert (Manuscript) vorgetr[agen] v[on] Frau v[on] Schmiedel, Fräul[ein] Dinett, und den Herrn Groß und Pischek
[D 815]

3. Abendunterhaltung
Donnerstag, 14. Dezember 1837

Ständchen, von F[ranz] Grillparzer, fünfstimmig gesetzt von F[ranz] Schubert
[D 920]

5. Abendunterhaltung
Donnerstag, 4. Jänner 1838

Der Kreuzzug, Lied von Schubert
[D 932]

6. Abendunterhaltung
Donnerstag, 11. Jänner 1838

Der Hirt auf dem Felsen, Lied von Schubert, Groß, Friedlowsky Sohn[18]
[D 965]

7. Abendunterhaltung
Donnerstag, 25. Jänner 1838

Ständchen, Lied von Schubert, H[er]r Lutz[18]

---

[18] Die Namen der Ausführenden handschriftlich auf dem Programmzettel notiert.

8. Abendunterhaltung
Donnerstag, 1. Februar 1838

Am Strome, von Schubert, H[er]r Groß, H[er]r Lewy[18]
[D 539]

3. Abendunterhaltung
Donnerstag, 20. Dezember 1838

Auf dem Strome von Rellstab, in Musik gesetzt für eine Singstimme und Horn, von F[ran]z Schubert, vorgetragen vom Herrn Groß und König
[D 943]
Die Nachtigall v[on] Unger, in Mus[ik] gesetzt für 4 Männerstimmen von F[ran]z Schubert, vorg[etragen von den] H[erren] Groß, Mayer, Kozuszek u[nd] Kißner
[D 724]

5. Abendunterhaltung
Donnerstag, 10. Jänner 1838

Jägerchor aus der Oper: Rosamunde von F[ranz] Schubert
[D 797/8]

6. Abendunterhaltung
Donnerstag, 17. Jänner 1839

Normanns Gesang aus Walter Scotts: Fräulein von See, in Musik gesetzt von Fr[an]z Schubert, vorgetr[agen] vom Herrn Titze
[D 846]

1. Abendunterhaltung
Donnerstag, 2. Jänner 1840

Gruppe aus dem Tartarus von Schiller, in Musik gesetzt von Schubert, vorgetr[agen] von H[errn] Heinrich Hoffmann
[D 583]

3. Abendunterhaltung
Donnerstag, 23. Jänner 1840

Die Nachtigall für 4 Männerstimmen in Musik gesetzt von Schubert, vorgetr[agen] von den H[erren] Aigner, Schellenberger, Groys und Reichmann
[D 724]

7. Abendunterhaltung
Donnerstag, 12. März 1840

Die Post, in Musik gesetzt von Schubert, vorg[e]t[ragen] v[on] Fräulein Pauline Steydler
[D 911/13]

1. Abendunterhaltung (Director: Krall und Hellmesberger)
Dienstag, 26. Februar 1856, Abends 7 Uhr

Streich-Quartett (A-moll), H[er]r Heller
[D 804]

Der blinde Knabe, Die zürnende Diana — Lieder für Tenor, H[er]r Olschbauer
[D 833; D 707]

Mädchens Klage, Der Tod und das Mädchen — Lieder für Alt, F[räu]l[ein] Trebisch
[D 393; D 531]

Gruppe aus dem Tartarus, Harfner's Gesang — Lieder für Baß, Herr Panzer
[D 583; nicht bestimmbar]

Instrumentalpiece, Fantasie für Pianoforte und Violine, op. 159 (Dachs u[nd] Hellmesberger)
[D 934]

Ave Maria, Gretchen am Spinnrad — Lieder für Sopran, Fr[äu]l[ein] Fritsch
[D 839; D 118]

Männerchor, Widerspruch[19]
[D 865]

2. Abendunterhaltung (Director: H[er]r Dr. Drexler)
Dienstag, 4. März 1856, Abends 7 Uhr

Der Wanderer, An die Musik, Lieder von Franz Schubert, Fr[äu]l[ein] Hubert
[D 493; D 547]

Variationen für Pianoforte zu vier Händen von Fr[anz] Schubert in E-moll, H[er]r Eggstein, H[er]r Lorenz[20]
[D 624]

3. Abendunterhaltung (Director: H[er]r Paul u[nd] H[er]r Manussi)
Dienstag, 11. März 1856, Abends 7 Uhr

Auf dem Wasser zu singen, von Franz Schubert, F[räu]l[ein] Öhry[20]
[D 774]

4. Abendunterhaltung
Dienstag, 1. April 1856, Abends 7 Uhr

Ständchen für Alt-Solo und Frauenchor von Franz Schubert, F[räu]l[ein] Öhry[20]
[D 921]

3. Abendunterhaltung (Director: Dr. Egger)
Dienstag, 9. Dezember 1856, Abends 7 Uhr

Lyrischer Gesang: Die Hoffnung von Schubert, Olschbauer[20]

4. Abendunterhaltung (Director: Dr. Drechsler)
Dienstag, 16. Dezember 1856, Abends 7 Uhr

Divertissement en forme d'une Marche brillante, für Pianoforte zu vier Händen, von Schubert, Eggstein, Lorenz
[D 823]

---

[19] Die Namen der Ausführenden, die nähere Bezeichnung der *Instrumental-pièce* und der Titel des Männerchores handschriftlich auf dem Programmzettel notiert.

[20] Die Namen der Ausführenden handschriftlich auf dem Programmzettel notiert.

Lieder:
Die junge Nonne von Schubert, F[räu]l[ein] Grill
Morgenständchen von Schubert, H[er]r Liebich
Die Forelle von Schubert, H[er]r Liebich
Frühlingsglaube, F[räu]l[ein] Öhry[20]
[D 828; nicht bestimmbar; D 550; D 686]

Register

Interpreten

Jeckel Frl. [Vinzenzia]	1829, 15. 1.
Josephi Frl. [Theresia]	1828, 31. 1.
Kiesewetter [Raphael Georg]	1823, 9. 1.
Ki[e]rstein [Amalie]	1829, 15. 1.
Kißner	1838, 20. 12.
Klein [Arkalius]	1834, 20. 2.; 1834, 13. 11.
König	1837, 30. 3.; 1838, 20. 12.
Kozuszek	1838, 20. 12.
Krause	1832, 22. 11.; 1832, 13. 12.
Leitgeb (Leutgeb)	1831, 1. 12.; 1832, 22. 11.
Leschetitzki [Johann]	1823, 9. 1.
Lewy	1838, 1. 2.
Liebich	1856, 16. 12.
Lienhart Frl. [Sophie]	1823, 20. 2.
Lorenz	1856, 4. 3.; 1856, 16. 12.
Lugano [Peter]	1829, 15. 1.
Lutz [Dr. Matthäus]	1833, 17. 1.; 1833, 14. 3.; 1833, 21. 3.; 1838, 25. 1.
Mayer	1838, 20. 12.
Müller	1834, 13. 11.
Nejebse [Wenzel]	1824, 15. 1.; 1824, 4. 3.; 1825, 17. 11.; 1828, 20. 11.; 1828, 11. 12.
Nowotny	1836, 25. 2.
Obermüller [Anton]	1828, 3. 1.; 1829, 5. 2.
Öhry Frl.	1856, 11. 3.; 1856, 1. 4.; 1856, 16. 12.
Olschbauer [Carl]	1856, 26. 2.; 1856, 9. 12.
Pan[t]zer [Rudolph]	1856, 26. 2.
Pirzl	1831, 8. 12.
Pischek	1837, 23. 2.
Preysinger (Preisinger) [Josef]	1821, 8. 3.; 1822, 19. 12.; 1823, 13. 11.
Randhartinger [Benedict]	1832, 13. 12.
Reichmann	1836, 25. 2.; 1840, 23. 1.
Richling	1832, 13. 12.; 1834, 20. 2.
Rizy [Dr. Theobald]	1834, 20. 3.
Rösner	1834, 13. 11.
Rotter [Adalbert]	1824, 15. 1.; 1824, 4. 3.
Rueß	1823, 6. 3.
Sack Frl. [Auguste]	1831, 1. 12.
Schauff Frl.	1837, 30. 3.
Schnellenberger	1840, 23. 1.
Schindler Frl. [Karoline]	1826, 28. 12.
Schnitzer [Kolumban]	1827, 22. 11.; 1829, 15. 1.; 1829, 29. 1.
Schmiedel [Maria]	1837, 23. 2.
Schoberlechner [Johann Karl]	1826, 21. 12.; 1827, 11. 1.; 1827, 1. 2.; 1827, 8. 2.; 1827, 6. 12.; 1827, 13. 12.; 1828, 18. 12.; 1829, 22. 1.
Schubert Franz	1827, 8. 3.
Steydler Pauline	1840, 12. 3.

Suchy	1825, 17. 11.
Tietze Ludwig	1823, 9. 1.; 1824, 15. 1.; 1824, 29. 1.; 1824, 4. 3.; 1825, 13. 1.; 1825, 10. 11.; 1826, 23. 11.; 1827, 25. 1.; 1827, 8. 3.; 1828, 3. 1.; 1828, 10. 1.; 1829, 8. 1.; 1829, 19. 2.; 1831, 15. 12.; 1832, 12. 1.; 1832, 22. 3.; 1832, 27. 12.; 1833, 7. 2.; 1834, 20. 2.; 1839, 17. 1.
Trebisch Frl.	1856, 26. 2.
Vogel [Johann Michael]	1833, 28. 3.
Weber	1834, 13. 11.
Weiss Louise	1827, 18. 1.

LEITER, soweit sie auf den Programmzetteln genannt sind

Bogner [Ferdinand]	1821, 25. 1.; 1825, 24. 2.; 1827, 8. 2.; 1827, 22. 11.; 1828, 24. 1.; 1828, 27. 11.; 1829, 5. 2.
Chimani [Franz]	1828, 7. 2.
Drechsler (Drexler)	1856, 4. 3.; 16. 12.
Fischer [Johann]	1825, 13. 1.; 1825, 3. 2.; 1828, 31. 1.; 1828, 11. 12.; 1829, 19. 2.
Fradl [Karl]	1825, 17. 11.
Geissler [Johann Baptist]	1827, 25. 1.
Hauschka [Vincenz]	1826, 21. 12.; 1827, 13. 12.; 1828, 21. 2.; 1828, 20. 11.; 1829, 29. 1.
Hellmesberger [Joseph]	1856, 26. 2.
Krall [Johann Baptist]	1856, 26. 2.
Kirchle[c]hner [Franz]	1825, 27. 1.; 1826, 28. 12.; 1827, 8. 3.; 1828, 10. 1.
Lannoy [Eduard Freiherr von]	1826, 30. 3.; 1829, 8. 1.
Manussi	1856, 11. 3.
Paul	1856, 11. 3.
Piringer [Ferdinand]	1827, 1. 2.; 1828, 28. 2.; 1829, 15. 1.
Pöck	1824, 4. 3.; 1824, 2. 12.
Schmied[e]l [Johann]	1823, 6. 3.; 1826, 16. 11.; 1827, 11. 1.; 1828, 3. 1.; 1829, 22. 1.
Schönpichler [Johann Nepomuk]	1826, 23. 11.; 1827, 18. 1.

WERKE[21]

D 118	1823, 20. 2.; 1856, 26. 2.
D 138	1824, 29. 1.; 1826, 12. 1.; 1831, 15. 12.
D 328	1821, 25. 1.; 1825, 13. 1.
D 369	1827, 11. 1.
D 393	1856, 26. 2.
D 493	1824, 2. 12.; 1826, 30. 3.; 1833, 28. 3.; 1856, 4. 3.
D 514	1823, 6. 3.
D 531	1856, 26. 2.
D 539	1838, 1. 2.
D 547	1856, 4. 3.
D 550	1856, 16. 12.
D 583	1821, 8. 3.; 1822, 19. 12.; 1840, 2. 1.; 1856, 26. 2.
D 588	1828, 11. 12.
D 594	1827, 6. 12.
D 624	1856, 4. 3.
D 636	1821, 8. 2.; 1821, 29. 4.; 1825, 27. 1.; 1827, 18. 1.; 1833, 17. 1.
D 686	1856, 16. 12.
D 706	1826, 16. 11.; 1828, 7. 2.; 1832, 26. 1.
D 707	1825, 24. 2.; 1827, 1. 2.; 1827, 22. 11.; 1856, 26. 2.
D 724	1824, 15. 1.; 1824, 4. 3.; 1834, 13. 11.; 1838, 20. 12.; 1840, 23. 1.
D 731	1825, 3. 2.
D 747	1823, 9. 1.; 1825, 10. 11.; 1832, 13. 12.
D 757	1827, 8. 3.; 1828, 28. 2.
D 767	1834, 20. 3.
D 770	1829, 19. 2.
D 771	1823, 13. 11.; 1826, 21. 12.; 1827, 13. 12.
D 774	1856, 11. 3.
D 795/7	1829, 29. 1.; 1831, 8. 12.
D 797/7	1833, 5. 12.
D 797/8	1831, 1. 12.; 1832, 8. 3.; 1833, 14. 11.; 1836, 24. 3.; 1839, 10. 1.
D 800	1826, 23. 11.
D 801	1828, 20. 11.
D 804	1856, 26. 2.
D 809	1825, 17. 11.; 1834, 20. 2.
D 815	1837, 23. 2.
D 823	1856, 16. 12.
D 828	1826, 28. 12.; 1856, 16. 12.
D 833	1829, 8. 1.; 1856, 26. 2.
D 834	1829, 5. 2.
D 839	1856, 26. 2.
D 843	1827, 8. 2.
D 846	1827, 8. 3.; 1828, 3. 1.; 1839, 17. 1.
D 860	1833, 7. 2.

[21] Soweit eindeutig bestimmbar.

D 865	1828, 27. 11.; 1856, 26. 2.
D 875	1828, 3. 1.; 1832, 22. 11.; 1836, 25. 2.
D 892	1827, 25. 1.
D 911/1	1828, 10. 1.
D 911/5	1829, 22. 1.
D 911/13	1828, 18. 12.
D 911/17	1829, 22. 1.
D 921	1856, 1. 4.
D 932	1828, 18. 12.; 1838, 4. 1.
D 934	1856, 26. 2.
D 939	1833, 21. 3.
D 942	1832, 12. 1.
D 943	1832, 27. 12.; 1838, 20. 12.
D 957/1	1832, 22. 3.
D 957/4	1833, 14. 3.
D 965	1836, 1. 12.; 1838, 11. 1.

Otto Brusatti

ZWEI UNBEKANNTE KLAVIERWERKE FRANZ SCHUBERTS

Das Spätwerk Franz Schuberts gilt heute als gesicherter Bestand. Die Kompositionen aus den letzten beiden Lebensjahren konnten bislang wohl mit Recht aufgrund der vorhandenen Autographe, bei einem Fehlen dieser aufgrund von Abschriften und Erstdrucken als vollständige Werküberlieferung angesehen werden. Wenn die Forschung auch vielfach Überlegungen angestellt hat, welche die genaue Datierung der Arbeitszeit an den einzelnen Kompositionen betraf — dies insbesondere im Hinblick auf die Entstehungszeit der großen C-Dur-Symphonie D 944 —, so wurde doch niemals die Vermutung laut, daß gerade für diesen Abschnitt der Werkkatalog von Otto Erich Deutsch noch Ergänzungen bedürfe.

Neueste Funde in der größten Schubertautographen-Sammlung der Welt, der Wiener Stadt- und Landesbibliothek, zwingen allerdings, wenigstens im Bereich der Klaviermusik, zu einer Korrektur dieses Schubert-Bildes[1]. Es handelt sich bei diesen Funden um zwei bereits sehr genau ausgeführte Skizzen zu zwei Klavierstücken, deren Vorhandensein den Biographen Schuberts unbekannt geblieben ist und die auch in keinem Werkkatalog Eingang oder Erwähnung gefunden haben.

Schubert arbeitete etwa ab der Mitte des Jahres 1827[2] an seiner letzten, unvollständig gebliebenen Oper *Der Graf von Gleichen* D 918, Text von Eduard von Bauernfeld[3], einem Werk, von dem zwar eine

---

[1] Vgl. hiezu für den symphonischen Bereich Franz Schubert, Drei Symphonie-Fragmente D 615. D 708 A. D 936 A. Faksimile-Erstdruck der Originalhandschriften. *Documenta musicologica — Zweite Reihe: Handschriften-Faksimiles VI*. Kassel (usw.) 1978. — Ernst Hilmar, Neue Funde, Daten und Dokumente zum symphonischen Werk Franz Schuberts. *Österreichische Musikzeitschrift* 6 (1978).

[2] „*Mitte des Jahres 1827*" ist allerdings der früheste anzunehmende Zeitpunkt.

[3] Schubert erhielt den Text bereits 1826. Das Libretto wurde allerdings von der Zensur verboten (Oktober 1826). Schubert komponierte die Oper trotzdem. Warum er erst im Sommer 1827 begann, ist nicht festzustellbar. Vgl. dazu auch: *Schubert. Die Dokumente seines Lebens*, hrsg. von Otto Erich Deutsch. Kassel (usw.) 1964, 381 ff.

besonders große Anzahl an Skizzen überliefert ist, das aber hinsichtlich der vollständigen Ausarbeitung Fragment blieb. Otto Erich Deutsch beschreibt die erhaltenen Entwürfe zu dieser Oper folgendermaßen[4]: "*MS.* (*thirty-six leaves in quatro and fifty-two in octavo, partly written in pencil; the introduction dated June 1827*) —." Die hier von Deutsch genannten Entwürfe im Querformat weisen allerdings auch Unterschiede auf. Es existieren sowohl jene der herkömmlichen Ausgabe des Notenpapiers als auch kleinere Formate, die durch eine Halbierung eines hochformatigen Notenblattes entstanden sind. Auf solch einem Papier notierte Schubert mit Bleistift große Teile des ersten und zweiten Aktes der Oper in einer in seinem Spätwerk häufig wiederkehrenden Particellform, wobei er in drei oder auch nur in zwei Systeme den Melodiengang skizzierte, die Begleitung und die Harmoniefolge jedoch nur andeutete[5]. Unter diesen Opernentwürfen fanden sich, von Deutsch und späteren Bearbeitern der Manuskripte unbemerkt, im Zuge einer genauen Autographenbeschreibung des Schubertbestandes der Wiener Stadt- und Landesbibliothek durch den Leiter deren Musiksammlung, Ernst Hilmar, zwei Lagen des beschnittenen Notenpapiers, die, im äußerlichen Aussehen und im Schriftduktus den Opernfragmenten gleich, Entwürfe zu zwei Klavierstücken für zwei Hände zum Inhalt haben. Die beiden Kompositionen sind nicht datiert, ihre Entstehungszeit kann aber, wie auch die der ersten Teile der Oper, mit der zweiten Hälfte des Jahres 1827 festgelegt werden. Aufgrund von genauen Schriftvergleichen läßt sich sogar die Behauptung aufstellen, daß sie erst in den letzten Monaten dieses Jahres (Ende Oktober bis Dezember) niedergeschrieben worden sind.

Das verwendete Notenpapier hat bei brüchigen Rändern die Abmessungen 16 cm (hoch) und 24 cm (breit) und weist pro Seite jeweils acht Notensysteme auf, die manchmal, da das Papier oft schlecht beschnitten wurde, halbiert sind, daher zur Niederschrift nicht mehr verwendet werden konnten. Die Klavierskizzen sind gleichfalls durchgehend mit Bleistift verfaßt, der allerdings stellenweise schon stark verblaßt oder verwischt ist. Beide Notenlagen bestehen aus acht Blatt, wobei in eine Lage auf sieben beschriebene Seiten ein Klavierstück in C-Dur, in die andere auf zwölf voll und einer zu zwei Drittel beschriebenen Seiten ein

---

[4] Im Deutsch-Verzeichnis auf S. 447.

[5] Ähnliches trifft auch auf die folgenden Skizzen zu: D 791 (Skizzen zu einer Oper *Rüdiger*), D 982 (Skizzen zu einer Oper ohne näheren Titel), D 644 (Skizzen zu *Die Zauberharfe*), D 687 (Skizzen zur Messe in As-Dur).

Klavierstück in c-Moll notiert wurde (vgl. die beigeschlossene Reproduktion).

Der Fundort innerhalb der Operfragmente mag eigenartig berühren, er sagt aber nichts über die Bedeutung und den Stellenwert der beiden Werke innerhalb der letzten eineinhalb Schaffenjahre Schuberts aus. Doch der Fundort mag wohl Zufall sein, betrachtet man ähnliche Kompositionen aus dieser Zeit: Man muß die beiden Klavierstücke hinsichtlich ihrer Entstehung vielmehr mit den acht *Impromptus* D 899 (1827) und D 935 (Ende 1827), die dem Manuskript nach ursprünglich eine Einheit bildeten, in Zusammenhang bringen und möglicherweise sogar noch eine Verbindung zu den *Drei Klavierstücken* D 946 (Frühjahr 1828) herstellen. Neben dieser zeitlichen Übereinstimmung hinsichtlich der Werkwahl bietet sich noch ein weiterer Vergleich an, der die Einordnung der Klavierstücke im Gesamtoeuvre Schuberts erleichtert, ein Vergleich mit der Skizze zum ersten *Impromptu* D 899 (c-Moll). Diese Skizze zu einem fertiggestellten und gedruckten Werk wurde auf beschnittenes hochformatiges Notenpapier geschrieben, das auch acht Notenzeilen aufweist. Die Schrift in dieser Skizze ist, wenn auch stellenweise etwas größer und ausladender, durchaus jener der beiden neu entdeckten Klavierstücke ähnlich. Auch diese Skizze zu D 899 befindet sich in der Wiener Stadt- und Landesbibliothek, sie kann aufgrund von Schriftvergleichen mit Herbst 1827 datiert werden und sie bestätigt so das für die beiden neuen Entwürfe vermutete Datum. Skizzen zu anderen Impromptus der beiden genannten gedruckten Sammlungen sind nur rudimentär vorhanden. Maurice J E. Brown zitiert einen Entwurf zum *Impromptu in f-Moll* D 935/1, der allerdings Hochformat hat und nur eine Seite und wenige Zeilen umfaßt[6].

Es ist nun auszuschließen, daß diese beiden Klavierstücke Vorarbeiten zur Oper *Der Graf von Gleichen* gewesen sind, da jene eindeutig pianistischen Charakter besitzen, die Opernentwürfe hingegen sich deutlich auf den Melodieengang der Singstimme konzentrieren. Die beiden unbekannten Kompositionen können demnach durchaus als eigenständige Werke innerhalb der zu dieser Zeit entstandenen Oper, der acht *Impromptus*, der beiden Klaviertrios D 898 und D 829 und den Abschlußarbeiten an der *Winterreise* D 911 angesehen werden, was sich auch durch genaue Stilvergleiche beweisen läßt.

Insbesondere die vier *Impromptus* D 935 haben im Musikschrifttum verschiedene Interpretationen erfahren, die sich aufgrund der vorliegen-

[6] MAURICE J. E. BROWN, *Essays on Schubert*. New York 1966, 20f.

den Funde als nicht mehr stichhaltig erweisen. Bereits der erste Schubert-Biograph, Heinrich Kreißle von Hellborn, greift bei der Besprechung der Impromptus die schon von Robert Schumann gestellte Frage auf, ob es sich hierbei nicht um eine Klaviersonate handle[7]: „*Bezüglich der beiden ersten Impromptu's op. 142 ist Schumann der Meinung, daß sie Schubert nicht so überschrieben habe, und daß das erste zweifellos der erste Satz einer Sonate sei, das zweite aber der zweite Satz derselben Sonate, deren Schlußsätze entweder nicht componirt wurden oder abhanden gekommen sind; das vierte, obgleich entschieden nicht dazu gehörig, wäre dann als Finale anzuschließen.*" Konkreter und auch rigoroser formuliert diese Hypothese Alfred Einstein einige Jahrzente später in seinem musikalischen Portrait von Schubert[8]: „*Nichts weniger als Gelegenheitswerke jedoch sind die vier Sonaten für Klavier, die Schubert in den zehn Monaten vor seinem Tode geschrieben hat: die erste, die unter dem Titel ‚Vier Impromptus' als op. 142 bekannt ist, im Dezember 1827 ..., und die drei anderen ... alle im September 1828*[9]. *Es ist wahr, der Titel der ersten stammt von ihm selbst ... aber vermutlich nur weil er sie unter der Marke ‚Impromptus' für leichter anzubringen hielt als eine Sonate. Schumann ließ sich nicht täuschen, als das Werk, Liszt gewidmet, später herauskam.*" Einstein behauptet später noch, daß — entgegen den Schumannschen Einschränkungen — auch das dritte und vierte Stück dieser Sammlung durchaus als dritter und vierter Satz einer Klaviersonate anzusehen sind[10]. Auch Kathleen Dale widerspricht in ihrer Monographie über Schuberts Klaviermusik dieser Werk-Interpretation nicht[11], während Hans Költzsch[12] und Walter Riezler[13] sich entschieden gegen diese Vermutung wenden. Aufgrund des hier beschriebenen Fundes aus der Zeit der Entstehung der gedruckt vorliegenden Impromptus kann aber wohl der Schumann—Einsteinschen These entgegengetreten werden. Schubert komponierte in der zweiten Hälfte des Jahres 1827 sicher eine Reihe von Klavierstücken, die keineswegs ausschließlich durch die heute

[7] HEINRICH KREISSLE VON HELLBORN, *Franz Schubert.* Wien 1865, 526.

[8] ALFRED EINSTEIN, *Schubert. Ein musikalisches Portrait.* Zürich 1952, 324.

[9] Daß Schubert diese Klaviersonaten wirklich erst im September 1828 schrieb, wird heute mit Recht stark angezweifelt.

[10] EINSTEIN a. O. 325f.

[11] KATHLEEN DALE, The Piano Music. *Schubert. A Symposium edited by Gerald Abraham.* London 1946, 121.

[12] HANS KÖLTZSCH, *Franz Schubert in seinen Klaviersonaten.* Leipzig 1927, 22.

[13] WALTER RIEZLER, *Schuberts Instrumentalmusik.* Zürich—Freiburg i. Br. 1967, S. 196.

übliche Zusammenfassung in Gruppen ihren Abschluß gefunden hätte. Denn ebenso wie *Der Graf von Gleichen* nur Fragment bleiben sollte, konnten wohl auch nicht alle begonnenen Klavierstücke zu *Impromptus* oder *Moments musicaux* vollendet oder zusammengefaßt werden. Es ist ja nicht auszuschließen, daß noch andere Klavierstücke in Skizze oder im fertigen Entwurf vorlagen, Werke, die heute aber verschollen sind.

Ein kurzer Blick auf Schuberts Arbeitsweise mag solche Vermutungen noch zu erhärten. Schubert, der bei kleineren Werken wesentlich weniger skizzierte[14] als etwa Beethoven, beschränkte sich vor der endgültigen Übertragung einer Komposition in eine für den Druck vorgesehene Reinschrift zumeist auf einen ersten, aber durchaus das fertige Werk darstellenden Entwurf. Lediglich Parallelstellen brauchten nur mehr angedeutet zu werden, im Sonatensatz wurde die Reprise, bei Schubert selten der Ort von Experimenten, der Reinschrift vorbehalten. Als Beispiel kann hiezu wiederum die bereits erwähnte Skizze zu D 899/1 herangezogen werden. Auch sie weicht nur in unwesentlichen Details von der gedruckten Fassung ab. Ähnliche Beobachtungen ließen sich an einer Reihe anderer Werke anstellen: Schubert komponierte kleinere Kompositionen zumeist fortlaufend sozusagen in „einem Arbeitsgang", ohne harmonische, rhythmische oder satztechnische Fehler zu machen; auch Irrtümer in der reinen Schreibarbeit treten nur sehr selten auf. Falls Schubert an einer solchen Niederschrift später etwas änderte, so betraf dies nicht einzelne Takte oder Akkorde, er ersetzte in solchen Fällen häufig ganze Werkteile durch neue. Auch in den beiden hier besprochenen unbekannten Klavierstücken muß eine grundsätzliche Übereinstimmung zwischen Entwurf und geplanter Reinschrift angenommen werden, beide Werke sind sogar hinsichtlich der dynamischen Vorzeichen viel genauer ausgearbeitet als viele andere (bereits bekannte) Entwürfe Schuberts. Wenn auch bei jenem in C-Dur die endgültige Form nicht mehr zur Gänze rekonstruiert ist, so lassen doch die erhaltenen Takte sichere Schlüsse auf den Charakter und den Aufbau der Komposition zu. Genauer hingegen kann man über die Skizze in c-Moll urteilen, da es sich hierbei um einen Sonatensatz handelt, der mit Eintritt der Reprise abbricht. Die durchaus verschiedenartige Form beider Klavierstücke ist allerdings nicht weiter auffallend, da auch die bislang vorliegenden acht Impromptus keinem einheitlichen Schema, vergleichbar etwa jenem der Walzer-, Märsche- oder Ecossaisensammlungen, zuzuordnen sind.

---

14 Die Skizzen zu den Symphonien Schuberts (ja die Bedeutung der Skizzen bei Schubert überhaupt) ist heute noch viel zu wenig beachtet und wissenschaftlich erfaßt.

Das Klavierstück in C-Dur, die weniger fertige der beiden Kompositionen, steht im 4/4 Takt (C), es umfaßt 127 Takte, trägt die Tempobezeichnung „*All*o" (= Allegro) und läßt sich, ähnlich den beiden ersten Nummern von D 899 und D 935, durch keine strenge Schulform exakt beschreiben. Es ist ein Entwicklungssatz, der auf mehreren kontrastierenden Themen beruht. Das erste besteht aus zwei siebentaktigen (!) Perioden und erinnert in seiner Homophonität an den Beginn der beiden großen Klaviertrios und des f-Moll-Impromptus:

Das Thema erfährt, unterbrochen durch ausgedehnte Akkordpassagen, sogleich seine lyrische Variierung (T. 27—46), an welche sich ein zweites, zunächst akkordisch gehaltenes Motiv anschließt (T. 48—55). Dieses dann in der rechten Hand durch Sechzehntelwerte begleitete Thema steht in G-Dur und erinnert in seiner weiteren Verarbeitung und „Durchführung" an den ersten Satz der Symphonie in h-Moll D 759. Einem stark bewegten Teil, der in 33 Takten beide Themen verarbeitet und in welchem wiederum h-Moll die hauptsächliche Tonart bildet, folgt abermals die lyrische Variante des ersten Themas, die, beginnend in Fis-Dur, die Takte 107—Schluß umfaßt. Auch dieser Abschnitt ist durch reichen harmonischen Wechsel und Dur-Moll-Schwankungen — ein Charakteristikum insbesondere des späten Schubert — gekennzeichnet, er bricht allerdings unvermittelt innerhalb einer Sequenz ab. Es ist nun sicher nicht mehr festzustellen, ob Schubert beabsichtigt hat, nach Vollendung dieses lyrischen Teiles auch das gesamte Werk abzuschließen, die Dreiteiligkeit: Themenstellung—dramatische Durchführung—lyrischer Abgesang läßt solch eine Vermutung zu. Es ist jedoch auch durchaus denkbar, daß noch ein oder mehrere Abschnitte geplant gewesen sind, insbesondere wenn man den Aufbau von D 899/1 und D 935/1 nochmals zum Vergleich heranzieht. Jeder Versuch aber, das Werk zu beenden, wäre Spekulation. Dennoch kann man in diesen 127 Takten die Grundidee des Stückes erkennen, da dieses doch in einem Umfang vorliegt, der das Werk über einen bloßen, nur wissenschaftliche Interessen befriedigenden Torso erhebt.

Das Klavierstück in c-Moll (182 Takte) trägt keine nähere Tempovorschrift, es könnte jedoch seinen Charakter nach ebenfalls mit *Allegro* oder mit *Vivace* bezeichnet sein. Das Werk beginnt im ff (4/4 Takt, C) mit fünf Akkorden in einfacher Kadenz und erinnert dadurch flüchtig an den Anfang von Beethovens Dritter Symphonie, sowie in noch stärkerem Maße an den Beginn des fünften Liedes *Am Feierabend* aus dem Liederzyklus *Die schöne Müllerin*, D 795.

Das die gesamte Komposition prägende Hauptthema gestattet einen Vergleich mit einer Reihe von Klaviermarschen Schuberts, aber auch mit Teilen aus der großen C-Dur-Symphonie sowie mit der *Ungarischen Melodie in h-Moll* D 817 resp. dem 3. Satz des *Divertissements à la hongroise* D 818. Auch in der Weiterführung des Werkes ließen sich Parallelen bei Beethoven finden, würde Schubert nicht in der harmonischen Weiterführung wesentlich weitschweifiger arbeiten als dies sein großes Vorbild zugelassen hätte. Das zweite Thema (ab T. 39) bildet nur, weil lyrisch bestimmt, scheinbar einen Kontrast, es entwickelt sich im p aus dem ersten Gedanken.

Nach einer Verarbeitung beider Themen und nach einer durch viele harmonische Ausweichungen bestimmten Wiederholung des zweiten (wobei im Autograph die Begleitung stellenweise nur mehr angedeutet wird) führt Schubert noch ein drittes, akkordisch bestimmtes Thema in des-Moll ein, das in der weiteren Folge des Stückes allerdings nur in sehr modifizierter Form berücksichtigt wird. Die Exposition ist mit Takt 116 beendet sowie durch ein Wiederholungszeichen und ein *prima volta* (2 Takte) begrenzt. Die nun folgende Durchführung bestätigt die Vermutung, daß es sich bei diesem Stück um einen Sonatensatz handelt. Sie beginnt in a-Moll und erstreckt sich bis zum Schluß der Niederschrift. Der harmonische und rhythmische Reichtum dieses gleicherweise dramatisch wie lyrisch bestimmten Abschnitts stellt den Satz als durchaus ebenbürtigen neben die vergleichbaren Sonatensätze der letzten drei Klaviersonaten (D 958—960). In der Durchführung dieses Klavierstückes begegnet man aber auch dem auffallendsten Teil des gesamten Werkes: Das

Manuskript umfaßt nämlich die fertiggestellte Durchführung und (auf Seite 10 des Autographs) noch einen zusätzlichen Entwurf, der innerhalb der Komposition fortlaufend notiert wurde und daher die Takte 137—148 umfaßt. Diesem zusätzlichen Entwurf, der zunächst an Takt 128 anknüpft, später aber eigene Wege geht, kommt insofern Bedeutung zu, als er in harmonischer Hinsicht stellenweise fast Neuland betritt.

Es ist anzunehmen, daß Schubert in den Takten 137—148 versucht hat, gleichsam eine Alternativfassung zur bestehenden Durchführung des Klavierstücks zu notieren, eine Fassung, die nicht gelang oder die ihm nicht zielführend erschien, was auch das plötzliche Ende in Takt 148 und der direkte musikalische Anschluß von Takt 149 an Takt 136 beweisen.

Die technischen und physischen Anforderungen für den Pianisten sind in diesem Abschnitt als weiteres besonderes Kennzeichen hervorzuheben. Schließlich muß aus editionstechnischer Sicht auf große Schwierigkeiten beim Lesen und Übertragen des Autographs verwiesen werden,

Gegenüberstellung von Autograph und Erstdruck

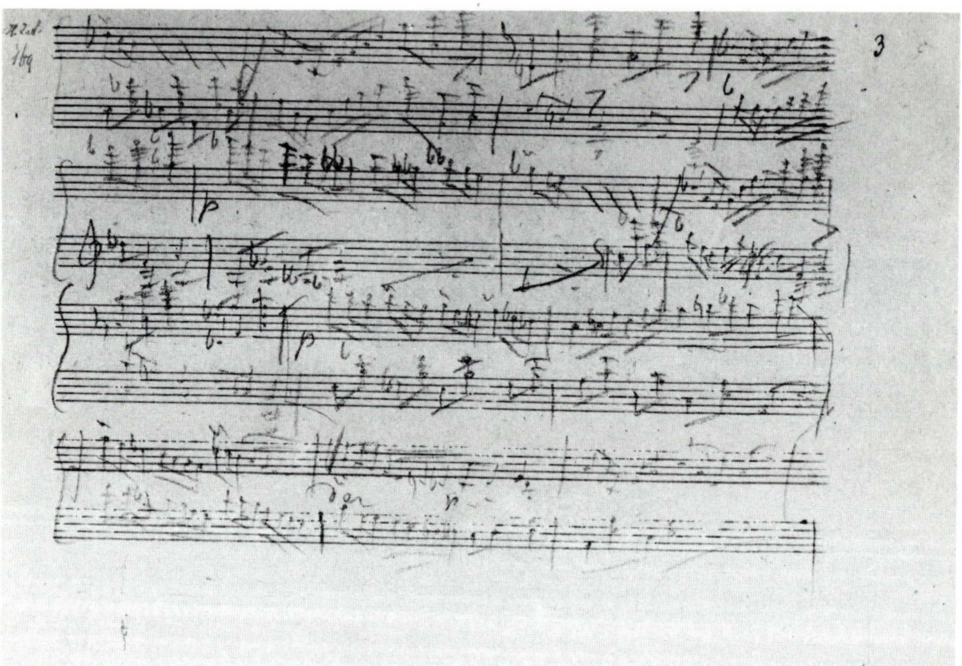

Franz Schubert, Klavierstück in c-Moll, D 916 C, Autograph S. 3r
Wiener Stadt- und Landesbibliothek Sig. MH 14276/C

Aus: Franz Schubert, 2 Klavierstücke D deest,
hrsg. von Otto Brusatti. Doblinger, Wien—München 1978
(Diletto musicale 805)

da die Skizze zeitweise sehr undeutlich geschrieben ist und Verbesserungen resp. Überschreibungen aufweist.

Das Klavierstück endet nach einem kurzen *crescendo* auf einem c-Moll-Akkord, der wohl den Beginn der Reprise festlegt. Entgegen den verschiedenen Vermutungen, die bei dem Klavierstück in C-Dur über den Schluß angestellt werden konnten, läßt sich hier doch der Beginn einer, heute nachvollziehbaren, Reprise vermuten, eines Teiles, der von Schubert nicht mehr niedergeschrieben zu werden brauchte, da sich die Reprise wesentlich in einer, höchstens harmonisch variierten Wiederholung der Exposition erschöpfen konnte[15]. Über die mögliche Gestalt einer Coda lassen sich freilich keine Angaben machen, schon aus dem Grund nicht, weil Schubert in seinen letzten Instrumentalwerken gerade im Sonatensatz auch diesem Abschnitt besonderes Gewicht verliehen hat. Man vergleiche hiezu etwa den ersten Satz des Streichquintetts D 956, die ersten Sätze der letzten drei Klaviersonaten und insbesondere den ersten Satz der großen C-Dur-Symphonie.

Die Klavierstücke wurden 1978 durch den Verlag Doblinger (Wien) in der Reihe *Diletto musicale* Nr. 805 vom Autor dieses Aufsatzes veröffentlicht. Zum Studium dieses unbekannten Schubert sind dieser Arbeit eine autographe Seite des c-Moll-Klavierstückes in Photographie angeschlossen, wobei der Vergleich mit dem Original durch die Wiedergabe einer Seite des Notendruckes (mit freundlicher Genehmigung des Verlages) erleichtert werden soll[16].

---

[15] Es ist bei diesem Reprisenproblem für das Werk des späten Schubert allerdings besonders ein Umstand auffallend: Wie aus den Skizzen zu den letzten drei Klaviersonaten hervorgeht (veröffentlicht in: *Franz Schubert's Werke. Kritisch durchgesehene Gesamtausgabe. Revisionsbericht.* Leipzig 1897, Abschnitt X, S. 13ff. — Der Abschnitt stammt von JULIUS EPSTEIN), gestaltete Schubert in der Reinschrift dieser Sonaten die Expositionen in rhythmischer und harmonischer Hinsicht wesentlich einfacher, als dies im ersten Entwurf niedergelegt wurde. In den Reprisen hingegen griff Schubert oft auf die Skizzen zu den Expositionen seiner Sonaten zurück. Auch dieser Umstand mag wohl gerechtfertigt erscheinen lassen, für einen Vortrag des Klavierstückes die Exposition als Reprise zu wiederholen.

[16] Nach Abschluß dieser Arbeit erhielt der Autor von Karl Pfannhauser (Wien) folgenden Hinweis: Bereits im 19. Jahrhundert wurden von den beiden Klavierstücken — wahrscheinlich durch Johann Herbeck und Eduard Schneider — Abschriften hergestellt, die allerdings weder publiziert noch für eine öffentliche Aufführung herangezogen worden sind.

Walther Dürr

AUS SCHUBERTS ERSTEM PUBLIKATIONSPLAN: ZWEI HEFTE MIT LIEDERN VON GOETHE

Im Frühjahr 1816 faßten Schubert und seine Freunde den Plan, Schuberts Kompositionen — Lieder und Instrumentalwerke — in mehreren Heften herauszugeben. Bei der Suche nach einem Verleger erhofften sie sich dabei wahrscheinlich etwas von der Fürsprache einer einflußreichen Persönlichkeit und — dies ist sicherlich nicht der einzige, aber vermutlich doch der entscheidende Anstoß dazu — wandten sich an Goethe. Schubert schrieb eine Anzahl seiner Goethe-Lieder ab und schickte diese als erstes der geplanten Hefte nach Weimar; Josef von Spaun erläuterte dazu in einem längeren Begleitschreiben vom 17. April 1816 den Publikationsplan[1]: „... *Die im gegenwärtigen Hefte enthaltenen Dichtungen sind von einem 19jährigen Tonkünstler Namens Franz Schubert, dem die Natur die entschiedensten Anlagen zur Tonkunst von zartester Kindheit an verlieh, welche Salieri, der Nestor unter den Tonsetzern mit der uneigennützigsten Liebe zur Kunst zur schönen Reife brachte, in Musik gesetzt. Der allgemeine Beyfall welcher dem jungen Künstler sowohl über gegenwärtige Lieder als seine übrigen bereits zahlreichen Kompositionen, von strengen Richtern in der Kunst, so wie von Nichtkennern, von Männern so wie von Frauen zu Theil wird, und der allgemeine Wunsch seiner Freunde bewogen endlich den bescheidenen Jüngling, seine musikalische Laufbahn durch Herausgabe eines Theils seiner Kompositionen zu eröffnen, wodurch sich selber wie nicht zu bezweifeln ist, in kurzer Zeit auf jene Stuffe unter den deutschen Tonsetzern*

[1] Vgl. Otto Erich Deutsch, *Schubert. Die Dokumente seines Lebens* (*Neue Schubert-Ausgabe* VIII/5). Kassel etc. 1964, 40—41. Spauns Brief befindet sich heute im *Goethe- und Schiller-Archiv* der *Nationalen Forschungs- und Gedenkstätten der klassischen deutschen Literatur* in Weimar (Signatur: Goethe, egg. Briefe, Nr. 70); er ist im Faksimile wiedergegeben in: *Lieder von Goethe komponiert von Franz Schubert. Nachbildung der Eigenschrift aus dem Besitz der Preußischen Staatsbibliothek*, herausgegeben von Georg Schünemann, Berlin 1943, 12—13. Zu dem Liederheft vgl. außerdem Otto Erich Deutsch, Schuberts zwei Liederhefte für Goethe. Ein Rekonstruktions-Versuch. *Die Musik* 21/1 (1928/29) 31—37.

schwingen wird, die ihm seine vorzüglichen Talente anweisen. Eine auserwählte Samlung von deutschen Liedern soll nun den Anfang machen, welchem größere Instrumental Kompositionen folgen sollen. Sie wird aus 8 Heften bestehen. Die ersten beyden, (wovon das erste als Probe beiliegt) enthalten Dichtungen Euer Excellenz, das dritte enthält Dichtungen vom Schiller das 4te und 5te vom Klopfstok, das 6te vom Mathißon, Hölty, Salis etcetc., und das 7 und 8te enthalten Gesänge Ossians, welche letztere sich vor allem auszeichnen ...". Goethe schickte das Liederheft zurück, ohne sich selbst dazu zu äußern[2]. Die geplante Veröffentlichung der Hefte zerschlug sich.

Eine Konstante in Schuberts späteren, seit 1821 tatsächlich erschienenen Liederheften wird jedoch schon hier deutlich: die Anordnung nach Dichtern. Bezeichnenderweise greift Schubert für seine ersten opera auf das Goethe 1816 übersandte Liederheft zurück: op. 1, 2, 3 und 5 enthalten ausschließlich Lieder daraus — für op. 2, 3 und 5 diente es sogar als Stichvorlage: Zeichen für die Sticheinteilung, einzelne Korrekturen, Ergänzungen und Vermerke des Stechers zeigen dies deutlich. Für op. 1, den *Erlkönig*, konnte Schubert die Reinschrift aus dem Liederheft für Goethe nicht verwenden: er hatte dem Dichter das Lied dort in einer erleichterten Fassung des Klavierparts geschickt, in dem Triolen durch Achtel ersetzt sind[3], mußte also für den Stich die Vorlage neu schreiben. Als Ganzes konnte Schubert das erste Liederheft für Goethe 1821 nicht zum Druck geben: der allgemeine Usus stand dem entgegen. Üblich waren damals verhältnismäßig schmale Liederhefte von in der Regel nicht mehr als 15 Seiten mit höchstens vier bis fünf Liedern. Wenn so der Umfang der Hefte kleiner bleiben mußte, als Schubert und seine Freunde dies ursprünglich geplant hatten, brachte dies für Schubert jedoch auch den Vorteil mit sich, bei der Auswahl der Lieder für die einzelnen Hefte neben der Zusammenstellung von Liedern eines Dichters auch andere

---

[2] Schuberts Beziehungen zu Goethe sind oft behandelt worden; vgl. unter anderem: Musikerbriefe, mitgetheilt von MAX FRIEDLAENDER. *Goethe-Jahrbuch* 12 (1891) 99, 125—127; KONRAD VOLKER, Schubert und Goethe. *Die Musik* 14 (1914/15) 128—132; OTTO ERICH DEUTSCH, Goethe und Schubert, *Chronik des Wiener Goethe-Vereins* 41 (1936) 13—19; weiteres s. in: *Goethe-Bibliographie*, begründet von HANS PYRITZ, fortgeführt von HEINZ NICOLAI und GERHARD BURCKHARDT, 1. Heidelberg 1965, 358 und 419—422, und in FREDERICK W. STERNFELD, *Goethe and Music. A List of Parodies and Goethe's Relationship to Music. A List of References*. New York 1954, 137ff.

[3] Vgl. hierzu *Neue Schubert-Ausgabe*, Serie IV, *Lieder. Band 1*. Kassel etc. 1970, Teil 1b, 180ff.

Auswahlprinzipien berücksichtigen zu können: insbesondere die Zusammenstellung von Liedern (auch verschiedener Dichter), die inhaltlich zusammengehören[4]. Bei umfangreicheren Liederheften wäre dies ja fast nur in Liederzyklen möglich.

Hier stellt sich nun die Frage, ob nicht auch das Goethe 1816 übersandte Liederheft Ordnungskriterien erkennen läßt, die über die einfache Zusammenstellung von Liedern eines Dichters hinausgehen. Aufschluß darüber kann uns nur die Handschrift selbst geben.

Das Manuskript des Liederheftes kam zusammen mit dem größten Teil der Schubertschen Handschriften nach dessen Tod zu Schuberts Bruder Ferdinand, der die Manuskripte für die Erben verwaltete[5]. Dieser verkaufte es mit zahlreichen anderen Autographen im Herbst 1844[6] an Ludwig Landsberg, damals Direktor des Konservatoriums in Rom. Von dessen Erben erwarb es am 13. März 1862 die Königliche Bibliothek (heute Deutsche Staatsbibliothek) in Berlin[7]. Dort wird es seitdem aufbewahrt (Signatur: Mus. ms. autogr. Schubert 1).

Die Handschrift besteht aus 16 mehrfach paginierten Blättern, die zuletzt als S. 1—31 durchgezählt wurden. In der Bibliothek hat sie einen festen Einband erhalten; dabei wurde vorne und hinten je ein Schutzblatt eingefügt. Schubert hat die Lieder zügig mit gleicher, schwarzbrauner Tinte niedergeschrieben und verwendete dabei einheitliches Papier in dem üblichen Querformat, 31,5 cm x 22,5 cm, mit dem Wasserzeichen der Firma Kiesling (Papiermühle Lauterwasser am Lauterwasserbach)[8] und mit durchgehender zwölfzeiliger Rastrierung. Es ist daher anzunehmen, daß die Handschrift, so wie sie uns jetzt vorliegt, von Anfang an eine Einheit bildete. Ein Titelblatt Schuberts fehlt; beim Titel des ersten

---

4 Vgl. WALTHER DÜRR, Vorwort zu *Neue Schubert-Ausgabe*, Serie IV, *Lieder. Band 2*. Kassel etc. 1975, XII und XV.

5 Vgl. OTTO ERICH DEUTSCH, *Schubert. Die Erinnerungen seiner Freunde*. 2. Aufl. Leipzig 1966, 441 ff.

6 Vgl. Karl Radnitzkys Brief an Ferdinand Schubert vom 25. September 1844 (O. E. DEUTSCH, *Schubert. Die Erinnerungen seiner Freunde*, 477).

7 Vgl. JOHANNES WOLF, Die Schuberthandschriften der Preußischen Staatsbibliothek in Berlin. *Bericht über den Internationalen Kongreß für Schubertforschung*, Wien 25. bis 29. November 1928. Augsburg 1929, 151 f. — ROBERT LACHMANN, Die Schubertautographen der Staatsbibliothek zu Berlin. *ZfMw* 11 (1928/29) 110 f. — KARL-HEINZ KÖHLER, Die Musikabteilung. *Deutsche Staatsbibliothek 1661—1961* 1. Leipzig 1961, 253 f.

8 Vgl. WALTHER DÜRR, *Franz Schuberts Werke in Abschriften: Liederalben und Sammlungen* (*Neue Schubert-Ausgabe*, Serie VIII/8, *Quellen II*). Kassel etc. 1975, 13 ff.

Liedes findet man jedoch von Bibliothekarshand die Eintragung „[*16 Goethe-Lieder*]“. Das Heft enthält heute folgende Gesänge:

Lage	Seite	
1	1	*Jägers Abendlied*, D 368, op. 3,4 (mit Sticheinteilung)
	2—3	*Der König in Thule*, D 367, op. 5,5 (mit der Singstimme unterlegtem Textincipit der zweiten und dritten Strophe, wahrscheinlich für den Stich und von der Hand L. v. Sonnleithners)
	3—4	*Meeres=Stille*, D 216, op. 3,2
	5—8	*Schäfers Klagelied*, D 121, op. 3,1 (mit Sticheinteilung)
	9	*Die Spinnerinn*, D 247, op. post. 118,6
	10	*Heidenröslein*, D 257, op. 3,3 (mit Sticheinteilung)
2	11	*Wonne der Wehmuth*, D 260, op. post. 115,2
	12	*Wandrers Nachtlied*, D 224, op. 4,3
3	13—14	*Erster Verlust*, D 226, op. 5,4
	14—15	*Der Fischer*, D 225, op. 5,3 (mit Hinweisen für den Stich und der Singstimme unterlegtem Textincipit der zweiten Strophe; Ziffern verweisen auch auf die dritte und vierte Strophe. Diese Verweise sind von derselben Hand wie die in *Der König in Thule*, S. 2—3)
	16	*An Mignon*, D 161, op. 19,2 (unvollständig; die letzten vier Takte standen auf einem inzwischen verlorengegangenen Blatt)
4	17	*Geistes=Gruß*, D 142, op. 92,3 (die letzten 11 Takte des Liedes sind auf einem an S. 17 geklebten Abschnitt notiert; die Rückseite dieses Abschnittes ist leer)
	18—19	*Nähe des Geliebten*, D 162, op. 5,2
	20	*Gretchen am Spinnrade*, D 118, op. 2 (nur T. 1—16; der Rest stand auf inzwischen verlorengegangenen Blättern; beim Titel findet sich ein Stechervermerk: „*9 Pl*[atten]“)
5	21—24	*Rastlose Liebe*, D 138, op. 5,1 (mit Sticheinteilung)
	25—31	*Erlkönig*, D 328, op. 1
	32	leer

Sämtliche Lieder (ausgenommen *Erlkönig*) zeigen beim Titel Ferdinand Schuberts Paraphe „*Schmp*“. Von den 16 Liedern hat Schubert zwölf in op. 1—5 verwendet, eines erschien bald darauf in dem Goethe gewidmeten op. 19 und eines in op. 92. Nur zwei Lieder hat Schubert zu Lebzeiten nicht mehr zum Druck gegeben. Eines davon — *Wonne der*

Wehmut — diente ihm später jedoch als Grundlage für die Arie der Gräfin „*Trocknet nicht, trocknet nicht, Tränen der ewigen Liebe*" zu Beginn des zweiten Aktes der nur im Entwurf ausgeführten Oper *Der Graf von Gleichen* (D 918); der Librettist, Eduard von Bauernfeld, hatte Goethes Gedicht in sein Textbuch übernommen.

Der angeführten Seitenzählung ist eine ältere vorausgegangen. Diese beginnt mit Seite 9 und zählt dann fortlaufend bis Seite 41 (die letzte, leere Seite bleibt unbezeichnet); einige Seitenzahlen sind heute nicht mehr zu erkennen: S. 11—14 (= S. 3—5 der heutigen Zählung) und Seite 27 oder Seite 25 (=S. 17 der heutigen Zählung). Seite 16 der heutigen Zählung (*An Mignon*) ist in der älteren Seite 24; Seite 18 der heutigen Zählung (*Nähe des Geliebten*) ist in der älteren hingegen Seite 28. Die Lücke könnte ausgefüllt werden entweder durch das fehlende Blatt nach Seite 16, auf dem die letzten Takte von *An Mignon* gestanden haben — dann wäre die heutige Seite 17 die frühere Seite 27, oder durch den auf Seite 17 aufgeklebten Abschnitt — dann wäre diese Seite 17 die frühere Seite 25. Da sich aber auch auf dem aufgeklebten Abschnitt ältere Seitenzahlen nicht erkennen lassen, ist die erste Annahme die wahrscheinlichere. Welches Lied auf den ursprünglichen Seiten 25—26 einst auf *An Mignon* folgte, läßt sich heute auch hypothetisch nicht mehr sagen.

Die Frage ist bedeutsam für die ursprüngliche Anordnung des Liederheftes: Auf einer September 1843 datierten Abschrift des Liedes *Wiedersehen* (D 855)[9] gibt Ferdinand Schubert unter dem Titel „*Hr. v. Landsperger, / Director des Conservatoriums in Rom / folgende Manuscripte meines / Bruder Franz* [Unterstreichung von Ferdinand] *übergeben. / (Als Authographum.)*" ein vollständiges Verzeichnis der Landsberg überlassenen Manukripte. Unter Nr. 19 findet sich auch das Liederheft für Goethe: „*Geistesgruß. Nähe des Geliebten. (Gretchen am Spinnrad. nicht ganz). Erster Verlust. Der Fischer. (An Mignon. nicht ganz) Wonne der Wehmuth. Wandrers Nachtlied. Jägers Abendlied. Der König in Thule. Meeres Stille. Schäfers Klagelied. Die Spinnerinn. Heidenröslein. Rastlose Liebe. Erlkönig.*"

Es fällt auf, daß gegenüber der derzeitigen Anordnung die Lagen des Heftes vertauscht sind: Ferdinands erste Lage war die heutige vierte (ein Doppelblatt, S. 17—20), seine zweite die heutige dritte (ein Doppelblatt, S. 13—16), seine dritte die heutige zweite (ein einzelnes

---

[9] Staatsbibliothek Preußischer Kulturbesitz Berlin, Musikabteilung, Signatur: mus. ms. 20285.

Blatt, S. 11—12; das dazugehörige zweite Blatt, auf dem der Rest von *An Mignon* stand und das auf Seite 16 folgen müßte, in Ferdinands Beschreibung also vor S. 11—12 hätte aufgeführt werden müssen, ist offenbar abgetrennt worden); Ferdinands vierte Lage war die heutige erste (zwei Doppelblätter und ein Einzelblatt, S. 1—10) und seine fünfte die heutige fünfte (zwei Doppelblätter und zwei angeklebte Einzelblätter, S. 21—32). In Ferdinands Verzeichnis erscheinen sowohl *Gretchen am Spinnrade* als auch *An Mignon* schon als unvollständig, die entsprechenden Blätter waren also vorher herausgenommen. Zählt nun die ältere Paginierung das bei Ferdinand schon fehlende Blatt nach *An Mignon* als S. 25—26, dann ist diese älter als Ferdinands Liste, und die in ihr sich spiegelnde Anordnung (die der heutigen entspricht) ist wahrscheinlich auch die originale — zählt sie hingegen das Blatt nicht mit, dann ist sie vermutlich jünger, die ursprüngliche Anordnung dürfte dann die bei Ferdinand beschriebene sein und die Lagen wären nachträglich vertauscht worden.

Da nun aber die ältere Paginierung mit Seite 9 beginnt, Ferdinands Verzeichnis jedoch nur die auch heute in dem Liederheft noch enthaltenen Gesänge nennt, da weiterhin anzunehmen ist, daß Schubert dem für Goethe bestimmten Liederheft ein wohl dem zweiten Heft ähnliches Titelblatt beigegeben hat, ist es sehr wahrscheinlich, daß das Heft vor Ferdinands Beschreibung paginiert worden ist. Die Lagen sind damals jedoch wohl lose gewesen, und Ferdinand hat ihren Inhalt in der Reihenfolge angegeben, wie er sie zufällig vorgefunden hat.

Es stellt sich die Frage, was auf den verlorenen ursprünglichen Seiten 1—8 enthalten war. Otto Erich Deutsch vermutet, es könne entweder *An Schwager Kronos* (D 369, op. 19,1) oder die *Szene aus „Faust“* (D 126) gewesen sein[10]. Setzt man voraus, daß auf diesen Seiten nur ein Lied gestanden habe[11], dann kämen — ihres Umfangs wegen — von den vor April 1816 entstandenen Liedern nur diese beiden in Frage. Dabei spräche mehr für die erste Annahme, denn *An Schwager Kronos* ist wie

---

[10] Vgl. O. E. DEUTSCH, *Schubert. Die Dokumente seines Lebens*, 41.

[11] Das ist deshalb wahrscheinlich, weil Schubert die Mehrzahl der noch verbleibenden kürzeren Goethe-Lieder der Jahre 1814—1815 in seinem zweiten Goethe-Liederheft zusammengestellt hat; sie können also nicht schon auf den verschollenen Seiten des ersten gestanden haben. Die in beiden Heften noch fehlenden Goethe-Lieder (*Am Flusse*, D 160, *Die Liebe*, D 210, *Der Schatzgräber*, D 256, und *Harfenspieler*, D 325 — von Mehrfachbearbeitungen desselben Textes ist hier abgesehen) gehörten eher in den Zusammenhang des zweiten als des ersten Heftes.

An Mignon in Schuberts op. 19 erschienen — Schubert könnte die Seiten 1—8 also als Stichvorlage verwendet haben. Die *Szene aus „Faust“* hingegen, als Szene vom Typus her sehr verschieden von den übrigen Liedern des Heftes, ist erst postum in Lieferung 20 der bei Diabelli & Co. in Wien erschienenen *nachgelassenen musikalischen Dichtungen* veröffentlicht worden.

Anders als die Seiten 1—8 sind die fehlenden Blätter mit Takt 17 bis Schluß von *Gretchen am Spinnrade* noch vor der ersten Paginierung entfernt worden. Da auf Seite 20 mit Takt 1—16 des Liedes der Hinweis „*9 Pl*[atten]“ steht, sich sonst aber auf dieser Seite keinerlei Sticheinteilung findet, ist es wohl denkbar, daß Schubert dem Stecher zunächst, wie er das dann auch später tat, das ganze Liederheft als Stichvorlage überlassen hat, es dann aber vielleicht selbst benötigte und nur die heute fehlenden Blätter herausnahm. Diese dienten dann als Stichvorlage (und sind, wie so oft, nach dem Erscheinen des Heftes verlorengegangen), von der ersten Seite des Liedes, die auf der Rückseite der Strophen zwei bis vier von *Nähe des Geliebten* steht und die Schubert daher nicht mit herausnehmen konnte, hat der Stecher wohl eine Kopie erhalten. Dafür, daß von Schuberts Verwandten oder von Autographenliebhabern aus „*dem Goetheheft ... blindlings Seiten und damit ganze Lieder entfernt worden*“ seien, gibt es keinen Anhaltspunkt[12]. Da schon Ferdinand die entsprechenden Lieder als „*nicht ganz*“ bezeichnet — was er kaum getan hätte, wenn er selbst die Blätter herausgenommen hätte —, kann wohl nur der Komponist dies getan haben.

Das Liederheft zeigt schließlich, von einer dritten Hand, auch eine Foliierung (fol. 8—16); diese entspricht jedoch der heutigen Paginierung und trägt daher zur Frage der ursprünglichen Anordnung nichts bei.

Auf Grund der vorausgegangenen Überlegungen hatte das Liederheft für Goethe ursprünglich vermutlich folgenden Inhalt:

ursprüngliche Seitenzählung	heutige Seitenzählung	
1—8	—	*An Schwager Kronos* (D 369)
9	1	*Jägers Abendlied* (D 368)
10—11	2—3	*Der König in Thule* (D 367)
11—12	3—4	*Meeres-Stille* (D 216)
13—16	5—8	*Schäfers Klagelied* (D 121)
17	9	*Die Spinnerinn* (D 247)

[12] G. Schünemann im Vorwort zu *Lieder von Goethe* ..., 19.

ursprüngliche Seitenzählung	heutige Seitenzählung	
18	10	*Heidenröslein* (D 257)
19	11	*Wonne der Wehmuth* (D 260)
20	12	*Wandrers Nachtlied* (D 224)
21—22	13—14	*Erster Verlust* (D 226)
22—23	14—15	*Der Fischer* (D 225)
24—25	16	*An Mignon* (D 161)
25—26	—	?
27	17	*Geistes-Gruß* (D 142)
28—29	18—19	*Nähe des Geliebten* (D 162)
30 (—30f)	20	*Gretchen am Spinnrade* (D 118; insgesamt ursprünglich wohl 7 Seiten)
31—34	21—24	*Rastlose Liebe* (D 138)
35—41	25—31	*Erlkönig* (D 328)

Eine inhaltliche Ordnung, ähnlich der in Schuberts späteren, im Stich erschienenen Liederheften, läßt sich hier nicht erkennen. Die Zahl der Lieder ist zu groß. Auch hat Schubert sicherlich für Goethe die Lieder ausgewählt, die ihm die besten schienen. Auf textliche Zusammenhänge konnte er dabei nicht mehr achten. Schubert hat jedoch auch keinen musikalischen Zyklus zusammengestellt. Weder aus der Folge der Tonarten noch aus der musikalischer Charaktere läßt sich mehr als wohl zufällige Strukturierung im einzelnen erkennen — etwa Schuberts Vorliebe für Terzverwandtschaften bei der Aufeinanderfolge von bewegten und getrageneren Sätzen[13]. Dennoch ist eine gewisse Rundung in der Anordnung des Liederheftes nicht zu verkennen: Schubert stellt an den Beginn — wenn unsere Annahme zutrifft — einen ausgedehnten, durchkomponierten Gesang, *An Schwager Kronos*. Dieser war wohl — wie außerdem nur noch die beiden unmittelbar folgenden Lieder *Jägers Abendlied* und *Der König in Thule* — erst kurz vor der Niederschrift des Liederheftes für Goethe entstanden. Sicher nicht zufällig steht er dann auch zu Beginn des Goethe gewidmeten opus 19, das 1825 bei Diabelli & Co. im Stich erschienen ist.

Drei weitere durchkomponierte Gesänge, nicht weniger umfangreich

[13] Die Tonartenfolge lautet: F-Des-d-C-c-h-G-c-Ges-As-B-gis-Es-Ges-d-E-g; Terzverwandschaft in der beschriebenen Weise zeigen schon die drei ersten Lieder, von denen das erste dem Bewegungstyp eines Allegro moderato („*Nicht zu schnell*"), das zweite dem eines Adagio („*Sehr langsam, leise*") und das dritte dem eines Andantino („*Etwas langsam*") zuzurechnen ist.

als der erste, stehen am Ende des Liederheftes: *Gretchen am Spinnrade*, *Rastlose Liebe* und *Erlkönig*. Auch diese bedeuteten Schubert viel. Der *Erlkönig* war ihm sein opus 1 und sollte als solches erscheinen; um dies zu erreichen, brachte Schubert schließlich seine ersten Liederdrucke im Selbstverlag heraus[14]. *Gretchen am Spinnrade* war dann opus 2 und *Rastlose Liebe* eröffnete das opus 5. Zwischen diese Gesänge, die Goethe befremdet haben mögen, stellte Schubert in bunter Folge Kompositionen, die dem Liedideal der Goethe-Zeit näher standen: kurze lyrische Lieder und strophisch komponierte Balladen — Lieder dieser Art machten übrigens auch den Hauptteil des umfangreichen Liederschaffens Schuberts in den Jahren 1815—1816 aus. So kann Schuberts Liederheft für Goethe — nach Spauns Worten in seinem Begleitbrief — durchaus als eine Probe seiner Liedkunst gelten, wobei Schuberts eigene Gewichtung sich an der Zusammenstellung des Liederheftes deutlich ablesen läßt.

Schubert hat auch das in Spauns Brief angekündigte zweite Heft mit Liedern von Goethe noch zusammengestellt, vermutlich nicht lange nach dem ersten, denn es enthält keine nach 1815 entstandenen Lieder. Schubert hat dieses zweite Heft jedoch nicht nach Weimar geschickt, vielleicht hatte er das auch gar nicht beabsichtigt — als Probe für Goethe sollte ja nur das erste Heft dienen.

Das ursprüngliche Manuskript dieses zweiten Heftes ist heute in drei Faszikel geteilt, von denen sich eines in der Wiener Stadt- und Landesbibliothek (Signatur: MH 117/c) und zwei in der Bibliothèque Nationale Paris befinden (Sammlung Conservatoire, Signaturen: Ms. 273 und 276). Noch 1887 jedoch war das Heft vermutlich vollständig. Es befand sich damals bei Weinberger & Hofbauer in Wien[15]. Eusebius Mandyczewski hat es dort offenbar gesehen; in einer kurzen Beschreibung teilt er mit, daß es einst ein Titelblatt mit der Aufschrift: *Lieder von Goethe componirt von Franz Schubert. 2tes Heft* besessen habe[16]. Später wurde das Heft, wie Mandyczewski schreibt, ,,*so weit es ging, auseinandergeschnitten und stückweise verkauft*''; das Titelblatt ging dabei verloren.

---

14 Vgl. WALTHER DÜRR, Vorwort zu *Neue Schubert-Ausgabe*, Serie IV, *Lieder. Band 1*. Kassel etc. 1970, XVf.

15 Vgl. MAX FRIEDLAENDER, *Beiträge zur Biographie Franz Schubert's*. Berlin o. J. (geringfügig veränderte 2. Ausgabe der Dissertation Rostock 1887); 54, zu Lieferung 25, 37, 47.

16 Vgl. *Franz Schubert's Werke. Kritisch durchgesehene Gesammtausgabe. Revisionsbericht*. Serie XX. Leipzig 1897, 14.

Die heute in der Wiener Stadt- und Landesbibliothek befindlichen Blätter wurden am 18. 2 1889 bei der Firma J. M. Heberle in Köln versteigert, nach einer Notiz von Otto Erich Deutsch stammten sie aus der Sammlung J. P. Brackes. Damals vermutlich hat Nikolaus Dumba das Manuskript erworben. Nach dessen Tode am 23. März 1900 gelangte es, zusammen mit dem überwiegenden Teil seiner Schubert-Sammlung, in die Wiener Stadt- und Landesbibliothek[17].

Die beiden Pariser Manuskripte wurden am 3. Juni 1889 bei J. A. Stargardt in Berlin versteigert, und zwar das Ms. 276 unter Nr. 188 und das Ms. 273 unter Nr. 190. Das Ms. 273 begegnet dann am 7. 11. 1892 unter der Nr. 316 in einem Auktionskatalog der Firma Liepmannssohn, Berlin. Im Januar 1893 erwirbt es durch Vermittlung Mandyczewskis der Pariser Sammler und Archivar der Grande Opéra, Charles Malherbe. Das Ms. 276 erscheint im Oktober 1898 in dem Lagerkatolog 24 der Firma Liepmannssohn. Wieder durch Vermittlung Mandyczewskis erwirbt im Februar 1899 Malherbe auch dieses. Beide Manuskripte vermachte Malherbe dann — mit seiner ganzen Sammlung — der Bibliothek des Conservatoire Paris.

Die Handschrift MH 117/c der Wiener Stadt- und Landesbibliothek besteht aus 6 nachträglich mit Bleistift foliierten Blättern in zwei Lagen (1 Doppelblatt und 2 ineinanderliegende Doppelblätter) im üblichen Querformat, 30,5 cm x 23 cm. Wasserzeichen und Rastrierung entsprechen dem ersten Liederheft; die Schriftzüge sind die einer sorgfältigen Reinschrift. Die Blätter enthalten:

Blatt	
1r—3r	*Sehnsucht*, D 123 („*Was zieht mir das Herz so?*"), erschienen in Diabellis Nachlaßlieferung 37 als Nr. 2
3v	*Wer kauft Liebesgötter?* D 261, erschienen in Diabellis Nachlaßlieferung 47 als Nr. 2 (nachträglich wohl von fremder Hand mit Bleistift datiert „*Aug. 815*")
4r—4v	*Trost in Thränen*, D 120, Nachlaßlieferung 25, Nr. 3
5r—5v	*Bundeslied*, D 258, erschienen 1887 bei Weinberger & Hofbauer
6r	*Tischlied*, D 234, op. post. 118,3 (nachträglich wohl von fremder Hand mit Bleistift datiert „*15 July 815*")
6v	leer

---

[17] Vgl. FRITZ RACEK, Von den Schubert-Handschriften der Stadtbibliothek. *Festschrift zum hundertjährigen Bestehen der Wiener Stadtbibliothek 1856—1956* (Wiener Schriften 4). Wien 1956, 118f.

Das Manuskript 273 der Sammlung des Conservatoire in der Bibliothèque Nationale Paris besteht wie das Wiener Manuskript aus 6 nachträglich mit Bleistift foliierten Blättern (3 ineinanderliegende Doppelblätter) im üblichen Querformat, 31 cm x 23 cm. Wasserzeichen und Rastrierung entsprechen wiederum dem Liederheft für Goethe; die Schriftzüge sind die einer sorgfältigen Reinschrift. Der Handschrift liegt eine Echtheitsbestätigung Eusebius Mandyczewskis vom 15. Januar 1893 bei. Die Blätter enthalten:

Blatt	
1r	*An den Mond*, D 259, Nachlaßlieferung 47, Nr. 5
1v—2r	*Der Rattenfänger*, D 255, Nachlaßlieferung 47, Nr. 3 (nachträglich wohl von fremder Hand datiert „*Aug* $\overline{815}$ “
2v—6v	*Der Sänger, Ballade*, D 149, op. post. 117 (nachträglich wohl von fremder Hand mit Bleistift datiert „*Febr* $\overline{815}$ “)

Das Manuskript 276 der Sammlung des Conservatoire in der Bibliothèque Nationale Paris besteht aus 4 wiederum nachträglich mit Bleistift foliierten Blättern (2 ineinanderliegende Doppelblätter) und einem an S. 1 geklebten Abschnitt. Format und Papiersorte sind die gleichen wie bei dem anderen Pariser Manuskript (der angeklebte Abschnitt: 27 cm x 10,5 cm). Auch dieser Handschrift liegt eine Echtheitsbestätigung Eusebius Mandyczewskis bei, datiert mit Februar 1899. Die Blätter enthalten:

Blatt	
1r	*Der Gott und die Bajadere*, D 254, erschienen 1887 bei Weinberger & Hofbauer (fortgesetzt auf dem angeklebten Abschnitt, die Rückseite des Abschnittes leer, nachträglich wohl von fremder Hand datiert „*Aug* $\overline{815}$ “)
1v	*Nachtgesang*, D 119, Nachlaßlieferung 47, Nr. 4
2r—3r	*Sehnsucht*, D 310 („*Nur, wer die Sehnsucht kennt*“), zuerst erschienen 1895 in der Alten Gesamtausgabe
3r	*Der Zufriedene*, D 320 (nur Titel, Akkoladenklammer, Stimmenbezeichnung, Tempobezeichnung und Schlüssel mit Vorzeichen und Taktbezeichnung in der Singstimme; alles durchgestrichen: das Gedicht ist von Chr. L. Reissig, nicht von Goethe)
3v—4v	*Mignon*, D 321 („*Kennst du das Land*“), Nachlaßlieferung 20, Nr. 3

Es fällt auf, daß — anders als bei Schuberts erstem Goethe-Liederheft — von den Liedern dieser drei Manuskripte keines zu seinen

Lebzeiten erschienen ist. Zwei Lieder nur dürfte Schubert noch kurz vor seinem Tode zum Druck vorbereitet haben: *Der Sänger* und *Tischlied* (zusammen mit *Die Spinnerinn* aus dem ersten Liederheft); sie sind im Juni 1829 bei Josef Czerny in Wien erschienen. Am 31. Dezember 1828 hatte in der *Wiener Zeitung* eine *Nachricht* Josef Czernys allgemein bekannt gemacht, daß „*der Unterzeichnete aus der Verlassenschaft des leider! zu früh verstorbenen genialen Tonsetzers Franz Schubert, 18 Gesänge und 1 Quartett für Streich-Instrumente in E-Dur, mit Verlagsrecht, käuflich an sich gebracht hat*“[18]. Unter den 18 Gesängen waren auch die drei Lieder aus den beiden Goethe-Heften. Daß Czerny nicht lediglich Manuskripte aus Schuberts Nachlaß erworben, sondern daß noch Schubert selbst sie zum Stich hatte geben wollen, zeigen zahlreiche Varianten in den gedruckten Fassungen dieser Kompositionen gegenüber den erhaltenen Manuskripten. So hat Schubert die umfangreiche Ballade *Die Erwartung* (D 159, op. 116) einer grundlegenden Überarbeitung unterzogen und sie dann im Druck „*seinem Freund Joseph Hüttenbrenner gewidmet*“. Auch in *Der Sänger* hat Schubert wesentliche Teile gegenüber der Fassung in dem Liederheft von 1816 verändert und erweitert[19]. Gerade dies aber zeigt auch, wie sehr für Schubert die Gesänge des zweiten Goethe-Heftes gleichsam „zweite Wahl“ gewesen sind: An keinem der Lieder des ersten Heftes hatte Schubert für den Stich noch Bedeutsames geändert — in den meisten Fällen diente es ja unmittelbar als Stichvorlage.

Bei der Beschreibung des damals noch ungeteilten zweiten Liederheftes (vgl. Fußnote 16) nennt Eusebius Mandyczewski auch die einzelnen Titel, offenbar in der Reihenfolge des ursprünglichen Manuskripts. Folgt man dieser Reihenfolge, dann läßt sich das Heft rekonstruieren. Es hätte dann aus 1 + 4 + 3 Doppelblättern bestanden, wobei freilich eine in der Mitte des Heftes liegende Seite (Bl. 10v) leer geblieben wäre. Da das vorangehende Lied (*Tischlied*, D 234) auf Seite 10r mit einem Wiederholungszeichen schließt, das die folgenden Strophen andeutet, diese Strophen aber fehlen (nur die 1. Strophe ist dem Notentext unterlegt), könnte Schubert die Seite 10v für die noch nachzutragenden Strophen freigelassen haben. Es ist jedoch auch möglich, daß Schubert die Lagen schon bei der ursprünglichen Heftung vertauscht hat; die Blätter 11—

[18] O. E. Deutsch, *Schubert. Die Dokumente seines Lebens*, 572.

[19] Vgl. hierzu Walther Dürr, Vorwort zu *Neue Schubert-Ausgabe*, Serie IV, *Lieder. Band 7*. Kassel etc. 1968, XV.

16, die er zuerst geschrieben haben mag, wären so erst später an das Ende gelangt.

Inhalt des ursprünglichen Heftes:

Lage	Blatt	
1	1r—2v	*Sehnsucht*, D 123 („*Was zieht mir das Herz so?*“)
2	3r	[*Sehnsucht*], D 123, Fortsetzung
	3v	*Wer kauft Liebesgötter?*, D 261
	4r—4v	*Trost in Thränen*, D 120
	5r	*Der Gott und die Bajadere*, D 254
	5v	*Nachtgesang*, D 119
	6r—7r	*Sehnsucht*, D 310 („*Nur, wer die Sehnsucht kennt*“)
	7r	*Der Zufriedene*, D 320 (nur Titel, Akkoladenklammer etc., siehe oben)
	7v—8v	*Mignon*, D 321 („*Kennst du das Land*“)
	9r—9v	*Bundeslied*, D 258
	10r	*Tischlied*, D 234
	10v	leer
3	11r	*An den Mond*, D 259
	11v—12r	*Der Rattenfänger*, D 255
	12v—16v	*Der Sänger*, D 149

Davon befinden sich Bl. 1—4 und 9—10 (= Lage 1 und die beiden äußeren Doppelblätter der Lage 2) heute in der Wiener Stadt- und Landesbibliothek, Bl. 5—8 (= die beiden inneren Doppelblätter der Lage 2) in der Bibliothèque Nationale Paris (Ms. 276), ebenso Bl. 11—16 (= Lage 3) (Ms. 273).

Die Anordnung des zweiten Goethe-Heftes entspricht somit weitgehend der des ersten: An den Beginn und das Ende stellt Schubert je einen ausgedehnten, durchkomponierten Gesang (*Sehnsucht* und *Der Sänger*), dazwischen mischt er in bunter Folge wieder kurze lyrische Gesänge und strophisch komponierte Balladen. Auch hier spielen dabei weder tonartliche Beziehungen[20] noch musikalische Charaktere eine bestimmende Rolle. Es fällt freilich auf, daß Schubert in der Reinschrift von der Reihenfolge in den Kompositionsmanuskripten abweicht. Eines dieser Manuskripte enthielt beispielsweise einst die vier Lieder *Trost in*

[20] Die Tonartenfolge lautet hier: G-C-F-Es-As-C-A-B-C-Es-G-D; Terzverwandschaften spielen in diesem zweiten Heft eine weniger bedeutende Rolle; an ihre Stelle sind Quintbeziehungen getreten.

Tränen, *Nachtgesang*, *Sehnsucht* und *Am See*[21]. Das Lied *Sehnsucht* stellte Schubert, wie wir sahen, an den Beginn der Reinschrift; *Am See* von Johann Mayrhofer (D 124) schied aus. Zwischen *Trost in Tränen* und *Nachtgesang* jedoch fügte Schubert die Ballade *Der Gott und die Bajadere*. Wahrscheinlich wollte Schubert nicht zwei ähnliche lyrische Lieder aufeinanderfolgen lassen — auch die „bunte Ordnung" hat sich also nicht zufällig ergeben, sie ist vermutlich beabsichtigt.

Sind sich beide Liederhefte sowohl in ihrer äußeren Gestalt wie in ihrer Anordnung sehr ähnlich, so unterscheiden sie sich doch in ihrem inhaltlichen Gewicht: Lieder von der Bedeutung eines *Erlkönig*, eines *Gretchen am Spinnrade* oder *An Schwager Kronos* sucht man in dem zweiten Heft vergebens. Auch dies bestätigt die Annahme, daß Schubert das zweite Heft wohl kaum ebenfalls Goethe übersenden wollte — er hatte das, was ihm am gelungensten schien, ja bereits nach Weimar geschickt. Wenn Goethe durch das erste Heft zu der erhofften Unterstützung für die Veröffentlichung der geplanten acht Hefte nicht zu bewegen war, dann konnte das zweite Heft kaum mehr bewirken. Während sich so in Schuberts erstem Heft der geplante Druck in Anordnung und Auswahl nur spiegelt (Schubert konnte ja nicht damit rechnen, daß Goethe es ihm zurückschicken würde; als Stichvorlage hätte er daher die Lieder des ersten Heftes noch einmal abschreiben müssen), ist das zweite Heft sicher bereits unmittelbar für den Druck geschrieben.

---

21 Vgl. hierzu Walther Dürr, *Kritischer Bericht* zu *Neue Schubert-Ausgabe*, Serie IV, *Lieder. Band 7*. Tübingen 1977, 59f.

Hellmut Federhofer

ZUR ANALYSE UND DEUTUNG DES SCHUBERT-LIEDES

Albert Wellek unterscheidet das Gestaltniveau als Inbegriff aller formal-figuralen Eigenschaften einer musikalischen Gestalt von deren Gestalttiefe als Dimension des symbolisch-physiognomisch Bedeutsamen und Ausdruckshaften[1]. Die Kategorien entsprechen den Begriffen *Gestalt* und *Gehalt*, wenn *Gestalt* auf die Summe der stofflichen Beziehungen, *Gehalt* auf das Moment der Transzendenz bezogen werden. Beide sind unlöslich miteinander verbunden, weshalb „*die radikale Gegenüberstellung von Form und Ausdruck*" und daher die Alternative „*Formal- oder Ausdrucksästhetik?*" hinfällig wird, letztere sich vielmehr als Scheinproblem entpuppt[2]. Ungelöst bleibt jedoch die Frage nach dem Verhältnis zwischen Form- und Ausdrucksverständnis, die je nach geschichtlichem und weltanschaulichem Standort sowie persönlicher Neigung entweder verschieden oder überhaupt nicht beantwortet wird, indem beide in gewissem Umfang zwar Berücksichtigung finden, doch ohne ihren Zusammenhang näher zu begründen.

Die Beantwortung dieser Frage betrifft zugleich Deutung und Analyse, damit auch das Verhältnis von Musikästhetik und -theorie, sofern Deutung als spezifisch ästhetischer, Analyse als musiktheoretischer Akt gewertet wird. Zumindest formal läßt sich das Problem so lösen, daß theoretische Interpretation als Oberbegriff gesetzt wird, dessen drei Stufen, nämlich das Beschreiben, „*das schon in der Wahl der Wörter und Termini unausweichlich interpretiert*", das Erklären, das als „*Analyse die Kompositionsart und deren Sinn entdeckt*", sowie das Deuten, „*das den der Musik immanenten Gehalt zur Sprache bringt*", aufeinander bezogen sind[3]. Damit ist eine Rangordnung der drei Stufen postuliert. Wenn Deuten ohne Beschreiben und Erklären „*leer ist*"[4],

---

[1] Albert Wellek, *Musikpsychologie und Musikästhetik*. 2. Aufl. Bonn 1975, 20, 196.

[2] a. O. 204.

[3] Hans Heinrich Eggebrecht, Artikel Interpretation. Riemann, *Musiklexikon*, 12. Aufl., Sachteil. Mainz 1967, 408f.

[4] a. O. 409.

kann die dritte Stufe erst nach den beiden anderen erreicht werden. An neueren Veröffentlichungen über das Lied Franz Schuberts läßt sich die Brauchbarkeit eines solchen Schemas und der jeweilige Stellenwert von Analyse und Deutung, damit zugleich auch das Verhältnis von Gestaltniveau und Gestalttiefe im Sinne A. Welleks prüfen.

Hans Heinrich Eggebrecht[5] legt der Darstellung von Prinzipien des Schubert-Liedes einen analytischen Befund zugrunde, nämlich den Nachweis eines *Erfindungskerns*, „*der zu Beginn des Gesanges real erklingt und als kompositorische Substanz dem ganzen Lied variativ zugrundeliegt*"[6]; auf ihn seien zahlreiche Lieder des Komponisten reduzierbar. So wird im ersten Lied (*Das Wandern*) des Zyklus *Die schöne Müllerin* diese Substanz „*am ursprünglichsten, konkret vollständigsten in Takt (6)/7*", gleichsam als „*ein Konzentrat des ganzen Liedes*" gesehen: „*Von den (beim Vortrag der ersten Strophe) insgesamt 48 Zählzeiten sind 28 entweder identisch mit dieser Stelle des Liedes oder unmittelbar aus ihr abzuleiten.*"[7] Zum Nachweis dient eine notenbildliche synoptische Skizze, auf die hier verwiesen sei. In ihr sind in Melodie und Begleitung übereinstimmende Töne und Tonfolgen, in denen der Erfindungskern und dessen Ableitung gesehen werden, durch runde und eckige, teils punktierte Einklammerungen sowie durch volle oder gestrichelte Linien hervorgehoben. Obwohl einige dieser verwandtschaftlichen Beziehungen „*aufgrund der herrschenden T-D-T-Folgen unterschwellig entstanden sein mögen*"[8], werden im graphisch angedeuteten Tongerüst entscheidende strukturelle Beziehungen, eben der Erfindungskern und wie er sich einheitsstiftend im Liede verwirklicht, erblickt.

Aber schon die ersten Zeilen der synoptischen Notenskizze enthüllen die Fragwürdigkeit einer derartigen Substanzanalyse, nach deren Fundierung man vergeblich sucht. So wird zwischen der Melodik in T. (6)/7 und der Begleitung in T. (7)/8 folgende, durch eingekreiste Noten angedeutete Beziehung herausgelesen:

Beispiel 1[9]

[5] Prinzipien des Schubert-Liedes. *AfMw* 27 (1970) 89—109.
[6] a. O. 89.
[7] Ebenda.
[8] Ebenda.
[9] a. O. 90.

An analoger Stelle in T. (16)/17 lautet die Melodik:

Beispiel 2

Hier erhält — im Gegensatz zu T. 7 — die erste Note (*es''*) in T. 17 den Wert eines Viertels, und es wird ihr strukturelle Bedeutung zugesprochen, nicht aber der Hauptnote *c''* in T. 7, sondern der durch Terzsprung nach abwärts erreichten akkordeigenen unbetonten Nebennote, der Sechzehntelnote *a'*. Ursache dieser sonderbaren Inkonsequenz, die den Motivcharakter des Taktes (6)/7 zerstört, der doch den Erfindungskern repräsentieren soll, ist das Bestreben, die Begleitfigur in T. (7)/8 von der Melodik des T. (6)/7 als deren variative Umgestaltung abzuleiten. Dem Umstand, daß nur *a*, nicht aber *c* in jener Begleitfigur vorkommt, fällt das *c''* in der Analyse des T. 7 zum Opfer. Aber auch das Einkreisen der Noten in der Begleitfigur ist willkürlich; *a* kommt nicht von *d'*, sondern von *b*, wohin es wieder zurückkehrt. Man braucht nur die Sechzehntelnoten auf ihr unentfaltetes Akkordgerüst in Viertelnoten zurückzuverfolgen, um dies einzusehen. Aus demselben Grund geht auch die Deutung der Begleitfigur in T. (6)/7 in die Irre:

Beispiel 3[10]

Die Figur ergibt sich aus der Horizontalisierung von

Beispiel 4

d. h. nicht *f*, sondern *d* führt in das *es*, das wieder zurück nach *d* schreitet. Wenn dennoch *f-es-d* als Folge von Strukturtönen zusammengelesen wird, so nur, um eine Gemeinsamkeit mit der Melodik in T. 5 zu konstruieren, die mit *f'* einsetzt, weshalb das erste *d* der Begleitung in T. 6 stört:

Beispiel 5[11]

Eine Kritik der methodisch ungenügend begründeten und sachlich verfehlten Theorie der Substanzgemeinschaft, deren innere Beziehung zu dodekaphonischer Praxis unleugbar ist („*es geht alles aus einem*

10 Ebenda.

11 Ebenda.

hervor")[12], erfolgte in Hinblick auf W. A. Mozarts Werk bereits an anderer Stelle[13]. Sie gilt gleichermaßen für Schuberts Liedschaffen, weshalb die von H. H. Eggebrecht angestrebte Werkdeutung in Frage gestellt ist. Denn der „*Ton*" eines Liedes, der nicht die musikalisch erfaßte Stimmung eines Gedichts, sondern den durch dessen Sprachgehalt „*veranlaßten Erfindungskern sowie jenes Ein und dasselbe, das aus ihm als Erfindungsquelle kompositorisch hervorgeht und im ganzen Liede währt*", meint[14], ist an jenes *variative* Verfahren gebunden, das als Fehlanalyse oben Ablehnung fand. Damit erweist sich auch ein Prinzip als fragwürdig, „*das technisch als ‚Reprisen-', semantisch als ‚Doppelpunkt'-Verfahren sich benennen läßt und, aufs engste mit dem Erfinden und Durchführen des ‚Tons' verknüpft, exemplarisch den konkreten Sinn, die Intention von Schuberts musikalischer Lyrik kompositionstechnisch greifbar macht*"[15]. Es ist zwar zuzugeben, daß die damit gemeinte notengetreue, variierte oder transponierte Wiederkehr des Liedanfangs eine zu Beginn noch verborgene Bedeutungsschicht bloßlegen kann, die allerdings an den Text gebunden bleibt und ohne diesen nicht greifbar wird. Auch trifft zu, daß die Stelle, an der die „*Reprise*" genannte thematische Wiederkehr des Liedanfangs erfolgt, nicht immer mit einem neuen Strophenbeginn zusammenfällt. Darauf weist schon Oswald Jonas mit Bezug auf Schuberts Lied *Die Täuschung* hin: der Komponist horche tief in das Gedicht hinein, „*um die zur Wiederholung in der Musik geeigneten Punkte aufzuspüren*"[16]. Aber auch dort, wo die Komposition der Strophenform streng entspricht, kann der neue Text das wiederkehrende Thema in neuem Licht erscheinen lassen, ihm einen neuen Sinn verleihen, was den Gesamtsinn des betreffenden Liedes entscheidend beeinflußt. Daran dürfte niemand zweifeln, ohne deshalb die im Zusammenhang mit dem *Reprisenproblem* versuchte Interpretation Eggebrechts zu akzeptieren, die sich auf eine nur geringe Auswahl von Schubert-Liedern stützt. Problematisch erscheint es nämlich, mit dem Begriff *Dynamisierung* Beethovens thematische Arbeit und

---

[12] a. O. 91.

[13] Tonartenplan und Motivstruktur (Leitmotivtechnik?) in Mozart Musik. *Mozart-Jahrbuch* 1973/74, Salzburg 1975, 114ff. Vgl. dazu auch meinen Aufsatz Johann Nepomuk Davids Analysen von Werken Johann Sebastian Bachs. *AfMw* 19/20 (1962/63) 147—159.

[14] H. H. EGGEBRECHT, *Prinzipien des Schubert-Liedes*, op. cit., 92.

[15] a. O. 101.

[16] OSWALD JONAS, *Einführung in die Lehre Heinrich Schenkers*. 2. Aufl. Wien 1972, 128.

Schuberts oben zurückgewiesenes *variatives* Verfahren, wenn auch nur als ein „*semantisch Prinzipielles*", in eins zu setzen, nämlich als Aufspaltung einer Setzung in ihren Widerspruch, und die Reprise als „*Einmünden ins Wiederkehrende*" in Anlehnung an Adorno soziologisch so zu interpretieren: „*Was bei Beethoven — womöglich im Widerspruch zu ihm selbst — als ‚Zug ästhetischer Unwahrheit' noch stehengeblieben ist, die Wiederkehr des Anfangs, wird von Schubert als notwendiger Akt der schönen ‚Täuschung' kommentiert und zum Lebenselement der holden Kunst verklärt.*"[17] Eine derartige Deutung läßt längst erkannte und wissenschaftlich begründete Unterschiede zwischen klassischen und romantischen Gestaltungsprinzipien, die keineswegs äußerlicher Natur und für die „*Schicht des Prinzipiellen*"[18] bedeutungslos sind, unbeachtet. Erinnert sei an die in dieser Hinsicht nicht überholten Darstellungen von Ernst Kurth, Gustav Becking oder Felix Salzer[19]. Letzterer unterscheidet an Hand der Form des Sonatenhauptsatzes zwischen Schuberts lyrisch-melodischem Wesen, das auch dessen Liedschaffen auszeichnet, und dem dynamisch-zielstrebigen in Beethovens Musik. Dieser zugunsten einer gezwungenen Deutung übersehene Unterschied verbietet es, in der semantischen Schicht einen Bezug zwischen „*Schuberts Ton- und Doppelpunktverfahren*"[20] im Lied zu Beethovens Instrumentalmusik herzustellen, selbst wenn man der fragwürdigen Deutung, die ihr Theodor W. Adorno zuteil werden ließ, zustimmt. Vollends kann das Reprisenproblem ohne Einbeziehung von Schuberts Instrumentalmusik, in der ein solches erst nachgewiesen werden müßte, gar nicht sinnvoll behandelt werden (Eggebrecht erwähnt es in bezug auf Schuberts Instrumentalmusik nur in einem Klammersatz)[21]. Und ob jenes Zurückmünden in den Anfang, das in den Müller-Liedern und im Liederzyklus *Die Winterreise* den Ausdruck wehmütiger Erinnerung oder der Versöhnung in einer Traumwelt gewinnt, ins Gesellschaftliche umgemünzt werden oder schlicht auf das Subjekt bezogen bleiben soll, vermag

---

[17] H. H. EGGEBRECHT, *Prinzipien des Schubert-Liedes*, op. cit., 106ff.

[18] a. O. 107.

[19] ERNST KURTH, *Romantische Harmonik und ihre Krise in Wagners Tristan*. 3. Aufl. Berlin 1922. — GUSTAV BECKING, Zur musikalischen Romantik. *Deutsche Vierteljahresschrift für Literaturwissenschaft und Geistesgeschichte* 2 (1924); Neuabdruck in: *Gustav Becking zum Gedächtnis*, hrsg. von WALTER KRAMOLISCH. Tutzing 1975, 227ff. — FELIX SALZER, Die Sonatenform bei Franz Schubert. *StMw* 15 (1928) 86ff.

[20] H. H. EGGEBRECHT, *Prinzipien des Schubert-Liedes*, op. cit., 108.

[21] a. O. 107.

Analyse weder zu entscheiden noch kann sie zur Beantwortung dieser Frage etwas beitragen. Daher konnte Adorno, der überall in der Musik Gesellschaftliches witterte, auf Analyse gut verzichten. Wenn er dennoch den von ihm gehaßten Heinrich Schenker lobte, der von deutender Interpretation nichts hielt, sondern im Aufweis struktureller Beziehungen und in deren Vollzug im Hörakt den einzig möglichen Weg zu einem vertieften Musikverständnis erblickte, so deshalb, weil ihm — offenbar in Zwiespalt mit sich selbst — und entgegen seiner tatsächlich geübten Praxis — Analyse als Voraussetzung für die Deutung unerläßlich erschien. Daß diese nichts gewinnt, wenn sie sich einer fragwürdigen Analyse zwecks Erlangung eines Alibi oder des anspruchvollen Kleides einer exklusiven Diktion bedient, leuchtet ein. Aber benötigt Deutung eine Analyse überhaupt?

Wellek weist darauf hin, daß nicht einzusehen sei, warum ein Ausdruckserlebnis, auf welches sich Deutung primär stützen muß, „*auf ein volles klares rationales Erfassen formaler Verhältnisse angewiesen sein sollte*“[22]. So fällt es gewiß nicht schwer, in vielen Liedern Schuberts den *B*-Teil einer *A-B-A*-Form als Setzung eines Widerspruchs und den wiederkehrenden *A*-Teil als Lösung durch Flucht aus der Realität in eine Traumwelt, aus dem Elend in die Phantasie des Künstlers zu verstehen. Jedermann, der ein Verhältnis zu Schuberts Liedschaffen hat, bemerkt ohneweiters den im *B*-Teil des Liedes *Der Lindenbaum* dargestellten Gegensatz zum *A*-Teil und versteht ebenso rasch den gegenüber dem Anfang veränderten Sinn des wiederkehrenden *A*-Teiles. Dazu bedarf es keiner vorangegangenen Analyse, die vielmehr erst nachträglich werkimmanente strukturelle Beziehungen bewußt macht, um das zunächst spontane Ausdrucksverständnis zu vertiefen. In diesem Sinne weist O. Jonas, ausgehend von der Einheit zwischen Stimmführung und Harmonik, in einer knappen, aber ausgezeichneten Analyse des obigen Liedes nach, mit welchen Mitteln Schubert den „*Gegensatz von seliger Erinnerung und trostloser Wirklichkeit*“ künstlerisch bewältigt[23]. Von

---

[22] A. Wellek, op. cit., 242.

[23] O. Jonas, op. cit., 130f. — Walther Vetter, *Der Klassiker Schubert* 2. Leipzig 1953, 196ff., weist in der Analyse dieses Liedes auf die bekannte „*populäre*“ Verstümmelung hin, spricht aber irrtümlich von einem „*f-moll-Mittelabschnitte des Satzes*“, ohne dessen satztechnischen Zusammenhang mit dem Inhalt der ersten und zweiten Strophe zu erkennen. Er beruht auf der Beziehung zwischen der Nebennotenbewegung *cis''—h'* (erstmals in T. 2) bzw. *c''—h'* (T. 26) zu $C—H_1$ (erstmals in T. 28; dann fortlaufend ab T. 45). Vgl. dazu O. Jonas, op. cit.

dem als selbstverständlich vorausgesetzten Ausdrucksverständnis wird zur Analyse fortgeschritten und eine weitere Deutung unterbleibt.

Die Frage nach beider Verhältnis stellt sich auch im Schubert-Buch von Thrasybulos G. Georgiades[24], das den unmittelbaren Anlaß für Eggebrechts Studie bot. Georgiades zielt auf das sprachliche Gefüge ab, das sich in einmaliger Weise als *Struktur der musikalischen Lyrik* im Liede Schuberts verwirklicht habe. Zahlreiche Analysen, die den größeren Teil seines Buches einnehmen, dienen der eigenwilligen Deutung, daß Schubert „*nicht allein der erste, sondern auch der einzige Komponist* [gewesen sei], *der Lyrik als musikalische Struktur*" in dem Sinne schuf, daß „*das Gedicht gleichsam getilgt*" und das Sprachfaktum in Musik neu geschaffen wurde[25]. Schubert komponiere den „*Sprachkörper; und seine Musik ist dadurch, als ob sie spräche*", während das Anliegen der „*fern von Wien wirkenden deutschen Romantiker*" nur „*das musikalische Erfassen der Stimmung*" sei, des bloßen Gefühls, welches das Gedicht auslöst, „*nicht das sich als Sprache Ereignende, der Keim selbst*"[26]. Um der damit zwar nicht beabsichtigten, aber praktisch dennoch vollzogenen Abwertung des Liedschaffens eines Robert Schumann oder Johannes Brahms, die „*anstelle des Körperhaft-Wirklichen der Sprache*", ihres Sagens, nur den „*Schatten, den sie wirft*"[27], nämlich die bloße Stimmung des Gedichts, musikalisch realisierten, Glaubwürdigkeit zu verleihen, hätte Georgiades natürlich mindestens ebensoviele Gegenbeispiele von Schumann oder Brahms wie Analysen von Schubert-Liedern vorlegen müssen. Tatsächlich enthält sein Buch nur von zwei Schumann-Liedern Analysen, gegen die schon Dieter Conrad Einspruch erhob[28]. Unbestritten bleibt jedoch, was schon Jonas betonte, daß Schuberts Lieder „*ihre wunderbare Ausdruckskraft vor allem ihrer tiefsinnig gestalteten Deklamation verdanken*"[29]. Tiefsinnig, weil Schubert nicht entlang des Gedichtes deklamiert, sondern die Substanz der

---

24 Thrasybulos G. Georgiades, *Schubert. Musik und Lyrik.* Göttingen 1967.

25 a. O. 34f.

26 a. O. 35, 28.

27 a. O. 38.

28 Dieter Conrad, Schumanns Liedkomposition — von Schubert her gesehen. Einwendungen zu Th. Georgiades, Schubert. Musik und Lyrik. *Mf* 24 (1971) 135—163. Vgl. auch die nach Fertigstellung vorliegenden Aufsatzes erschienene Studie von Arthur Spirk, Theorie, Beschreibung und Interpretation in der Lied-Analyse. Zu einer kritischen Würdigung der Schubert-Analysen von Thrasybulos Georgiades. *AfMw* 34 (1977) 225—235.

29 O. Jonas, op. cit., 122.

Sprache des Gedichts in Musik verwandelt oder — wie Georgiades sagt — ,,*unmittelbar aus der Sprache schafft*''[30]. Daß der Musik nach deren Vorbild ,,*ein sprachähnlich unterscheidendes Prinzip innewohnt*''[31], erkannten Theoretiker und Praktiker schon frühzeitig, so etwa Christoph Bernhard, wenn er schreibt, daß zu seiner Zeit ,,*wegen Menge der Figuren, absonderlich aber in dem neu erfundenen und bisher immer mehr ausgezierten Stylo Recitativo, sie wohl einer Rhetorica zu vergleichen*" sei, oder Johann Mattheson, wenn er von der „*Klang-Rede*" der Musik spricht, oder H. Schenker, der durch die Erschaffung des Motivs den sprachähnlichen Charakter von Musik gewährleistet sieht[32]. Je nach dessen Äußerung unterscheiden sich die musikalischen Epochen voneinander. So stelle nach Georgiades J. S. Bach die Musik als „*Vorhandenes*'' dar, sie habe ,,*epische Struktur*'', jene der Wiener Klassik zeige uns ,,*die Welt als Sich-Ereignendes*'', ihre Wirklichkeit sei ,,*das Handeln, das Drama, das Theater*''; Schuberts Wirklichkeit sei zwar die Lyrik, ,,*aber das Moment des Sich-Ereignenden ist, umgewandelt, in seiner Musik noch wirksam*'', er behandle ,,*seine Lyrik sub specie des Geschehens*'', weshalb Individualität und Bau der einzelnen Glieder der Liedkomposition sich stark voneinander unterscheiden[33]. Georgiades' Deutung reicht jedoch noch viel weiter. Mit Schuberts Musik sei eine Wende der gesamten abendländischen Musik erfolgt. Ihr Gang ,,*vom 9. Jahrhundert bis zum Einschnitt im Jahre 1828*'' wird als Einheit gesehen[34]. Aber nur in Schuberts Lied habe sich in einmaliger Weise das Reale der Sprache verwirklicht, während in seiner Instrumentalmusik, die maßgebend für Geist und Selbstverständnis auch aller späteren Vokalmusik geworden sei, ,,*das Aufgeschriebene nicht der Niederschlag eines Realen* [sei], *worauf das nachträgliche Erklingen lediglich hinweisen kann*''[35]. Anstelle des ,,*Realen der Sprache*'' trete der ,,*Ausdruck*'', nämlich ,,*die Äußerung des unbestimmten Gefühls*''[36].

---

30 TH. GEORGIADES, op. cit., 60.

31 a. O. 22.

32 *Die Kompositionslehre Heinrich Schützens in der Fassung seines Schülers Christoph Bernhard*, eingeleitet und hrsg. von JOSEPH MÜLLER-BLATTAU. 2.Aufl. Kassel [etc.] 1963, 147. — JOHANN MATTHESON, *Der vollkommene Capellmeister* 1739, Faks.-Nachdr. hrsg. von MARGARETE REIMANN (Documenta musicologica, erste Reihe, V). Kassel [etc.] 1954, 236. — HEINRICH SCHENKER, *Harmony*, ed. and annotated by OSWALD JONAS, Chicago—London 1954, 4.

33 TH. GEORGIADES, op. cit., 53f.

34 a. O. 192f.

35 a. O. 179.

36 a. O. 177f.

Bieten Georgiades' Analysen der Werke Schuberts, der doch mehrfach Liedmelodien in Instrumentalwerken verwendete und offenbar keinen so grundsätzlichen Unterschied zwischen seiner Vokal- und Instrumentalmusik kannte, wie ihn Georgiades annehmen zu müssen glaubt, eine hinlängliche Grundlage für seine Deutungen mit so weitreichenden Folgen? Ist „*Ausdruck*" ein Gegensatz zum „*Niederschlag eines Realen*", das sich doch ebenfalls ausdrucksmäßig kundgibt, wie immer man diesen reichlich verschwommenen Begriff deuten will[37]? Worauf beruht die Einheit im Liede Schuberts, wenn sich die einzelnen Melodieglieder zufolge ihrer aus der Sprache geschöpften Gestalt stark voneinander abheben? So unterscheide sich jedes der drei ersten Glieder von *Über allen Gipfeln ist Ruh* „*wesenhaft von den anderen durch sein nur ihm eigenes Gefüge, und dies innerhalb des gedrängten Raums von nur drei Takten. Trotzdem erhält man beim Hören den Eindruck einer Einheit — so sehr, daß man gar nicht den überaus merkwürdigen Bau aus gesonderten, gleichsam festkörperlichen Quadern vermutet*"[38]. Den Nachweis der *Einheit* versuchte Eggebrecht mittels der als unbegründet zurückgewiesenen angeblich fortwährenden variativen Umbildung einer vermuteten Grundsubstanz. Nun läßt sich das Erlebnis der Einheit gewiß nicht auf ein einziges Prinzip zurückführen. Z. B. schafft schon die rhythmisch-gleichförmige Bewegung in Sechzehnteln im ersten Müller-Lied, die der Ruhelosigkeit des gleichförmigen Dahinwanderns Ausdruck verleiht, ein gewisses Maß von Einheit. Soll diese aber auf dem Niveau sprachähnlicher Artikulation erfaßt werden, können melodische und harmonische Gestaltungsmittel nicht außer Betracht bleiben. Ohne es eigens zu benennen oder systematisch zu untersuchen, weist Georgiades gelegentlich auf ein den Nachweis motivischer Verwandtschaft und harmonielogischen Zusammenhangs übergreifendes Prinzip hin, das als tonräumliche Ordnung geeignet ist, auf höherer Ebene Einheit zu stiften. So heißt es hinsichtlich von Schuberts *Nachtgesang*, daß der Sprachzusammenhang nicht naiv-selbstverständlich wie im gleichnamigen Lied Johann Rudolf Zumsteegs erfolge, sondern er werde von Schubert „*erst hergestellt, und dadurch wird er zum Ereignis, zur geschaffenen, komponierten Einheit: Das vom ersten scharf getrennte zweite Glied (T. 3f.) endet auf es' und wird*

[37] Dazu D. CONRAD, op. cit., 159: „*Gerade die Sprache ist das, was im Körperhaft-Realen nicht aufgehen kann — das unterscheidet sie vom Klang — und das Sagen ist kein noch so effektvoll rhythmisch strukturiertes Abrakadrabra, sondern ist, mit einer bedeutenden Aussage aus jener Zeit* [von W. v. Humboldt], *Ausdruck.*"

[38] TH. GEORGIADES, op. cit., 21.

dadurch mit dem auf es' ruhenden ersten Vers verbunden, läßt ihn wieder aufleuchten, zugleich eine Lichtbrechung durch die Harmonie (Trugschluß: VI. Stufe) herbeiführend"; oder es wird in demselben Lied auf die Beziehung zwischen dem im 4., 5., 7. und 8. Vers immer wieder erreichten *g'* hingewiesen, welche Töne „*wie durch einen roten Faden verbunden*" sind[39]. So können über längere oder kürzere Strecken hinweg einzelne Töne ein Bezugsnetz bilden, das melodisch oder harmonisch heterogen gestaltete Glieder zur Einheit zusammenschließt. Die daraus resultierende tonräumliche Ordnung, auf die Schenker erstmals hinwies, läßt Fernbeziehungen entstehen; sie sind für die Einheit konstitutiv und lassen sich nicht durch ein stückhaftes Hören von Glied zu Glied erschließen. Georgiades verkennt diesen Tatbestand zwar nicht, bleibt aber seinen Nachweis zumeist schuldig. Wer den harmonischen Satz nur als „*eine nach den damals geltenden Normen verständliche Folge von Kadenzabläufen*" auffaßt, ohne seine Verbindung mit Melodik und Stimmführung zu beachten, verfehlt gewiß den Nachweis der Einheit des „*sich auf höherer Ebene abspielenden Komponierens*"[40]. So eingehend sich auch Georgiades um Fragen der Prosodie, der Deklamation und der Verwandlung von Sprache in Musik bemüht, bleiben doch die Harmonik und ihr Verhältnis zur Melodik und zum Satzverlauf weitgehend ausgeklammert. Es stellt sich erneut die Frage nach der Berechtigung so weitreichender Deutungen, die aus einseitigen oder fragwürdigen Analysen gezogen werden. Tatsächlich ist das Verhältnis auch hier umgekehrt. Nicht erst aus der Analyse resultiert die Deutung, sondern diese steht bereits vor jener fest. Analyse dient dazu, die Deutung zu rechtfertigen.

Zweck der vorliegenden Untersuchung ist es, nicht so sehr die Fragwürdigkeit bzw. Einseitigkeit einiger neuerer Analysemethoden bloßzustellen, sondern deren Anspruch, aus ihnen bestimmte Deutungen des Schubert-Liedes abzuleiten, zurückzuweisen. So gewiß es ist, daß Deuten ohne Ausdrucksverstehen unmöglich ist, so ungewiß bleibt, inwieweit Deuten eine Analyse, die ebenfalls Ausdrucksverstehen voraussetzt, erfordert. Wellek unterscheidet als Grade und Ordnungen von Gestalttiefe das psychologische Verstehen vom geisteswissenschaftlichen Verstehen und vom Deuten und Auslegen (Interpretieren), während er unter dem Begreifen „*das formale technische oder rein tatbeständliche gegenständliche, quasi subjektfreie Erfassen logischer und ontologischer (Seins-) Ordnungen*" und unter dem Erklären — nach

---

39 a. O. 59ff.

40 a. O. 39.

Wilhelm Dilthey — die „*kausale Reduktion, die als solche nur begriffen, nicht verstanden werden kann*", meint[41]. Musikalische Analyse wird in diesem Schema zwar nicht erwähnt, ist aber jedenfalls mehr als Begreifen und Erklären im obigen Sinn; sie setzt Ausdrucksverstehen in hohem Maß voraus, soll sie nicht in äußerliche oder banale Feststellungen münden, wie etwa in den Reihennachweis dodekaphoner Werke, der sich begreifen läßt, ohne daß davon das Verstehen berührt werden muß. Nach Wellek gibt es jedoch „*ein Verstehen, das Begreifen voraussetzt — aber auch umgekehrt*", was zur Einführung des Terminus *Verstehendes Begreifen* führt[42]. Dieses setzt als Akt der Interpretation und der Analyse ein Ausdrucksverstehen voraus. Analyse kann jedoch auf Interpretation verzichten, aber alle Interpretationsversuche von Schubert-Liedern — nicht nur die hier besprochenen — lassen erkennen, daß sie sich der Analyse erst nachträglich, gewissermaßen um sich eines Alibi zu versichern, bedienen (— soferne sie Analyse nicht überhaupt verschmähen oder ablehnen —)[43], wohl in der Erkenntnis, daß weit mehr den interpretatorischen als den analytischen Verfahren ein nachprüfbarer, sicherer Halt fehlt. Es ist nirgends aufgezeigt worden, in welchem Maß Interpretation Analyse voraussetzt, ja, ob sie diese überhaupt voraussetzt. Die hier behandelten Verfahren, die in eine analytische und deutende Hälfte auseinanderfallen, können diese Behauptung nicht entkräften. Gestalttiefe und -niveau bilden zwar eine untrennbare Einheit, sie sind aber weder voneinander ableitbar noch in irgendeiner Weise aufeinander reduzierbar, sondern zwei verschiedene Seiten ein und derselben Sache. In diesem Sinn läßt sich die eingangs (nach Eggebrecht) zitierte Dreistufigkeit der theoretischen Interpretation als verbindliche Reihenfolge und Rangordnung prinzipiell nicht bestätigen.

---

[41] a. WELLEK, Verstehen, Begreifen, Erklären. *Jahrbuch für Psychologie und Psychotherapie* 1 (1953); Neuabdruck in A. WELLEK, *Witz—Lyrik—Sprache.* Bern 1970, 235.

[42] A. WELLEK, *Musikpsychologie*, op. cit., 199.

[43] Z. B. ALFRED EINSTEIN, *Schubert.* Zürich 1952, 7: „*Es gehört zum Wesen der Analyse, daß sie dem nichts hilft, der das analysierte Werk nicht kennt, und daß, wer es kennt, sie nicht braucht.*"

Arnold Feil

ZUR SATZTECHNIK IN SCHUBERTS VI. SINFONIE

Interpretation und Analyse

Musikalische Analyse ist nicht Analyse im üblichen Sinne des Wortes, denn sie hat eine Voraussetzung nicht, die sonst selbstverständlich gilt: daß das zu analysierende Werk ein Gegenstand ist und als solcher vorhanden, gleichsam ein Ding, dessen Dinghaftigkeit sich objektivieren läßt. Musikalische Analyse bringt das Werk zur Sprache als Musik, die es nicht immer schon gibt, die man vielmehr erst machen muß.

Dieses Musik-Machen ist Sache des Künstlers, der, was er auszuführen hat, aus der überlieferten Form der stummen Noten zum Erklingen als in die letztlich intendierte Seinsweise bringen muß. Dabei hat der Künstler einem doppelten Anspruch gerecht zu werden, dem Anspruch des Werks und seiner Zeit und dem Anspruch des heutigen Hörers und der eigenen Zeit. Das heißt, er hat die Intention des Komponisten zu berücksichtigen, und zwar nicht allein im äußeren Klanggewand, sondern auch im Hinblick auf die Komposition, die als solche Geltung beansprucht, und im Hinblick auf den Hörer, an den sich das Werk seinerzeit gewendet hat. Der Künstler muß zugleich dem Anspruch der eigenen Zeit gerecht werden, indem er das Werk der Vergangenheit dem heutigen Hörer vorführt als stattfindende Vergegenwärtigung. Im Zum-Erklingen-Bringen vollzieht der Künstler also den letzten Schritt auf dem langen Wege der Entstehung des Werks (auf dem die schriftliche Fixierung der Komposition nur eine Station ist, wohl die wichtigste, aber weder die erste noch die letzte), einen Schritt, der, weil er zu jeder Zeit und für jede Gelegenheit neu zu tun ist, jeweils ein anderer und immer wieder ein neuer sein muß[1]. Solches gilt im Prinzip für alle Musik, die aus Noten (einem fixierten Zustand) zur Aufführung (die mit dem Augenblick lebt und vergeht) gebracht werden muß. Es gilt indessen seit dem Beginn des historischen Zeitalters der Musik, seit dem Beginn des 19. Jahrhunderts, in besonderer Weise. (Wie man weiß, hatte zuvor eine jede Epoche ihre eigene und — im Grunde — nur ihre eigene Musik, die — von

[1] Vgl. Ulrich Siegele, Artikel Vortrag. *MGG* 14. Kassel etc. 1968.

besonderen Ausnahmen, etwa der Gregorianik, abgesehen — jeweils die Musik der vergangenen Zeit verdrängte; es gab keine ,,Alte Musik" und ernstlich kein Problem ,,Neuer Musik".) Seitdem Händels und Haydns Oratorien und dann vor allem Beethovens Sinfonien nicht mehr vergangen sind, seit jedes neue Werk neben die ,,klassischen Werke" treten mußte, seit zudem die wiederentdeckte Vergangenheit der Musik mit immer neuen Werken gleichsam Anspruch auf Erklingen erhob, seitdem hat sich die musikalische Situation so verändert, daß der Künstler kaum mehr so selbstverständlich intuitiv und aus seiner Zeit schaffen kann, wie er es im letzten Jahrhundert noch konnte und bis in unsere Zeit manchmal noch zu können glaubt. Der Künstler ist zum Interpreten geworden, der nach-schaffen muß, was er vergegenwärtigen will, wobei Nach-Schaffen kaum bloße Reproduktion sein kann. Der Künstler muß vielmehr das Überlieferte wieder neu in einen Prozeß bringen, damit das Zum-Erklingen-Bringen wieder als letzter Schritt der Offenbarung von Sinn erlebbar und das Werk als solches wahrnehmbar werden kann, und zwar gleichermaßen für ihn selber wie für den Hörer.

Zu dieser Aufgabe bedarf der Künstler heute noch der Hilfe des Wissenschaftlers. Noch ist nämlich die Ausbildung des Künstlers im Grunde eine rein handwerkliche (das Fach ,,Musikgeschichte" an Musikhochschulen meist eine Art Bildungsfach), die kaum Zeit läßt für die Einübung wissenschaftlich-kritischen Denkens als Voraussetzung für den verantwortlichen Umgang mit Werken der Vergangenheit (nicht nur mit alten Instrumenten und mit neu edierten Notentexten). Auf der anderen Seite hat beim heute selbstverständlichen ,,Leistungsstand" der spielerischen Techniken und bei den Anforderungen der Kunstindustrie an die Ausübenden derjenige Künstler, der ,,auch noch" ernsthaft Musikwissenschaft betreibt, als Künstler kaum mehr eine Chance, ,,mitspielen" zu können. Künstler und Wissenschaftler sind im Bereich der Musik deshalb aufeinander angewiesen, sie müssen gemeinsam eine Sache betreiben, die eigentlich einer allein betreiben sollte, nämlich der Musiker — das Wort hier freilich in einem ursprünglichen und zugleich neuen, nämlich in einem höchst umfassenden Sinne gebraucht. Einstweilen noch muß der eine von beiden ,,verbalisieren", was zur Musik (nicht: über Musik) zu sagen ist, ohne daß er das Gedachte, Erforschte, Gesagte ins Werk setzen könnte oder dürfte; der andere ist fortwährend zum ,,Machen" verpflichtet, ohne die Voraussetzungen seines Tuns denken zu müssen. Die Diskrepanz ist deutlich und erstaunlich, fast erschreckend. Der Musikliebhaber, der Betrachter der Musikszene heute, hat ein Bild davon: Sieht oder hört er im Radio oder im Fernsehen Interviews, in denen Künstler über Werke sprechen, die sie dann selbst aufführen, so mag er sich oftmals mehr wundern über die Nichtigkeit dessen, was berühmte und auch bedeutende Leute da sagen, als über deren Kunst, wenn sie schließlich hinreißend musizieren. Auf der anderen Seite weiß der erfahrene Hörer aber auch, daß selbst fundierte und durchaus ernst zu nehmende „Einführungen" in Werke oder auch Kunstvorträge eigentümlich blaß bleiben gegenüber auch nur einigermaßen gelungenen Aufführungen. Freilich hat auch ein jeder die Erfahrung des tiefgreifenden Erlebnisses einer besonderen Aufführung, und man weiß, daß man dann glaubt, vieles gehört zu haben, das man bis dahin an dem betreffenden Werk noch nie gehört hat: Offenbar treten in einem solchen Moment Sinn und Tiefe des Werks neu wie eine weitere Dimension in Erscheinung, eine Dimension durchaus nicht des Empfindens, sondern des Wahrnehmens, ja man möchte sagen: des Sehens und Erkennens, wenn es sich nicht um Musik handelte, die man nicht sehen, und die keine Erkenntnis (im üblichen engeren Sinne des Wortes) vermitteln kann. Und doch möchte der Hörer das neu Erfahrene als Erkenntnis von etwas artikuliert haben, von dem er selbstverständlich annimmt, daß es auch der Komposition als solcher eignet, daß es also im Notentext fixiert und sichtbar sein muß als Ursache der musikalischen Wirkung.

Indessen: der nun vermutete oder gar behauptete Zusammenhang zwischen der musikalischen Wirkung und den an der schriftlichen Komposition zu analysierenden musikalischen Sachverhalten besteht so eben nicht, weil wir den „Gegenstand": die Musik weder allein im Schriftlichen des Werks noch allein im Erklingen „haben", weil wir ihn keinesfalls nur sehend aber auch nicht nur hörend mit allem, was dem Werk innewohnt, erfahren können. Einerseits bleibt „Werkbetrachtung" ohne Hinblick auf das Erklingen unfruchtbar, andererseits ist für das Musik-Machen eine „Vorstellung" unabdingbar. Diese Vorstellung nun ist nicht allein durch Werkbetrachtung zu gewinnen. Der gute Musiker „hat" immer schon eine Vorstellung, eine Vorstellung nämlich von Musik überhaupt, von Gattungen der Musik, von ihren Bedingungen und Möglichkeiten, von einer Epoche, von einem Komponisten und seinem Werk, er hat sie aus vielfältiger Erfahrung mit Musik und er ist durchaus in der Lage, diese Erfahrung für eine Vorstellung von einem fremden Werk nutzbar zu machen, das er noch nie gehört, das er vielmehr erst zu „machen" hat. Der Prozeß also, der beim Musik-Machen in Gang kommt, spielt sich ab zwischen den Positionen Niederschrift und Erklingen, bei ihm ist aber auch stets wirksam die initiierende und prüfende Vorstellungskraft aus der Erfahrung mit Musik, und keine der drei Positionen darf, ja kann in diesem Prozeß zurückgelassen werden, er muß sich immer wieder zwischen allen dreien abspielen[2].

In diesem Prozeß hat Analyse nicht einen besonderen Platz, auch kein „Ergebnis", analysierende Werkbetrachtung muß vielmehr als eine Kraft wirken, die diesen Prozeß sinnvoll vorwärts treibt, von den Noten zum Erklingen, vom Erklingen durch Prüfen an der Vorstellung zurück zu den Noten und so fort, und ebensowenig kommt analysierende Werkbetrachtung zum Ziel wie der Prozeß musikalischer Interpretation an ein Ende. Immer neu ist jene Voraussetzung für diese und umgekehrt.

*

Der letzte Satz von Schuberts VI., der sogenannten kleinen C-Dur-Sinfonie (D 589; 1817/18) beginnt mit einem Viertakter, dem Vordersatz einer achttaktigen Periode, wie es zunächst scheint. Diesem liegt, wenn wir den Bewegungsablauf recht verstehen, eine rhythmische Gestalt zugrunde, die man vielleicht folgendermaßen vereinfachen kann:

In der vereinfachten Form ist der zweite Takt gegenüber den anderen von rhythmisch eigener Art: Seine erste Taktzeit ist ausgehalten und dadurch hervorgehoben, so daß die zweite Taktzeit aufgehoben scheint. Mit der Dehnung tritt einerseits ein gewisses retardierendes, mit dem einzelnen Achtel andererseits ein weiterdrängendes Moment ein; jedenfalls wirkt jetzt die vom ersten Takt ausgehende gleichmäßige Bewegung der Viertel gestört, zugleich aber präzisiert: Hier nämlich kündigt sich eine Grundbewegung als 2/4-Takt an, indem die Eins des zweiten Taktes als selbstständiger, der Eins des ersten Taktes entsprechender Taktschwerpunkt und die Zwei als diesem untergeordnet erkennbar werden. Schuberts Anfangstakte sind freilich differenzierter, dadurch aber scheint ihre Tendenz verschleiert. So könnte man vielleicht hinter dem 2/4-Takt einen 4/4-Takt mit gavottenartigem Auftakt von zwei Vierteln vermuten, dessen erster Taktschwerpunkt durch Umspielung hervorgehoben ist („1" in Takt 2). Allerdings widerspricht dem der einfache Höreindruck. Denn warum sollte ein Tonikatakt, so einfach und deutlich deklamiert wie dieser erste, sein inneres Gewicht verlieren vor einem Dominanttakt, der die Zählzeitbewegung in der Oberstimme variiert und

---

[2] Vgl. THRASYBULOS G. GEORGIADES, Die musikalische Interpretation. *Studium generale* 7 (1954) 389ff.

im Baß unterbricht? Es scheint angemessener, innerhalb einer Komposition, die — sofort erkennbar — dem 2/4-Takt-Satztypus zugehört, einen einfachen Viertakter, der mit der Tonika beginnt und zum Halbschluß führt, als Periodenvordersatz zu hören, also mit dem inneren Nachdruck des Einsatzes beginnend und gewichtig schließend.

Die zweite Taktgruppe (5ff.) beginnt, als solle auf den Vordersatz der Nachsatz folgen. Statt dessen tritt mit dem Bewegungsmotiv der Achtel, das in Takt 3 zum ersten Mal begegnet, eine Sequenz von sechs (statt, wie erwartet, vier) Takten ein, die zu einem Schluß auf der Dominant führt (5—10). Die beiden letzten Takte dieser Gruppe (9/10) wiederholen sich zweimal (11/12, 13/14). Dabei wird das Motiv der vier Sechzehntel aus dem zweiten und sechsten Takt verwendet, hier jedoch anders als dort. Verändert sind:

1. der melodische Verlauf 

2. die Stellung im Takt 

und damit zusammenhängend
3. die Stellung innerhalb der Taktgruppe:

(Die Bläser haben in den Takten 10—14 lediglich Echowirkung, die für die Struktur unwesentlich ist; deshalb bleibt ihr Part hier unberücksichtigt.) Die Takte 2 (bzw. 6) und 11 (bzw. 13) sind beide Dominanttakte, jener aber ist zweiter Takt einer Vierergruppe, die mit der Tonika beginnt, dieser dagegen erster einer Zweiergruppe, die mit einer Tonika schließt. Die beiden Takte 2 (bzw. 6) und 11 (bzw. 13) unterscheiden sich also in erster Linie durch die Stellung innerhalb ihrer Taktgruppen, denen sie Richtung, durch verschiedene Stellung verschiedene Richtung geben: die Harmoniefolge, zunächst abtaktig: T | D, ist zum Auftaktigen gewendet: D | T. Der Richtungswechsel vollzieht sich in den Takten 5—10 (bzw. 7—10). Mit Hilfe einer Sequenz, einer Modulation und des Wechsels der Harmonie jeweils mit den Vierteln (7—9) ist erreicht, daß eine neue Tonika in den Takten 10, 12 und 14, also, da die Symmetrie der Zwei- beziehungsweise Viertaktgruppen erhalten bleibt, jeweils auf dem zweiten Takt einer Zweiergruppe eintritt, während bis Takt 7 jeweils der erste Takt einer Zweiergruppe Tonikatakt war. Der Abschnitt (1—14), der als Vordersatz einer Periode, das heißt ohne metrische Ordnung der Takte, anhebt, mündet also in Wiederholungen eines kadenzierenden, metrisch gebundenen Zweitakters (9—11).

Obwohl mit dem neuen Abschnitt (15ff.) die rhythmische Folge der Takte 1/2 wiederkehrt, entsteht jetzt nicht mehr der Eindruck des Vordersatzes einer Periode. Melodie, Harmonie und Artikulation

sind so verändert, daß eine Sequenz möglich wird, die rhythmisch zwar an die Takte 1—4 anknüpft, in der Kurzgliedrigkeit aber die Takte 11—14 fortsetzt. Durch die Sequenz (mit dem Wechsel der Harmonie erst nach jeweils zwei Takten) prägt sich die zweitaktige Figur

ein, die aus einem metrisch schweren und einem folgenden metrisch leichten Takt besteht und deren Charakteristikum ist, daß die vier Sechzehntel auf der ersten Zeit des metrisch leichten Taktes stehen. Diese metrische Bestimmtheit hebt den neuen Teil deutlich vom ersten ab. Der Beginn des Satzes läßt ja als Vordersatz einer Periode das Taktgewicht in der Schwebe und nur der Fortgang ordnet die Takte zu Zweiergruppen mit auftaktiger metrischer Tendenz (9 bzw. 11—14). Eindeutig ist das Metrum aber erst mit dem neuen Teil bestimmt: Der überraschende Einsatz auf der Mediante hebt den ersten Takt unzweideutig als einen von innerer Länge hervor, und die Zweitaktigkeit der Figur, ihre Wiederholung, die Instrumentation und schließlich die Fortsetzung lassen über das Taktmetrum schwer/leicht keinen Zweifel.

Mit Takt 23 tritt etwas Unerwartetes ein dadurch, daß das erst für einen nächsten, metrisch leichten Takt unbetont erwartete Sechzehntelmotiv schon im metrisch schweren Takt, also zu früh und betont, einsetzt. Zwei musikalische Gebärden, die aus demselben Motiv hervorgegangen, ja noch dasselbe Motiv zu sein scheinen, sind plötzlich einander entgegengesetzt (22/23). Die Schärfe des Gegensatzes ist durch gleichsam skandierende Wiederholungen der neuen, nun eintaktigen Figur (23/24/25/26), durch Harmoniewechsel in jedem Takt und ausdrücklich andere Artikulation

unterstrichen. Die Verkürzung und Intensivierung der Bewegung (von Takt 15 an korrespondieren zunächst zweimal 2 + 2 Takte, dann zweimal 1 + 1 Takte; dann folgen vier Einzeltakte) und die Erhöhung der Spannung im Bewegungsablauf (23—26) nutzt Schubert. Er greift noch einmal in den Ablauf ein und setzt jener bestimmten Figur der Takte 23—26 die als metrische Umkehrung widersprechende entgegen (Notenbeispiel siehe Seite 76).

Von Takt 27 an ist das Sechzehntelmotiv auftaktig; es unterstreicht die im Crescendo aufwärts strebende Linie, führt zum Höhepunkt (Takt 31) und danach, in fallend entspannter Geste (Takt 32 mit den Sechzehnteln in der ursprünglichen melodischen Gestalt), in die Wiederholung des Satzbeginns, der nach dem im Gefüge so viel dichteren zweiten Abschnitt, nach Steigerung und Entspannung nun besonders locker und leicht und von gelöst tänzerischer Bewegung erscheint.

Welche Bedeutung die Konzentration der Bewegung (von Takt 23 an), die Auftaktigkeit des Sechzehntelmotivs (von Takt 27 an), die melodische und die dynamische Steigerung (die erste dynamische des Satzes überhaupt!) und die Zuspitzung auf einen Höhepunkt (31) für den Satzablauf haben, ist vielleicht am besten zu erkennen daran, daß eben mit jenem Höhepunkt die rhythmische Grundbewegung des Satzes, die bis dahin ununterbrochen geblieben war, aussetzt: In die Leere, die dadurch entsteht, stürzt das Motiv der Sechzehntel wie in einen Abgrund. Wären nicht in der dynamischen und melodischen Höhe und in der inneren Anspannung der Bewegung Kräfte genug angesammelt, jene Leere zu überbrücken, die Bewegung käme zum Stillstand, wo die rhythmische Grundbewegung aufhört. So aber erscheint jene Leere als Pause, als ein Innehalten und Atemholen vor dem Wiedereintritt des Themas (33).

Mit Takt 47 beginnt ein neuer Abschnitt der Komposition, der mit dem besprochenen ersten weder melodisch noch motivisch, noch rhythmisch etwas gemeinsam hat. Übergangslos, unvermittelt setzt etwas Neues ein, das für sich betrachtet und beschrieben werden muß. Wir brechen deshalb hier einmal ab.

Bei der Beschreibung des rhythmischen Elements und des Elements der Bewegung im ersten Teil unseres Satzes — und nur diese beiden hatten wir im Auge; und wir durften wohl diese allein im Auge behalten, denn hier „*scheint zuweilen der bloße Rhythmus übrig bleiben zu wollen*“[3] —, bei dem Versuch, die aus diesen Elementen komponierten Strukturen zu erkennen und aufzudecken, bot sich an, hier von rhythmischer Grundbewegung zu sprechen, dort von einer Bewegung der sich zu Gruppen — oder, wie wir hier und da sagen konnten, zu Figuren — zusammenschließenden Takte, schließlich von einer Bewegung, die bewirkt wird vom Miteinander und Gegeneinander der Motive. Es zeigt sich also, daß verschiedene Arten der Bewegung zu beobachten sind, von denen einmal diese, einmal jene den Satz bestimmt, und es scheint, als kämen den Schichten des Satzgefüges auch Schichten des Rhythmus, Schichten der Bewegung zu. Das heißt: nicht nur im zeitlichen Nacheinander, auch im Miteinander der Schichten des Satzes sind Bewegungsarten zu unterscheiden; man kann hier nicht mehr nur von einer Bewegung, man muß von einem Bewegungsgefüge sprechen, in dem die verschiedenen Arten von Bewegung zusammengeordnet sind.

Drei Schichten heben sich in unserem Satz deutlich voneinander ab: 1. Grundlage aller Bewegungen scheint das Maß der Zählzeit zu sein, das gleichmäßige Ab und Auf des 2/4-Taktes im Tempo Allegro moderato. Dieses Maß bestimmt die rhythmische Grundbewegung — oder umgekehrt: die rhythmische Grundbewegung hält dieses Maß fest, sei es, daß sie einfach die Zählzeiten selbst markiert, sei es, daß sie diese mehr oder weniger rhythmisch variiert oder in selbständige rhythmische Motive kleidet und quasi-ostinat wiederholt. Die Bezeichnung rhythmische Grundbewegung ist doppelt sinnvoll: sie weist einmal darauf hin, daß die verschiedenen Bewegungsarten einen gemeinsamen Bezugsgrund haben, sodann darauf, daß meist diejenigen Stimmen in der rhythmischen Grundbewegung verlaufen, auf die der mehrstimmige Satz zu beziehen ist.

Die Kontinuität der rhythmischen Grundbewegung in der Taktart scheint als Grundlage der Bewegung des Satzes selbstverständlich und notwendig; man möchte annehmen, daß sie vom Geschehen in anderen Schichten des Gefüges der Stimmen unabhängig bleiben müsse. Das aber ist, wie die Takte 31/32 zeigen, nicht der Fall. Jene Stelle lehrt vielmehr, daß an entscheidenden Punkten des Satzes die verschiedenen Arten von Bewegung zusammengefaßt, zu einer einzigen bestimmten Bewegungsgeste, die keineswegs der rhythmischen Grundbewegung untergeordnet sein muß, versammelt werden können.

---

[3] Walther Vetter, *Der Klassiker Schubert* 2. Leipzig 1953, 232.

2. Dadurch, daß der einzelne Takt selten für sich steht, daß er fast immer mit einem oder mehreren anderen Takten verbunden ist, entsteht eine zweite Art von Rhythmus, von Bewegung im Satz. Bestünden die Taktgruppen stets aus zwei oder vier Takten und wären sie immer von derselben Art, so würde ihre Folge kaum als Bewegung aufgefaßt werden können. Da aber neben Zwei- oder Viertaktern auch Einzeltakte, Drei- und Fünftakter begegnen, da sich außerdem die Taktgruppen nach Art und Funktion unterscheiden, kann, wenn Taktgruppen verschiedener Ausdehnung oder verschiedener Art verwendet sind, die Vorstellung einer Bewegung entstehen oder die Vorstellung sogar von Bewegungsfiguren, die die Takte in ihren Gruppen beschreiben. Taktgruppen gliedern also entweder das Kontinuum der Zählzeiten in der Grundbewegung, das heißt, sie stellen eine einfache beschaulich-symmetrische Ordnung her, die wir nur als Ordnung, nicht als Bewegung wahrnehmen (in unserem Satz zum Beispiel dann in den Abschnitten Takt 91—122 und 332—363), oder aber sie bilden über der Grundbewegung Figuren, die als selbständiges Bewegungselement in Erscheinung treten und Vorstellungen erwekken von Tanzfiguren, welche den Raum gestalten: Wie die sich in Figuren bewegenden Menschen den Tanzsaal oder die Bühne erst zum Raum machen, indem sie ihn tanzend erfüllen[4], ebenso bewirken die ,,rhythmisch-musikalischen Figuren", daß aus einem gestaltlosen Fließen Bewegung wird.

Die zeitgenössische Theorie wird diesen Vorstellungen gerecht: sie wendet den Begriff ,,Rhythmus" auch auf Taktgruppen und ihre Ordnung an (Koch, *Kompositionslehre*, II 346): ,,*Der Umfang der melodischen Teile und das Ebenmaß oder das Verhältnis derselben, welches sie in Ansehung der Anzahl der Takte untereinander haben, wird mit dem Ausdrucke Rhythmus bezeichnet.*" Koch beschreibt ferner die Merkmale der Taktgruppen (*Kompositionslehre*, II 343ff.).

Die harmonischen Funktionen und die Art der harmonischen Verknüpfung der Satzglieder legen schließlich die metrischen Verhältnisse innerhalb der Taktgruppen wie innerhalb des Satzablaufes fest: Innerhalb von Zweitaktgruppen ist in der Regel der Tonikatakt metrisch schwer, der Dominanttakt leicht — es sei denn, es handle sich um einen Teil eines periodischen Satzgebildes in einfacher, nicht metrisch be-

---

[4] Man vergleiche hierzu auch die ungemein anregenden Gedanken von RICHARD ALEWYN in: *Das große Welttheater. Die Epoche der höfischen Feste* (rde). Hamburg 1959, bes. 42.

stimmter Ordnung[5]. Dementsprechend ordnen sich meist auch die Gruppen metrisch. Ein Wechsel in der Art der harmonischen Verkettung hat einen Wechsel des Metrums zur Folge, dieser bedeutet einen Wechsel im Satzablauf, der einem Richtungswechsel tänzerischer Figuren vergleichbar ist. Je nach der Art dieses Wechsels, ob er langsam oder abrupt, verschleiert oder ausdrücklich vor sich geht, ist die Wirkung verschieden. Der Übergang von den abtaktigen Gruppen des Anfangs zu den auftaktigen des Endes des ersten Abschnittes unseres Satzes (1—14) geht in der Sequenz allmählich vonstatten. Dagegen stehen zwei metrisch schwere Takte, der eine als zweiter einer Zweiergruppe, der andere als erster, ohne Zwischenglied nebeneinander bei der Wiederholung Takt 14/1, dann Takt 14/15 und Takt 46/15, sie prallen aufeinander beim Einsatz zum neuen Teil Takt 46/47, sie stoßen sich als entgegengesetzte „musikalisch-rhythmische Figuren" gleichsam „hart im Raume", sie rufen Bewegungsvorstellungen hervor: „*Es ist aber hierbei anzumerken, daß die Bewegung allemal den Begriff der Figur mit sich führe. Denn da sie notwendig nach gewissen Linien geschieht, so kann eine sehr veränderte Bewegung den Begriff einer mannigfaltigen Figur erwecken. Ebenso kann im Gegenteil die bloße Figur den Begriff der Bewegung erwecken, aus der sie entstanden ist, oder entstehen kann ... Die Theorie, welche das Schöne in der Bewegung überhaupt untersuchte, wäre die allgemeine Tanzkunst, wovon die besondere Kunst des Tanzens, und sogar ein Teil der Tonkunst, nur besondere Anwendungen wären. Die schöne Bewegung ist von der schönen Figur nur darin unterschieden, daß hier die Teile auf einmal nebeneinander sind, dort aber nach und nach aufeinander folgen. Die schöne Bewegung ist eine sich beständig ändernde schöne Figur. Die Tanzkunst gründet sich größtenteils auf Bewegung, die Musik ahmet sie glücklich nach.*"[6]

So rechtfertigt sich, daß wir den Begriff der Figur heranziehen, wenn von Bewegung durch Taktgruppen, durch harmonisch-metrisch bestimmte Satzteile, die Rede ist.

3. Von eigener Art ist schließlich die Bewegung im rhythmisch-melodischen Vordergrund des Satzes. Ihr Träger ist in erster Linie das Motiv.

---

[5] Vgl. Arnold Feil, Mozarts Duett „Bei Männern, welche Liebe fühlen". Periodisch-metrische Fragen. *Festschrift Walter Gerstenberg zum 60. Geburtstag.* Wolfenbüttel 1964, 45—54.

[6] Johann Georg Sulzer, *Allgemeine Theorie der Schönen Künste.* 2 Bde. 1771—1774, Artikel „Bewegung (Schöne Künste)" (zitiert nach einer vierbändigen Ausgabe Leipzig 1778—1779).

Bei unserem Satzanfang ist die Motivik charakteristisch von einer Gruppe von vier Sechzehnteln bestimmt. Die Verschiedenheit der Verbindung dieser Sechzehntelgruppe mit Vierteln und Achteln innerhalb der Grenzen eines 2/4-Taktes oder innerhalb einer Gruppe von zwei oder vier Takten bringt ähnliche und (verwandte, aber doch) verschiedene Gesten hervor, die, auf besondere Weise mit den Taktfiguren verknüpft, dem Satz Leben geben. Zum Beispiel:

a) Ein rhythmisches Motiv verändert seinen Sinn, wenn die Taktgruppen oder die Kombinationen von Taktgruppen, in denen es auftritt, verschieden sind, und zwar auch dann, wenn die rhythmische Konstellation dieselbe zu sein scheint. In solchen Fällen müssen Phrasierung und Artikulation verhindern, daß (trotz verschiedener Melodik) rhythmisch gleich deklamiert wird, was nur scheinbar rhythmisch gleich ist:

b) Ein rhythmisches Motiv ist in seinem Sinn verändert, wenn es in metrisch verschiedener Position eingesetzt ist:

c) Ein rhythmisches Motiv in bestimmter metrischer Position innerhalb einer Taktgruppe kann, wenn es demselben Motiv in ausdrücklich anderer metrischer Position einer anderen Taktgruppe entgegengesetzt wird, den Bewegungsablauf eines Satzes stören, ändern, wenden: in Takt 22/23 trifft das Motiv der vier Sechzehntel aus dem zweiten, leichten Takt einer Zweitaktgruppe auf das entsprechende Motiv im ersten, schweren Takt einer anderen Zweitaktgruppe; in Takt 26/27 stoßen zwei Satzglieder aneinander, von denen das erste die Sechzehntel volltaktig verwendet, das zweite aber auftaktig: vgl. noch einmal das Notenbeispiel auf Seite 76.

Ein Schema der Taktfiguren, in denen das Motiv der vier Sechzehntel vorkommt, zeigt die verschiedenen Verbindungen, in denen es auftritt, und davon unabhängig die jeweils verschiedene Funktion, die es ausübt; das Schema zeigt zugleich aber auch den durch die Arbeit mit vorzugsweise einem Motiv gewährleisteten Zusammenhang des Ganzen trotz der Verschiedenheit der Teile: Zunächst erscheint das Sechzehntelmotiv metrisch indifferent im viertaktigen Verband eines Periodenvordersatzes (1ff.), dann mit auftaktiger Tendenz in einer kadenzierenden Zweiergruppe (11ff.); am Anfang des zweiten Teils (15ff.) zeigt das Motiv bei ähnlicher Rhythmik wie am Beginn des Satzes jetzt eindeutige metrische Verhältnisse. War der Verband, in dem das Motiv auftrat, zunächst vier-, dann zweitaktig, so schrumpft er mit Takt 23 zu einem einzelnen Takt zusammen. Takt 27ff. ist das Motiv wieder auftaktig verwendet. Aus Konzentration und Spannung löst die Zweiergruppe Takt 31/32 wieder den periodisch-liedhaften Vordersatz des Satzbeginns (33ff.):

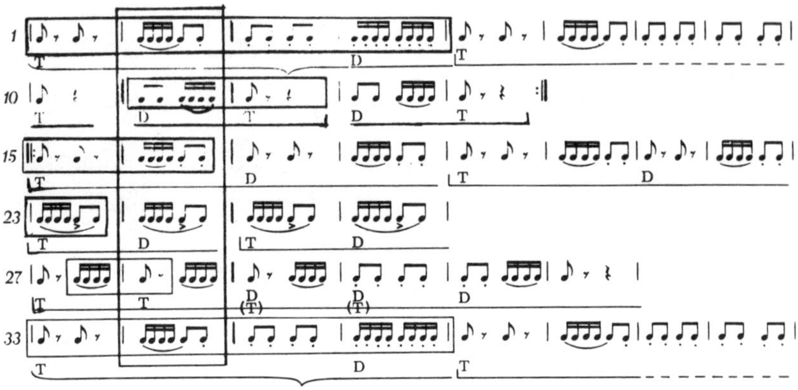

Der Satz, in seinem rhythmisch-melodischen Vordergrund aus den verschiedenen Gestalten, die das Motiv der vier Sechzehntel bildet, wie aus Bausteinen zusammengesetzt, ist durch die motivische Einheitlichkeit gebunden. Die Verschiedenartigkeit der motivischen Gestalten wiederum macht im melodisch-rhythmischen Vordergrund die Vielfalt, das Lebendige der Komposition aus, weckt die Vorstellung einer tänzerischen Bewegtheit dieser Musik. Die Einheit jedoch, wodurch ist sie gegeben, gewährleistet, repräsentiert? Wir meinen, die Bewegung sei das die Einheit stiftende Moment — Bewegung freilich nicht in einem vagen, sondern in konkretem Sinn, als mit Rhythmus und Metrum korrespondierendes und zugleich aus beiden resultierendes Element der Satztechnik, als Struktur bestimmender Faktor, als Träger musikalischer Vorstellungen; die Bewegung ist das Mittel der Komposition zur Verwirklichung bewegter, körperlich bewegter, das heißt räumlicher Vorstellungen als Musik. So verschieden die Bewegung im Satzgrund, in Figuren und in Gesten sein mag, wir hören einen Grundzug im Ganzen, wir erfahren die Einheit als musikalische Bewegungsvorstellung[7].

*

[7] Vgl. A. Feil, *Studien zu Schuberts Rhythmik*. München 1966.

Man sagt immer wieder: Der gute Musiker, der gute Praktiker, er ,,weiß“ das alles, was die Analyse da zur Sprache bringt, indem er es fühlt und sprachlos begreift. Aber man weiß auch aus neuerer Erfahrung, daß Interpretationen von wissenden Musikern weiter reichen: Strukturierte Musik will nicht nur nach-empfunden sein, sie muß auch vor-gespielt werden.

In memoriam Ignaz Weinmann

ERNST HILMAR

FERDINAND SCHUBERTS SKIZZE ZU EINER AUTOBIOGRAPHIE

Im Nachlaß von Adolf Erhard Krasser (Wien) befand sich 1958 eine autographe Skizze zu einer Selbstbiographie Ferdinand Schuberts, die heute als ein bisher unveröffentlichtes Dokument in Wiener Privatbesitz verwahrt wird[1]. Anlaß der Entstehung war die von August Schmidt, dem Redakteur der *Allgemeinen Wiener Musikzeitung*, initiierte Reihe von Kurzbiographien, die in zwangloser Folge unter dem Titel *Gallerie jetzt lebender, um die Tonkunst verdienter Schulmänner und Chorregenten* im Rahmen der Zeitschrift erschienen. Im Jahre 1841 war man an Ferdinand Schubert herangetreten und hatte ihn um einen Beitrag über seine Person ersucht. Am 5. Februar 1842 erschien dann in der genannten Musikzeitung (2. Jahrgang, Nr. 16) eine sehr gekürzte und verstümmelte Fassung dieser Biographie: Schuberts eigenhändige Skizze war eher als Konzept denn als Druckvorlage benutzt worden. Einzelne Passagen daraus hat man später auch für den anläßlich des Todes von Ferdinand in der *Neuen Wiener Musikzeitung* (8. Jahrgang, Nr. 13) abgedruckten Gedenkartikel vom 31. März 1859 entlehnt.

Anfang und Ende der Kurzbiographie sind datiert: Schubert hat am 7. September 1841 damit begonnen und die Skizze am 13. Jänner 1842 fertiggestellt. Mitte der vierziger Jahre scheint er die Biographie nochmals revidiert zu haben, wie aus der geänderten Schlußfassung (Aufzählung der Kinder) ersichtlich ist[2].

---

[1] Der Herausgeber ist Frau Hermine Unger, Wien, für die Zustimmung zur Veröffentlichung zu besonderem Dank verpflichtet. Zu danken hat er ferner Herrn Wolfgang Hübsch von der Handschriftensammlung der Wiener Stadt- und Landesbibliothek, der an der Vorbereitung der Veröffentlichung mitgeholfen hat.

[2] Vgl. dazu A. 100. — In diesem Zusammenhang ist gleich zu erwähnen, daß Streichungen und Korrekturen im Manuskript, die für den Inhalt von keinerlei Belang sind, in den Text bzw. in die Anmerkungen nicht aufgenommen wurden. Der Abdruck folgt ansonsten wortgetreu dem Original, und auch die Orthographie Ferdinand Schuberts wurde beibehalten.

Schubert schreibt in dieser Autobiographie meist in selbstgefälliger Weise über sich selbst — und durchwegs in der dritten Person. Seine Leistungen als Lehrer und Chorregent stehen außer Zweifel und fanden später auch offizielle Anerkennung durch seine Berufung als Direktor an die k. k. Normalschule bei St. Anna (1854 wurde ihm schließlich das goldene Verdienstkreuz mit der Krone verliehen). Dennoch bleibt der Eindruck, daß er sich manchmal zu sehr im Mittelpunkt der musikalischen und schulischen Ereignisse in Wien gesehen hat. Aus der Skizze erfährt man aber auch mehrere Details über seinen Bruder Franz Schubert, die in dieser Form eine Ergänzung zu den Schubert-Dokumenten und den Erinnerungen seiner Freunde darstellen.

Der 1976 verstorbene Ignaz Weinmann beabsichtigte, diese Biographie erstmals vollständig zu veröffentlichen, doch blieb die Arbeit — von mehreren Vorstudien abgesehen — unausgeführt. Die Veröffentlichung im Schubertjahr 1978 soll nun dem Andenken dieses großen Schubert-Sammlers gewidmet sein[3].

Skizzen zu Ferd. Schubert's Biographie. *7/9 841*
Ferd. Schubert mp

Ferd. Schubert ward im J. 1794 am 18. October zu Wien (am Him̄elpfortgrunde, zur Vorstadtpfarre Lichtenthal gehörig) geboren.

Sein Vater, Franz Schubert, war der Sohn eines mährischen Bauers, studierte die Gymnasial-Schulen in Brünn u die Philosophie in Wien, u. nahm daselbst im J. 1784 bey seinem Bruder[4] in der Leopoldstadt ei[n]en SchulGehülfendienst an. Sein Lehrertalent, verbunden mit seinem edlen

---

[3] Ignaz Weinmann arbeitete seit Jahren an einer Monographie über Ferdinand Schubert. Leider konnte er diese Arbeit nicht zum Abschluß bringen. Was sich nach Kenntnis seines Nachlasses an Aufzeichnungen von seiner Hand erhalten hat — und für die Erlaubnis zur Einsichtnahme ist der Herausgeber der Witwe, Frau Maria Weinmann, sehr zu Dank verbunden —, besteht in erster Linie aus dokumentarischem Material.

[4] Karl Schubert (1755—1804), der Bruder von Franz Theodor Schubert, war nach Abschluß seiner Studien (1770—1775) im Brünner Jesuiten-Gymnasium nach Wien gekommen. In der zur Karmeliter-Kirche gehörigen Trivialschule in der Vorstadt Leopoldstadt (Brunngasse Nr. 408) nahm er den Posten eines Schulgehilfen bei Andreas Becker an und wurde 1778 dessen Nachfolger. — Franz Theodor Schubert hatte gleichfalls das Jesuiten-Gymnasium in Brünn besucht (1774—1778). Nach seiner Übersiedlung nach Wien war er wenigstens ein Jahr lang nachweisbar Hörer der Wiener Universität: 1783 scheint er hier in den Matriken als „*Logicus*“ auf. Er war folglich Besucher der Vorklasse zu den philosophischen Studien.

Charakter verschafften ihm schon 1786 die Anstellung als Schullehrer am Him̄elpfortgrunde in der Pfarre zu den heil. 14 Nothhelfern[5]*. Verehelicht mit Elise Vitz*[6] *zeugte er 14 Kinder, von denen aber nur 5 großjährig wurden*[7]*: Ignaz (am 30. Nov. 844. als Schullehrer in der Wiener-Vorstadt Rossau im 60. Jahre seines Alters gestorben), Ferdinand (Lehrer an der k. k. Wiener-Normal-Hauptschule), Carl (Landschafts-mahler und Schreibmeister), Franz (Compositeur, gestorben am 17.* [!] *Nov. 828,) und Theresia (verehelichte Schneider, Schullehrersgattinn in der Vorstadt St. Ulrich)*[8]*. Zum 2. Mahle verheirathet mit Anna Kleyenbeck*[9] *zeugte er 5 Kinder, von denen noch 3: Josepha (verehlichte Bitthann, Lehrersgattinn im k. k. Waisenhause), Andreas (Praktikant beym Rechnungs-Direktorium) u Anton (Alumnus bey den Schotten) am Leben sind*[10]*.*

Seinen ersten Unterricht im Violinspiele erhielt Ferdinand Schubert von seinem Vater, im Clavierspiele von seinem älteren Bruder Ignaz, und im Gesange von dem Lichtenthaler-Regens-chori: Mich. Holzer[11]*. Später erhielt Ferd. Sch. von diesem auch einen ausführlichen*

---

5 Die Pfarre „zu den heiligen 14 Nothhelfern“ befand sich in der Vorstadt Himmelpfortgrund Nr. 42. Ihr war eine Trivialschule angeschlossen.

6 Elise Vitz (1756—1812) — der volle Name lautete Maria Elisabeth Katharina Vietz — war die Tochter eines Schlosser- und Büchsenmeisters. Johann Vietz war aus Schlesien nach Wien gekommen und bald nach seiner Ankunft hier gestorben. Schuberts Vater lernte Elisabeth Vietz 1784 kennen und heiratete sie am 17. Jänner 1785 in der Lichtenthaler Kirche.

7 Dem Ehepaar Schubert wurde fast jedes Jahr ein Kind geboren: Ignaz (1785—1844), Elisabeth (1786—1788), Karl (1787—1788), Franziska Magdalena (geb. und gest. 1788), Magdalena (1789—1792), Franz Karl (geb. und gest. 1790), Anna Karolina (geb. und gest. 1791), Petrus (1792—1793), Josef (1793—1798), Ferdinand Lukas (1794—1859), Franz Karl (1795—1855), Franz Peter (1797—1828), Aloisia Magdalena (geb. und gest. 1799) und Maria Theresia (1801—1878).

8 Theresia verehelichte sich am 31. August 1823 in der Pfarrkirche Rossau mit dem Lehrer Mathias Schneider. Über Schneider vgl. A. 45.

9 Elisabeth Schubert starb am 28. Mai 1812 an Nervenfieber. Am 25. April 1813 nahm Franz Theodor Schubert Anna Kleyenböck (1783—1860), die Tochter des Inhabers eines Seidengewerbes in Gumpendorf, zur Frau. Der Heiratskontrakt ist mit 15. April 1813 datiert.

10 Die Kinder aus Schuberts zweiter Ehe waren Maria Barbara (1814—1835), Josefa Theresia (1815—1861), Theodor Kajetan (1816—1817), Andreas Theodor (1823—1893) und Anton Eduard (1826—1892).

11 Michael Holzer (1772—1826) stammte aus dem Himmelpfortgrund. Als Chorregent in der Lichtenthaler Kirche unterrichtete er sowohl Franz wie auch

Unterricht im Violin-, sodann im Orgelspiele, im Generalbaße und in der Composition. (Hr. Holzer war ein Schüler des renomirten Albrechtsberger)[12].

Als Gesangsschüler brachte er es bald so weit, daß er als erster Sopranist, als Solosänger, in der Lichtenthalerkirche verwendet wurde. Während seines Mutirens wirkte er in dem dasigen Kirchenmusik-Orchester als Violinspieler, und trug nicht nur Violin-Solo's, sondern auch Concerte (meist von Fodor)[13] *mit solchem Erfolge vor, daß sein Vater, hierüber hoch erfreut, ihm eine Violine (Amati 1656) schenkte. Zu dem Entschlusse, Ferdinanden im Generalbasse unterrichten zu lassen, kam der Vater durch folgenden Vorfall: „Ferdinand, für das Orgelspiel außerordentlich eingenom̄en, verfügte sich bey jeder Gelegenheit, bey welcher die Kirchenorgel ertönte, auf den Chor, und hatte keinen sehnlicheren Wunsch, als nur einmahl einen Segen*[14] *oder ein Meßlied auf der Orgel spielen zu dürfen. Dieß ließ aber der zwar sehr geachtete, aber wegen seiner Strenge etwas gefürchtete Hr. Holzer, nicht zu. Ferdinand kon̄te also nur auf heimlichem, eigentlich auf unerlaubtem Wege zur Ausführung seines Wunsches gelangen. Um nun seine Absicht zu erreichen, so begab er sich im Winter 1806—1807 täglich um 6 Uhr früh auf den Kirchenchor, weil zu dieser Zeit die Segenmesse Statt fand.*

Ferdinand Schubert in Gesang, Orgelspiel und Kontrapunkt. (In einem Schreiben von Laurenz Holzer am 10. November 1896 heißt es über Michael Holzer: *„Michael Holzer geboren ... am 28. März 1772, gestorben am 23. April 1826 an Magenverhärtung, verehelichte sich am 13. Jänner 1794 mit Anna Marie Matini. Anfänglich nicht für die Musik bestimmt, wollte es ein Zufall, daß er diese Lebensstellung erfaßte. In der Nähe des Holzerschen Ehepaares wohnte nähmlich ein damals sehr berühmter Virtuos ... (der dem) kleinen Michael so lange es thunlich, Unterricht im Violinspiel (gab). So wurde mein Vater Musiker und später Chorregent an der Pfarrkirche zu den 14 Nothhelfern in Lichtenthal. In der darauf folgenden Zeit erhielt Franz Schubert von meinem Vater Unterricht im Gesang und Violinspiel. Zwischen den Jahren 1805 und 1808 war Franz Schubert ein beständiger Besucher des Lichtenthaler Chores und 1816 widmete er meinem Vater seine Messe in C Opus 48*" [D 452]. Original in der Wiener Stadt- und Landesbibliothek.)

[12] Georg Albrechtsberger (1736—1809) war die zentrale Figur der Wiener Kirchenmusik in diesen Jahren. Zu seinen Schülern zählten Beethoven, Joseph Eybler, Joseph Preindl u. a.

[13] Joseph Fodor (1752—1828) war ein Schüler Franz Bendas in Berlin. Von ihm stammen neun Violinkonzerte und mehrere Violinsolo-Stücke, Duette u. a. m.

[14] Der „*Segen*" ist die Kurzbezeichnung für die Abendandacht.

Da spielte einer seiner Schulkameraden[15] *die Orgel. Dieser überließ bald dem Schubert das Spielen des Segens und des Meßliedes; jedoch im̄er in der Besorgniß, Hr. Holzer werde dazu kom̄en, und es strenge ahnden. Wie gedacht, so geschehen! Hr. Holzer kam einst, und fand Schuberten beym Orgelspiele. Schubert befürchtete einen derben Verweis. Hr. Holzer aber wartete, bis die Messe vorüber war, und sagte dan̄ zu Schuberten weiter nichts, als: „Schau, Du hast Anlagen zum Orgelschlagen; allein, ohne den Generalbaß erlernt zu haben, soll man sich nicht zur Orgel setzen! Bitte Deinen H. Vater, daß er dir den Generalbaß lernen läßt, dan̄ kannst Du im̄er Orgel spielen."*

In der Folge wohnte Ferd. Sch. auch den Vorlesungen über das Orgelspiel und den Generalbaß des H. Kapellmeisters Drexler bey, von dem er nachstehendes Zeugniß erhielt[16].

Seine literärische Bildung verdankt Ferd. Sch. zunächst seinem Vater (der ihn auch in der lateinischen Sprache unterrichtete) und der k.k. Normal-Hauptschule in Wien[17]*; sodan̄ auch seinem Fleiße im häuslichen Studium, und ganz insbesondere der persönlichen Einwirkung des H. Regierungsrathes und k.k. Waisenhaus-Directors Vierthaler*[18].

---

[15] Ferdinand Schubert hat hier den Namen des Schulkameraden — zuerst stand dort „*Jugendfreund*" — eliminiert: er lautet Forstner. Näheres war über diese Person nicht feststellbar.

[16] Drexler ist der Organist, Komponist und Theorielehrer Joseph Drechsler, der auch als Theaterkapellmeister (in der Josefstadt), Chorregent (St. Anna) und später als Domkapellmeister zu St. Stephan wirkte. Für die k. k. Normalschule St. Anna verfaßte er eine Harmonie- und Generalbaßlehre, die auch Franz Schubert benutzt hat. — Das beiliegende Zeugnis (in der Hand Ferdinand Schuberts; das Original in der Handschrift Drechslers besitzt der Wiener Schubertbund) ist als Anhang zur Autobiographie abgedruckt (siehe Seite 116).

[17] Die k.k. Normal-Hauptschule war im ehemaligen Jesuiten-Kloster St. Anna in der Inneren Stadt Nr. 1039 untergebracht. Der 4-klassigen Hauptschule waren noch die *Lehranstalt für Präparanden im Schulfache* und eine *Bildungsanstalt für Zeichenlehrer* angegliedert. — Ein Zeugnis Ferdinand Schuberts als Schüler der 4. Klasse (2. Jahrgang) hat sich erhalten (Original im Wiener Schubertbund), in dem es heißt, daß „*dieser Schüler verdient ... in die erste Classe mit Vorzuge gesetzet zu werden*". Unterzeichnet ist diese mit 8. April 1808 datierte Klassifikation von Joseph Spendou, Regierungsrat (vgl. A. 28), und Johann Wilhelm Bauer, Direktor der k. k. Normal-Hauptschule.

[18] Franz Michael Vierthaler (1758—1827) war ein ausgezeichneter Pädagoge. Neben seiner Lehrtätigkeit befaßte er sich organisatorisch auch mit dem Schul- und Zeitungswesen. 1806 wurde er zum Direktor des Waisenhauses und 1810 zum Direktor der Hauptschule am Waisenhaus ernannt. Ferdinand Schubert widmete ihm seine *Vier Lieder der Waisen* op. 3. Franz Schubert komponierte für ihn eine *Gratulationskantate* für Solo, Chor und Orchester

Während er im Schuljahre 1810 dem sogenañten pädagogischen Curse bey St. Anna beywohnte, wurde er am Hiñelpfortgrunde an der Trivialschule seines Vaters in der untersten Elementar-Classe als Schulgehülfe verwendet. Für dieses Jahr erhielt er von seinem Vater ein Dienstzeugniß[19], *welchem der damahlige erzbischöfliche Lichtenthaler-Pfarrer, Herr Jos. Lingen*[20] *folgenden Zusatz anknüpfte: „Insbesondere muß ich aber noch zu seiner wohlverdienten Empfehlung anführen, daß derselbe zur Verherrlichung des Gottesdienstes in meiner Pfarrkirche durch seine meisterhafte Behandlung der Orgel sowohl als durch seine Aneiferung der musikfreundlichen Jugend Vieles beyträgt. Und da er überdieß die Organisten-Dienste seit 6 Jahren ununterbrochen und pünctlich (ohne alle Vergeltung) mit Auszeichnung versieht, so hat er sich meine und meiner Gemeinde wohlverdiente Achtung u. Dankbarkeit zugezogen, welche er auch sichtbar genießt.“*

„Lichtenthal, am 9. Aug. 1815 *Joseph Lingen m/p*
erzbischöfl. Pfarrer.“

Im Nov. 1810 wurde Ferd. Schubert in Ansehung seiner für einen Schuldienst anerkañten Tüchtigkeit und guten Aufführung auf den vom fürsterzbischöfl. Konsistorium einverständlich mit der vereinigten Waisenhaus- und Hauptschul-Direction gemachten Vorschlag von der löbl. k. k. n. ö. Regierung als Lehrers-Gehülfe im k. k. Waisenhause Wien's angestellt[21]. *Obschon erst 16 Jahre alt, so wurde ihm doch diese Stelle*

(D 779), die von Ferdinand am 29. September 1815 im Waisenhaus aufgeführt wurde. Ferdinand gab diese Komposition Vierthaler gegenüber mit einer Widmung als eigenes Werk aus. (Siehe dazu *Schubert. Die Dokumente seines Lebens*, gesammelt und hrsg. von Otto Erich Deutsch, Leipzig 1964, 74).

19 Das Zeugnis, das ihm der Vater Schubert ausstellte, lautete: *„Daß mein Sohn Ferdinand Schubert bis zur Antretung seines Schuldienstes im k. k. Waisenhause anfangs Nov. 1810 an meiner Schule durch Ein Jahr zu meiner und der Vorgesetzten völligen Zufriedenheit als Gehülfe diente, bezeuge ich hiemit“.* (Original, datiert mit 7. August 1815, im Wiener Schubertbund). In Ferdinand Schuberts Ausführungen ist eine zeitliche Diskrepanz zu sehen: 1810 absolvierte er den pädagogischen Kurs an der k. k. Normal-Hauptschule (vgl. dazu A. 17), aber erst 1815 leistete er Schulgehilfen-Dienste an der Schule seines Vaters. — Die Trivialschule (Elementarschule), an der Franz Theodor Schubert unterrichtete, befand sich auf dem Himmelpfortgrund Nr. 10 in der Säulengasse.

20 Joseph Lingen war von 1807 bis 1817 Pfarrer in Lichtenthal.

21 Mit Dekret vom 21. Februar 1811 wurde Ferdinand Schubert als Lehrgehilfe im k. k. Waisenhaus angestellt: *„Derselbe wird in Ansehung seiner für einen Schuldienst anerkannten Tüchtigkeit und guten Führung, auf die vom fürsterzbischöfl. Konsistorium einverständlich mit der vereinigten Waisenhaus und*

eingeräumt, vorzüglich darum, weil er sich für alle Gegenstände der IV. Classe, also auch für das Zeichnungsfach, qualificirt hatte, und weil damahls gerade eine 4te Classe eröffnet wurde, für welche nur e i n Lehrer bestellt war, den er nöthigen Falles suppliren sollte. — In dieser Stellung wurde ihm ein jährlicher Gehalt von 160 fl (vom 1. November 1810 bis 15. März 1811 einfach in Banko-Zetteln, und vom 16. März 1811 an in W. W.) aus dem Normalschulfonde verabfolgt.

Im J. 1814 wurde Sch.en bey einer Conferenz von dem damahligen Vice-Director[22]*, der zugleich Katechet war, angekündigt, daß er dem wirklichen Lehrer Hagn*[23] *die II. Schulclasse übergeben und dafür die I. Cl[asse] übernehmen sollte, wodurch sich Sch. sehr gekränkt fühlte. Im Weggehen sagte er zu einem seiner Freunde (dem Lehrer Binder)*[24]*, daß er es vorziehe, statt solcher Zurücksetzung, wieder eine Gehülfenstelle bey seinem Vater einzunehmen. Dieß hörte auch Hagn, und so erfuhr es auch der Hr. Vice-Dir*[25]*. Dieser ließ Sch.en zu sich rufen, machte ihm über seine Äußerung Vorwürfe, und drohte zuletzt mit einem weißen Rocke*[26].

Hauptschuldirection gemachten Vorschlag mittels des gegenwärtigen Dekrets als Lehrers-Gehülfe im Waisenhaus allhier angestellt. Man versieht sich zu demselben, daß er den Dienst ungesäumt antreten, und durch eifrige Erfüllung aller seiner Pflichten, sich der Bestätigung der hohen Landesstelle würdig zeigen werde" (Original im Wiener Schubertbund). — Das k. k. Waisenhaus war von Maria Theresia gegründet und zur Staatsanstalt erhoben worden. Josef II. gab dem Institut ein geräumiges Gebäude in der Alservorstadt Nr. 261. Zwischen 1813 und 1820 befand sich darin eine 3-klassige Hauptschule, die dann zu Schuberts Zeit um eine 4. Klasse erweitert wurde. — Franz Schubert komponierte im März 1820 im k. k. Waisenhaus die für Ferdinand bestimmten Sechs Antiphonen D 696 (siehe weiter unten in der Autobiographie). — Über das im folgenden genannte Gehalt, das Ferdinand Schubert aus dem Normalschulfonds erhielt, vgl. das Dekret der Studienhofkommision vom 31. Jänner 1812 (Verwaltungsarchiv, Wien).

22 Seit 1811 war Joseph Questel Vize Direktor des k. k. Waisenhauses (er ist erstmals dort 1806 als Katechet nachweisbar).

23 Joseph Hagen (1749—1829) war Lehrer am k. k. Waisenhaus; er war besser eingestuft als Ferdinand Schubert.

24 Ferdinand Schubert war dem Lehrer Michael Binder als Gehilfe zugeteilt (und trat später dessen Nachfolge an). Binders Name begegnet in den Akten der Waisenhaus-Schule im Zusammenhang mit der Einführung der *Schubertischen Vorschriften* (vgl. dazu A. 37; die Waisenhaus-Akten befinden sich im Wiener Stadt- und Landesarchiv, Zl. 489).

25 Siehe A. 22.

26 Im Hofdekret vom 14. August 1811 hieß es: „*Schullehrer seyen als beständig von der Militär-Pflicht zu klassifizieren*". Der Ausschluß vom Lehrberuf hatte für junge Männer eine Einziehung zum Militärdienst zur Folge; der „*weiße Rock*" war der Uniformrock.

Sch. aber meinte, daß auch unter einem weißen R. eine ehrliche Seele wohnen könne, u daß er den Soldatenstand nicht scheue. — Diese Scene erschütterte Sch. tief, u machte ihm einige schlaflose Nächte. Sch. war um für nichts mehr besorgt, als für die Rettung seiner — Ehre. Er machte daher nach 2 Tagen dem V[ice] D[irector] den Vorschlag, auch in der IV. C[lasse] einige Gegenstände zu übernehmen, was ihm mit Freuden zugegeben wurde. Von dieser Zeit an gab Sch. wöchentlich 5 Stunden mehr, bis zu seinem Austritte, also 6 Jahre lang, ohne eine Vergütung anzusprechen. —

Im Jāñer 1816 verehlichte sich Schubert mit der Bürgerstochter Anna Schülle (von Wien)[27].

Am 12. Junius 1816 wurde Ferd. Sch. zum wirklichen Lehrer mit dem Gehalte von 250 f an der k. k. Hauptschule des Waisenhauses ernañt. Am 17. August 1819 wurde ihm der erhöhte Gehalt von 300 f angewiesen.

Bey Bewerbung um die Stelle eines wirklichen Lehrers im Waisenhause hatte Schubert einen gefährlichen Rivalen, nähmlich einen Juristen[28]*, der schon 34 Jahre alt war, während Schubert noch nicht 22 zählte. Der damahlige Schulen-Oberaufseher meinte, Schubert sey noch zu jung, und man müsse daher den vacanten Platz dem Juristen, der indeß Supplent ward, einräumen. Der edle Vierthaler aber schilderte Schubert's Verdienste um das k. k. Waisen-Institut und seine Gemüthsbeschaffenheit so vortheilhaft, (indem er sagte: Schubert hat sich nicht nur durch seinen*

---

[27] Am 7. Jänner 1816 hatte Ferdinand Schubert in Lichtenthal Anna Schülle (1794—1831) geheiratet.

[28] Bei dem „*gefährlichen Rivalen*" handelt es sich wahrscheinlich um Andreas Pogutz, der die erledigte Lehrerstelle schließlich auch erhielt. — Ferdinand hatte am 14. August 1815 um die Lehrerstelle im k. k. Waisenhaus angesucht, die durch den Tod des Lehrers Jakob Prinz vakant geworden war. In seinem Ansuchen verwies er darauf, daß er „*schon sechs Jahre als Gehülfe, nähmlich 5 Jahre im k. k. Waisenhause selbst ... und vorher ... 1 Jahr bei seinem Hrn. Vater*" gedient habe. Ferner „*hat er aus freyem Umtriebe seit dem 1. November 1814 auch in der IV. Classe daselbst zwey Gegenstände (Geographie und Schönschreiben) übernom̄en, und lehrt sie unentgeltlich ...*" (Erzbischöfliches Amt für Unterricht und Erziehung, Archiv). — Der im folgenden genannte Oberaufseher war Joseph Spendou (1757—1840), ein Gönner der Familie Schubert (Franz Schubert widmete ihm seine Kantate D 472). Spendou mußte in der genannten Besetzungsfrage Andreas Pogutz aufgrund dessen größerer Lehrerfahrung den Vorzug geben, setzte es jedoch durch, daß Ferdinand Schubert mit 12. Juni 1816 der Titel eines wirklichen Lehrers zuerkannt wurde (Erzbischöfliches Amt für Unterricht und Erziehung, Archiv). — Spendou war der Begründer des Witwen-Institutes der Schullehrer Wiens.

literärischen Unterricht, sondern insbesondere auch dadurch um die Zöglinge des Institutes verdient gemacht, daß er Meßgesänge und andere Lieder zu ihrer Erbauung in Musik setzte; er hat mit seinen pädagogischen Ken̄tnissen im̄er auch ein moralisch untadelhaftes Betragen verbunden; — Schubert stirbt uns, wen̄ wir ihn nicht zum Lehrer machen): daß die zwey guten Män̄er zu dem Entschlusse kamen, die Gehülfenstelle eingehen zu lassen, und nicht nur den Supplenten, sondern auch den Gehülfen Schubert, zum Lehrer zu erheben.

Während des Decen̄iums, welches Schubert im Waisenhause zubrachte, leistete er so Manches auch im Musikfache. Er gab nicht nur Unterricht im Clavier- und Violinspielen und im Gesange, sondern er componirte auch Lieder und Meßgesänge zum Gebrauche für die Waisen.

Derley Lieder sind:

Gesänge der Waisen am Tage ihrer Prüfung.
Der vaterlose Waise in der heitern Nacht.
Das Waisenmädchen am Flusse.
Huldigung der Waisen.
Trauer-Meßlied etc.[29]

---

[29] *Gesang der Waisen*, *Der vaterlose Waise*, *Das Waisenmädchen am Fluße* und *Huldigung der Waisen* erschienen unter dem Titel *Vier Lieder der Waisen* als op. 3 im März 1826 bei Diabelli in Wien (Plattennummer 2129). — Das *Trauer-Meßlied*, auch *Deutsche Trauermesse* bzw. *Deutsches Requiem* genannt, hat seine eigene Geschichte: Ferdinand Schubert führte das Werk im September 1818 zum erstenmal auf und gab es Anfang 1826 bei Diabelli als eigenes Werk mit einer Widmung an Johann Georg Fallstich, dem damaligen Direktor des k.k. Waisenhauses, heraus. Tatsache ist, daß dieses Requiem von Franz Schubert für Ferdinand geschrieben wurde, und zwar um ihm bei einer Pflichtarbeit zu helfen. Ferdinand gab die Komposition dann anläßlich der Prüfung vor Kapellmeister Joseph Drechsler am 23. Dezember 1819 als sein eigenes Werk aus, und bezeichnete sich auch in einem Gesuch an den Abt des Wiener Schottenstiftes, Schultes, als Verfasser des Requiems (Original des Schreibens im Besitz des Wiener Schubertbundes, wo im übrigen auch Ferdinands handschriftliche Partitur des Werkes liegt). Zwischen 1838 und 1857 hat Ferdinand das Werk mehrmals bearbeitet. — Otto Erich Deutsch hat 1928 den Sachverhalt richtiggestellt und das Requiem unter Franz Schuberts Namen wiederveröffentlicht. — In diesem Zusammenhang sind auch die übrigen Werke Franz Schuberts zu nennen, die Ferdinand als seine Kompositionen ausgegeben hat: *Kyrie* D 45, am 25. 12. 1846 als Teil von Ferdinand Schuberts *Hirtenmesse* unter eigenem Namen aufgeführt, *Gratulationskantate* D 294 (vgl. A. 18), *Salve Regina* D 379, von Ferdinand Schubert 1859 unter eigenem Namen der Wiener Künstlergesellschaft *Hesperus* gewidmet, und *Kaiser Maximilian in der Martinswand* D 990 A.

Diese Lieder werden noch heut zu Tage theils bey der h. Messe, theils bey Prüfungen, theils bey den allerhöchsten Nahmens- und Geburtsfesten Ihrer Majestäten des allergnädigsten Kaiserhauses von den Waisen auf eine sehr rührende Weise gesungen.

Überhaupt beschäftigte sich Schubert in dieser Zeit häufig mit Musik.

Ungemein selig war Schubert, weñ er mit seinem Bruder Franz musiciren, und mit diesem entweder Clavier-Sonaten zu 4 Händen, oder mit Violin-Begleitung etc. spielen koñte. Ein vorzüglicher Genuß war es für ihn, mit seinem Bruder Franz in Gesellschaft des Vaters und des Bruders Ignaz Quartetten vorzutragen. Dieß geschah größtentheils in den Ferial-Monathen, als Franz noch im k. k. Convicte war; oder weñ dieser von 14 Tag zu 14 Tag nach Hause zum Vater kam. Wie entzückt waren alle, weñ er selbst componirte Musik mitbrachte; wie freute sich da jeder auf die neuen Ideen, und wie enthusiastisch wurden da diese Quartetten prima vista aufgeführt! — Das läßt sich nur fühlen! — Bey diesen Quartetten spielte Ferdinand die erste, Ignaz die zweyte Violine, Franz (der Compositeur) Viola, und der Herr Papa das Violoncell[30].

Während seiner Anstellung im k. k. Waisenhause beschäftigte sich Schubert auch häufig mit Zeichnen, indem er öfter den Zeichenlehrer supplirte, Blumen-Originalien für die k. k. Normal-Hauptschule lieferte, für Steinmetzmeister Monumente und für einen Hafner viele Öfen entwarf und zeichnete; nebstbey schrieb er auch viele Grabschriften auf Stein etc. — So wurde nach Ferd. Schubert's Entwurfe Beethovens Grabmahl aufgeführt. — Da hier Beethovens erwähnt wird, dürfte es auch erlaubt seyn, zu bemerken, daß Schubert bey dessen Leiche das letzte Todtenlied, welches dem großen weltberühmten Tondichter in der Währin-

[30] Über das Musizieren im Hause Schubert hat Ferdinand bereits in der biographischen Skizze über Franz Schubert berichtet (vgl. A. 88; siehe dazu den Nachdruck in *Franz Schubert. Erinnerungen seiner Freunde*, gesammelt und hrsg. von Otto Erich Deutsch, Leipzig 1966, 45). — An Werken, die nachweisbar gespielt wurden, sind neben Mozarts Streichquintett KV 478 (Stimmen im Besitz des Wiener Schubertbundes) die frühen Streichquartette Franz Schuberts zu nennen, nämlich D 18 aus Ende 1809 bzw. Anfang 1810 (dazu eine Stimmenabschrift, teilweise von Ferdinand Schubert; die Datierung bei Deutsch mit 1812 ist inkorrekt); D 94 aus Ende 1811 (mit autographer Stimmenabschrift, aus der aufführungsbedingte Eintragungen ersichtlich sind; die Datierung bei Deutsch mit 1814 ist gleichfalls inkorrekt); ferner D 36 (mit Stimmenabschrift von Ferdinand Schubert) und D 46.

gerkirche gesungen wurde, mit der Orgel begleitete[31]. — *Bey dieser Gelegenheit eine kleine Anekdote: (Sieh das eingelegte Blatt)*[32].

Im J. 1818 wurde Schubert von dem Privat-Musik-Vereine in Wien, der seine Productionen im Saale zum römischen Kaiser und im großen Augarten-Saale hielt, zum Musik-Ausschuße und Ehrenmitgliede, so wie auch zum Orchestre-Director gewählt[33].

Im J. 1819 wurde Schubert von dem hochwürdigen Herrn Joh. Geo. Fallstich, damahls Vice-Director des k.k. Waisenhauses[34], *ersucht, eine Trauermesse in Musik zu setzen. Zu dieser Aufforderung bewog den würdigen Geistlichen der Umstand, daß die Zöglinge des Waisenhauses am Aller-Seelentage das nähmliche Lied sangen, welches auch am Allerheiligen Tage, zum Oster-, Pfingst- und Weihnachtsfeste gesungen wurde. Diese dem religiösen Sinne sehr im Weg stehende Gewohnheit wurde nun von Sr. Hochwürden, dem Herrn Dir. Fallstich abgeschafft, und das aus einem Gebethbuche des Domherrn Schmid*[35] *entnom̄ene und von Ferd.*

---

[31] Ein Entwurf von Ferdinand Schuberts Hand für Beethovens Grabmal ist nicht bekannt, und allein vom Sachverhalt, daß Ferdinand einen Entwurf vorlegte, hatte man keine Kenntnis. — Nach der Einsegnung in der Alserkirche wurde der Leichnam Beethovens in die Währinger Pfarrkirche gebracht. Dort wurde er nochmals eingesegnet. Nach der Zeremonie sangen die Pfarrsänger das *Miserere*, Motetten und das *Libera*; an der Orgel begleitete Ferdinand Schubert (siehe dazu auch den Bericht über Beethovens Begräbnis in der *Reichspost*, Wien 26. 3. 1925).

[32] Das Blatt ist verlorengegangen.

[33] Der Privatmusikverein hatte sich offensichtlich schon 1814 gebildet. Begonnen hatte es mit den musikalischen Übungen im Hause des Vaters Schubert, denen sich mehrere Schulgehilfen anschlossen. Mit dem Anwachsen der Besetzung übersiedelte man zunächst in die Wohnung des Kaufmanns Franz Frischling in der Dorotheergasse 1105. Unter der Leitung des Violinspielers Josef Prohaska erhielt das Unternehmen immer mehr Zulauf und auch Zuhörer fanden sich ein. Ende 1815 übersiedelte der Verein in die Wohnung des Otto Hatwig im Schottenhof und im Frühjahr 1818 in dessen Wohnung in den Gundelhof. Franz Schubert, der dort gelegentlich mitwirkte, soll für diesen Verein die *Ouverture im italienischen Stil* D 591 und die VI. Symphonie D 589 komponiert haben. — Ferdinand Schubert spielte in diesem Orchesterverein zunächst die 1. Violine, übernahm dann später und zumeist bei größeren musikalischen Produktionen die Leitung (siehe dazu die Mitteilung von Leopold v. Sonnleithner in den *Erinnerungen seiner Freunde* a. O. 390ff.).

[34] Johann Georg Fallstich (gest. 1845) war von 1816 bis 1829 Vize-Direktor des k. k. Waisenhauses, und von 1844 an Direktor. Ferdinand Schubert hat ihm das *Deutsche Requiem* gewidmet (vgl. A. 29).

[35] „*Domherr*“ Franz Seraph Schmid (1764—1843) war der Verfasser von mehreren Gebet- und Erbauungsbüchern. Einem solchen Gebetbuch hat Ferdinand Schubert den Text zum *Deutschen Requiem* entnommen. Um welches

Sch. in Musik gesetzte Trauer-Meßlied dafür eingeführt. Dieses deutsche Requiem, für 4 Singstim̄en mit Begleitung der Orgel eingerichtet, ist bey H. Diabelli, Kunsthändler am Graben № 1133, aufgelegt[36]*, und wird nun nicht nur von den Zöglingen des k. k. Waisenhauses am Aller-Seelentage und bey allen übrigen (sogenan̄ten) schwarzen Messen, sondern auch von den Schülern der k. k. Normal-Hauptschule gesungen.*

Anno 1819 sollte (dem Wunsch großer Herren zufolge) im k. k. Waisenhause der Versuch gemacht werden, die Zöglinge der ersten Schul-Classen nach der Bell-Lancaster'schen Lehrmethode zu unterrichten[37]*. Schubert wurde von dem H. Regierungsrathe Vierthaler aufgefordert, diese*

Exemplar es sich hierbei handelt, war nicht feststellbar. Der derzeit früheste Beleg findet sich in dem 1852 erschienenen Gebetbuch *Der Weg zum ewigen Leben. Ein Gebet- und Erbauungsbuch für katholische Christen*, in dem der Text unter dem Titel *Gesang beim Amte der heiligen Messe für Abgestorbene* aufscheint. — Schmid wurde später Prälat und dann Kantor bei St. Stephan in Wien.

36 Das Erscheinen des *Deutschen Requiems* wurde erstmals am 14. Jänner 1826 in der *Wiener Zeitung* angezeigt. — Anton Diabelli (1781—1858) war 1818 in den von Peter Cappi 1816 gegründeten Musikverlag eingetreten. Bis zum Ausscheiden Cappis (1824) bestand die Firma unter dem Namen *Cappi und Diabelli*. Mit dem Eintreten Anton Spinas in den Verlag — gleichfalls 1824 — zeichnete das Unternehmen nun (bis 1851) als *Diabelli und Comp.*

37 Die von Ferdinand Schubert vertretene Lehrmethode wurde von dem englischen Kaplan Dr. Bell 1786 in Indien begründet. Diese Unterrichtsmethode wurde dann in England eingeführt und von Josef Lancaster verbessert. 1814 fand sie auch Eingang in Frankreich und Rußland. — Die Methode besagt, daß der Lehrstoff den Schülern nicht durch einen Lehrer, sondern durch hiezu befähigte und begabte Mitschüler, die den Lehrstoff bereits gründlich erarbeitet haben, vermittelt wird. Die lehrenden Schüler werden in besonderen Unterrichtsstunden von Lehrern unterwiesen. Auf diese Weise sollte es den Lehrern leichter gemacht werden, über 100 Schüler zu unterrichten. (Siehe dazu FRANZ MICHAEL VIERTHALER, *Bell und Lancaster und ihre Methode*. Wien 1819). — In dem Entwurf einer Belobigung für Ferdinand Schubert (Wiener Stadt- und Landesarchiv) findet sich darüber noch folgender Vermerk: „*Um über den Werth oder Unwert der Bell-Lancaster'schen Methode mit Grund absprechen zu können, wurde auf Befehl seiner Exzellenz des Ministers des Innern ... ein Versuch mit derselben im Waisenhause gemacht. Da ich nun eines Schulmannes bedurfte, bereit, redlich und treu ... so wählte ich mir den Lehrer der ersten Knaben-Classe, Ferdinand Schubert dazu. Schubert entsprach ganz meiner Erwartung. Er übernahm nicht nur die Lancaster'sche Schule mit größter Bereitwilligkeit, sondern schrieb auch zugleich alle von mir dazu verfaßten Tabellen mit Vergnügen ab ... Denn da bey der Lancaster'schen Methode die Tabellen die Stelle der Bücher vertreten, so mußten sie theils mit Kanzley- theils mit Schreiblettern und im̄er mit orthographischer sowohl, als kalligraphischer Genauigkeit geschrieben werden. Die Tabellen ... belaufen sich auf mehr als hundert ...*" (Der Entwurf trägt das Datum 27. September 1819; er ist nicht unterzeichnet.)

Methode sich eigen zu machen, und sodann so bald als möglich in Ausübung zu bringen. Nichts war der baldigen Einführung dieser Lehrart mehr im Wege, als der Mangel an den hierzu nöthigen Tabellen, welche die Schulbücher ersetzen sollten. Und um dieses Hinderniß so viel als möglich zu beseitigen, so gab Schubert alle seine Musik-Lectionen auf, und arbeitete nun Tag und Nacht an der Verfertigung der Buchstabier-, Lese-, Schreibe- u. Rechen-Tabellen. Bey 500 solche Tabellen wurden nun im Groß-Regal-Formate größtentheils mit Druckbuchstaben von ihm geschrieben! — Leider zeigte sich nach einem zweyjährigen Versuche, daß diese in den großen Armen-Schulen Frankreichs und Englands eingeführte und von Vielen (!!) so sehr gerühmte Lehrmethode der in den österreichischen Volksschulen bestehenden sehr, gar sehr nachstehe; indem jene größtentheils nur mechanische Fertigkeit beabsichtigt, und die geistige Ausbildung der Kinder fast ganz aus dem Auge läßt. — Dieser Umstand, so wie der, daß Schubert, da er seine wenigen Nothpfeñige zugesetzt hatte, und Nebenverdienste nicht gleich wieder die Hand bothen, mit seiner Familie (Frau u 2 Kinder) bey dem kleinen Gehalte von 300 fl. nicht existiren konnte, nöthigten ihn, im J. 1820 um eine so eben vacante Vorstadtschule, mit welcher der Dienst eines Regenschori verbunden war, zu competiren, die er auch erhielt[38]. — *Von der hohen k. k. Studien-Hof-Comission wurde ihm für die besondere Arbeit, welcher er sich in Nebenstunden zum Behufe des Versuches der Bell-Lancaster'schen Lehrmethode unterzogen hat, eine Remuneration von 100 fl. W. W. gnädigst angewiesen.*

Bey dem Antritte der Knabenschule und der Regens-chori-Stelle in Altlerchenfeld hatte Sch. so Manches zu bekämpfen. Den Chordienst begañ er (im J. 1820) in der Charwoche mit dem Palmsonntage. Von den Sängern und Musikern, welche früher diesen Chor frequentirten, fand sich Niemand ein; wahrscheinlich, um dem Vorgänger Schubert's, H. Mich. Fischer[39], *ihre Anhänglichkeit zu beweisen. Da Schubert von*

[38] Ferdinand Schubert hat sich in einem Schreiben vom 29. Dezember 1819 um „*gnädige Verleihung der Knabenschule und des Chordienstes der Vorstadt-Pfarre: Altlerchenfeld*" beworben (Erzbischöfliches Amt für Unterricht und Erziehung, Archiv). Mit Regierungsdekret vom 4. März 1820 wurde er zum Lehrer und Chorregent ernannt (Wiener Stadt- und Landesarchiv). — Die im folgenden erwähnte Remuneration ist auch aktenkundig: der Betrag wurde Schubert am 3. Februar 1820 angewiesen (Wiener Stadt- und Landesarchiv). Am 30. März 1820 verließ Schubert die k. k. Waisenhausschule.

[39] Michael Fischer hatte Ende 1819 seinen Dienst an der Knabenschule in Alt-Lerchenfeld aufgegeben. Das Fürsterzbischöfliche Konsistorium war im Zusammenhang mit dieser Resignation an die Landesregierung mit dem

allen musikalischen Altlerchenfeldern verlassen, ohne Geld, ohne Musikalien, ohne Instrumente, in einer sehr fatalen Lage war, und sich daher nur durch sein Talent, und durch die Anhänglichkeit seines Bruders Franz, seiner Lichtenthaler- und Waisenhausfreunde helfen koñte: so wendete er sich an seinen jüngern Bruder Franz (den weltberühmten Lieder-Dichter), der ihm sogleich (in einem Zeitraume von einer kleinen halben Stunde) 4stim̃ige Antiphonen zur Palmweihe componirte, welche auch bey dieser Weihe am Palmsoñtage von Schubert's Schulgehülfen vorgetragen und von der anwesenden Geistlichkeit und den Honoratioren sehr beyfällig aufgenomen wurden. Bey dem Hochamte wurde eine sogenañte Franziskaner-Messe von Ditters[40]*, wo alle Singstim̃en im Unisono wirken, mit concertirender Orgel-Begleitung aufgeführt. Schubert's Verlegenheit sollte durch den Austritt eines Gehülfen, der Baßist war, erhöht werden*[41]*; allein man irrte sich; der Passionsgesang des Char-Freytags ward dadurch nicht im mindesten gehem̃t. Und der darauf folgende Ostersonntag war für Schuberten ein wahrer Triumphtag*[42]*. Seine Freunde, die Lichtenthaler und die Lehrer des k. k. Waisenhauses, fanden sich an diesem Tage bey dem Hochamte in solcher Menge ein, daß sie auf dem damahls so kleinen Kirchen-Chore kaum untergebracht werden konnten*[43]*;*

Ersuchen herangetreten, die Chormusik „*dem künftigen Knabenlehrer zur Pflicht zu machen ..., weil sonst die Auslage für Musik dem Religionsfonde zur Last fallen würde. Dem zu folge hat das erzb. Consistorium in den Anmerkungen im̃er beygesetzt, ob der Competent der Kirchen-Musik kundig sey ... Schubert Ferdinand ... ist 10 Jahre beym Lehrfache. Das erzb. Consistorium setzt ihn primo loco, weil er unter die besten Lehrer gehört ... Er ist* [in] *der Kirchenmusik ausgezeichnet, und hat die Organisten-Stelle in der Pfarre Lichtenthal durch 10 Jahre unentgeltlich versehen ...*" (Wien, 5. Jänner 1820, ohne Unterschrift; Erzbischöfliches Amt für Unterricht und Erziehung, Archiv).

40 Eine Messe mit diesem Titel ist derzeit im Œuvre-Katalog von Ditters v. Dittersdorf nicht nachweisbar. Nähere Angaben darüber wird man erst dann erwarten können, wenn der Bestand bzw. das kirchenmusikalische Repertoire in Altlerchenfeld rekonstruierbar ist. Im übrigen weist die Besetzung auf ein Arrangement hin.

41 Über den Bassisten, der zugleich Ferdinand Schuberts Gehilfe war, fehlen nähere Angaben.

42 Der Ostersonntag fiel im Jahr 1820 auf den 2. April.

43 Die kleine Kirche *Zu den sieben Zufluchten* in Alt-Lerchenfeld war 1781 gebaut worden. Im Jahre 1862 wurde sie abgebrochen. — Ferdinands Mitteilung über Schubert als Dirigenten zählt zu den wenigen Dokumenten, die diese Seite des Komponisten beleuchten. Wenn man von Schuberts Konviktszeit absieht, wo er gelegentlich das Studentenorchester geleitet haben soll, gab es nur folgende Aufführungen unter seiner Leitung: die Uraufführung der Messe in F-Dur D 105 am 16. Oktober 1814 in Lichtenthal sowie eine Wiederholungsaufführ-

und die Joseph Haydn'sche D-, die sogenañte Kriegs- oder Nelsons-Messe, wurde unter der Leitung seines Bruders Franz mit solchem Enthusiasmus und mit solcher Energie und Präciosität aufgeführt, daß eine bessere Production kaum gedenkbar ist. Diese Leistung in der Kirchenmusik, so wie sein natürliches, gemüthliches Betragen verschaffte dem Ferd. Schubert bald das Zutrauen aller Pfarr-Einwohner, und in kurzer Zeit brachte er es dahin, die Kräfte des musikalischen Altlerchenfelder-Publikums durch die freundliche Handanbiethung des H. Fischer unter sich zu vereinigen, und die Hülfe seiner alten Freunde nicht mehr in Anspruch nehmen zu dürfen. Ja, es kam so weit, daß Schubert von seinem Lehrmeister, dem H. Holzer, sehr oft eingeladen wurde, um auf dem Lichtenthaler-Chore ein großes Amt, oder ein großes Requiem zu dirigiren, dabey Tenor-Solo zu singen, und seine erste Sopranistin singen zu lassen. Wie brauchbar in diesen Jahren Schubert als Sänger war, dürfte folgendes Schreiben des k. k. Musik-Directors Sauer beweisen[44].

15. April 1824

Wohlgeborner
Hochgeehrtester Herr Professor Schubert!

Sie waren einst Lehrer am hiesigen Waiseninstitute und zeigten seither zu viel Anhänglichkeit zu selben, als daß ich nicht so frey seyn dürfte, zur Verherrlichung unseres Festes, Sie zur Annahme des eigends für Ihre unvergleichliche Stiñe geschriebenen Solopartes auf künftigen Ostermontag früh um 8 Uhr zu bitten, weswegen Sie beyliegend die nöthigen Stiñen finden werden. Auch 2 gute Sopran — und 3 Altisten,

rung am 26. Oktober 1814 in der Augustiner Hofkirche; die Privataufführung der *Prometheus*-Kantate D 451 bei Watteroth am Erdberg am 26. Juli 1816 und schließlich die hier genannte Aufführung von J. Haydns *Nelson-Messe* in der Alt-Lerchenfelder Kirche.

44 Ignaz Sauer (1759—1833) war Lehrer für Chorgesang und Musikdirektor im k. k. Waisenhaus. Von 1798 bis 1827 galt er als ein angesehener Musikverleger in Wien (vgl. dazu Alexander Weinmann, *Wiener Musikverleger und Musikalienhändler von Mozarts Zeit bis gegen 1860*. Wien 1956). — Zu der von Sauer im nachstehenden Brief erwähnten „*unvergleichlichen Stimme*" ist zu bemerken, daß Ferdinand Schubert eine wohlklingende Tenorstimme besaß.

dann 2 Tenor — und Baßisten wären höchst nöthig, weñ Sie anders über selbe noch disponiren können. Da viele und mancherlei Geistliche, mitunter Vorgesetzte, beiwohnen werden, so hätte ich gern, daß, da ich mir mit der Komposition Mühe gegeben habe, auch die Exekution derselben ausgezeichnet vor sich gehen möchte; deswegen eine Probe auf Morgen Charfreytag Nachmittag 3 Uhr bei mir angeordnet ist. Verehrungsvoll

Sauer m/p

Die erste Sorge machte Schuberten als Regenschori der kleine Kirchen-Chor und die kleine Orgel (eigentlich nur ein sogenañtes Positiv). Er war ganz betroffen, als er das erste Mahl von seinem treuen Freunde Schneider (seinem nachmahligen Schwager)[45] *begleitet, diesen Chor betrat. Ganz besonders genirten ihn da die an der Rückseite des Chores angebrachten hölzernen Gerüste, die quasi ein zweytes Geschoß bilden sollten, um für den Trompeten- u. Pauken-Chor einen passenden Platz zu gewinnen, die aber das Aussehen eines Viehstandes hatten. Schubert theilte seinem Freunde mit, daß ihm das gar nicht gefiele und ihn ganz entmuthige, indem er sich einen großen Chor und eine große Orgel vorgestellt habe. Schneider munterte aber Schuberten dadurch wieder auf, daß er sagte: „Da mach' Dir gar nichts draus; Du wirst nicht lange da seyn, so wird es hier ganz anders aussehen". — Schubert dachte nun auf nichts mehr, als auf die Vergrößerung des Kirchen-Chores und auf die Erbauung einer neuen Kirchen-Orgel. Dieß gelang ihm auch, indem er, von dem hochw. H. Pfarrer Kuderna*[46] *mächtig unterstützt, zwey musikalische Akademien veranstaltete, deren Erträgnisse zu diesem Zwecke verwendet wurden*[47]*. Schon im nächsten Jahre (1821) waren Chor und Orgel hergestellt.*

---

45 Mathias Schneider (1788—1851) war von 1819—1829 Lehrer an der Waisenhausschule, wo er auch Gesang und Cellospiel unterrichtete. 1830 wurde er Oberlehrer in St. Ulrich. — Aus seiner Ehe mit Theresia Schubert (vgl. A. 8) entsprossen 7 Kinder, darunter der spätere Advokat Dr. Eduard Schneider (1827—1889), der den Nachlaß Franz Schuberts verwaltete.

46 Pfarrer Franz Blasius Kuderna, über den nähere Angaben fehlen, hatte sich 1820 sehr für Ferdinand Schuberts Anstellung in Alt-Lerchenfeld bemüht.

47 Programme dieser beiden Akademien, aus denen die genauen Daten und die aufgeführten Werke ersichtlich wären, sind derzeit nicht belegbar.

In der Zeit, welche Schubert in Altlerchenfeld als Knabenlehrer und Regenschori zubrachte (d. i. vom April 1820 bis Jäner 1824), componirte er ein Regina coeli, eine Messe und ein lat. Requiem. Dieses Requiem war die letzte Musik, welche sein Bruder Franz anhörte. Es wurde am 3. Nov. 1828 (also 16 Tage vor Franz Schubert's Ende) in Hernals aufgeführt[48]*. Franz bezeugte an dieser Composition sein Wohlgefallen, u. hieß sie einfach und effectvoll. Auch erwachte schon damahls in Schubert die Idee, mehrere Compositionen seines Bruders Franz für eine Singstim̄e mit Clavier-Begleitung, für Chor und Orchestre* [sic] *einzurichten, um das Großartige manches Musikwerkes mehr zur Schau und Beachtung zu bringen. Dieß that Ferdinand auch in der Folge; allein, mehrere Freunde Franzens wollten dieß nicht ganz billigen. Folgende brüderliche Scene dürfte es jedoch rechtfertigen, daß Ferd. den Taucher, den Erlkönig, die junge Nonne u. mehrere andere Musik-Dichtungen seines Bruders Franz instrumentirte etc.:*[49] *„Franz besuchte seinen Bruder Ferd. fast täglich, u.*

---

[48] Die hier erwähnten Werke sind: *Regina coeli* op. 1, Messe in F-Dur op. 10 und das lateinische *Requiem* op. 9. Die Aufführung fand in der Hernalser Pfarrkirche statt.

[49] An Orchestrierungen von Liedern Franz Schuberts gibt es von Ferdinands Hand: *Der Taucher* D 111, *Erlkönig* D 328, *Die junge Nonne* D 828, und in der (handschriftlichen) Sammlung *Schubert's Lyra*, deren ursprünglicher Titel *Fantasie* in *Cyclus beliebter Compositionen Franz Schubert's fürs Orchester eingerichtet von Ferd. Schubert* geändert wurde, sind es an orchestrierten Liedern von seiner Hand noch: *Schlummerlied* D 527, *Hänflings Liebeswerbung* D 552, *Das Wandern ist des Müllers Lust* D 795/1, *Ellen's Gesang III* D 839, *Die Post* D 911,13 und *Der Leyermann* D 911,24. — An anderen Bearbeitungen sind hier zu nennen: Messe in F D 105 (mit Orgelbegleitung und hinzugefügter Posaunenstimme), Messe in G D 167 (hinzugefügte Trompeten- und Paukenstimmen), Messe in B D 324 (mit Posaunenstimme und Orgelbegleitung), Deutsche Messe D 872 (Bearbeitung für 3 Knabenstimmen und Orgelbegleitung; für 4 Männerstimmen ohne Begleitung; für gemischten Chor und Orgel), Drittes Offertorium D 676 (Tenor-Solo und Hornbegleitung), *Graduale* D 184 (Klavierauszug), *Salve Regina* D 223 (Bläsersatz), *Stabat mater* D 383 (Klavierauszug), *Salve Regina* D 379 (hinzugefügte Bläserstimmen), *23. Psalm* D 706 (Bearbeitung für 4-stimmigen Männerchor), *Tantum ergo* D 739 (Bläserstimmen anstelle der Orgel), *Tantum ergo* D 750 (Orgelstimme zur Supplierung einiger Blasinstrumente), *Hymnus an den heiligen Geist* D 964 (mit Klavierbegleitung). — Von Vokalwerken und Opern sind ferner zu erwähnen: *Die Zwillingsbrüder* D 647 (Klavierauszug; Ouvertüre für Klavierquartett?), *Alfonso und Estrella* D 732 (Trompeten, Pauken und Posaunen zum Finale des I. Aktes), *Fierabras* D 796 (Marsch und Chor, Klavierauszug), *Wiegenlied* D 498 (für Klavier), *Lied im Freyen* D 572 (Ergänzung der unvollständigen autographen Partitur) und *Gott im Ungewitter* D 985 (mit Instrumentalbegleitung). — Unter den Instrumentalwerken gibt es Bearbeitungen zu: Sonatine für Violine und Klavier D 384 und D 385 (für Orchester),

da wurden gewöhnlich 4händige Sonaten, oder Sonaten mit Violin-Begleitung, oder auch Gesänge mit Begleitung des Claviers von Mozart, Zumste[e]g, Beethoven, Franz Schubert etc. producirt, ohne jedoch ein anderes Auditorium als sich selbst zu haben. Da geschah es einst, daß der Taucher an die Reihe kam, den Ferd. sang, u. Franz begleitete. Aber kaum war die Mitte dieses Tonstückes erreicht, als Ferd. vom Singen erschöpft, um eine Pause bath, und ein Glas Bier zum Intermezzo bestim̄te. Während desselben äußerte Ferdinand, daß diese Composition auch eine dramatische Darstellung erleide und zur Instrumentirung sehr geeignet sey. Man dürfte die erzählenden Worte nur dem Chor übergeben, und die Worte des Königs, des Tauchers und der Königstochter als Solo-Parthien behandeln. Und Franz sagte hierauf zu seinem Bruder: „Der Gedanke ist nicht übel; aber ich werde das nicht thun, das kan̄st Du thun! Die Zeit, die ich zum Instrumentiren brauche, kan̄ ich dazu verwenden, um wieder was Neues zu componiren". Bey diesem Gespräch wurden noch mehrere Tonwerke Franzens für eine solche Behandlung als ganz geeignet gefunden, und Franz selbst schlug dazu nebst mehreren anderen Sachen vorzüglich seine 4-händige F-moll-Sonate vor[50]. *Den gewichtigsten Beweis, daß Franz Sch. mit solchen Übertragungen für's Orchestre einverstanden war, liefert ein kleiner Zettel, worauf er selbst den Titel zu einer dieser Bearbeitungen schrieb, und eine, mit Bleystift gemachte Correctur einer Symphonie, welche Ferd. Sch. nach einer Sonate von Frz. Sch. für das ganze Orchester einrichtete*[51].

Im J. 1822 machte Schubert den Concurs um die Hof-Organisten-Stelle in Wien mit, welche dem ausgezeichneten Claviermeister Worzischek verliehen wurde[52], *worüber sich Schubert sehr freute, und äußerte:*

Symphonie in B D 485 (Klavier zu 4 Händen, Fragment), Militärischer Marsch D 733 (für Orchester), Menuett D 86 (für Klavier), *Grätzer Galoppe* D 925 (für Orchester) sowie Polonaise D 599 und 2 Walzer D 365/1,2 (für Orchester).

[50] Von einer vierhändigen Sonate f-Moll, die Ferdinand instrumentiert hat, kennt man keinen Nachweis. Wahrscheinlich handelt es sich um die Fantasie f-Moll D 940, von der sich allerdings nur ein Orchester-Arrangement von der Hand Leopold von Sonnleithners erhalten hat (Original in der Gesellschaft der Musikfreunde in Wien).

[51] Im Antiquariatskatalog Nr. 170 (1972) von Hans Schneider (Tutzing) wurde der Titelentwurf eines Arrangements angeboten: *Simphonie, nach einer Sonate von Franz Schubert für das ganze Orchester bearbeitet von Ferdinand Schubert.* Um welche Sonate es sich handelt, bleibt mangels des Autographs der Bearbeitung ungeklärt.

[52] Am 26. November 1822 war der zweite Wiener Hoforganist Johann Baptist Henneberg (geb. 1768) gestorben. Seine Stelle sollte aufgrund eines

Da ein so vorzüglicher Künstler diesen Platz erhalten hat, so kan̄ man sich leicht zufrieden geben.

Daß jedoch Schubert nicht zu den letzten Organisten zu zählen sey, dürften vielleicht folgende Ergebnisse beweisen: Als Schubert im Pfarrbezirke von St. Ulrich wohnte, wo ein vom Doctor Neuwirth (einem Zeitgenossen Mozart's, Haydn's, Beethoven's und Kromers) gegründeter Kirchenmusik-Verein existirte[53]*, so wurde er von diesem zur Mitwirkung bey den kirchlichen Functionen eingeladen, wobey er meist die Orgel spielte. Dr Neuwirth stellte sich da gewöhnlich während des Präludirens in die Nähe Schubert's, und sah und hörte ihm zu. Einst, als Sch., nachdem er einige Son̄tage ausgeblieben war, wieder die Orgel spielte, sagte Dr Neuwirth zu einigen seiner Freunde: „Das ist doch sonderbar: schon einige Son̄tage kon̄te man die Orgel wegen ihrer Verstim̄theit und Mißtönigkeit kaum anhören, und heute klingt sie, als wäre sie gestim̄t worden, ja, als hätte sie einen ganz andern Ton.“*

Als Schubert einst in Perchtoldsdorf (gewöhnlich Petersdorf genan̄t) die Orgel spielte, so ward ein zufällig anwesender 80jähriger Greis, ein ergrauter Schulmeister aus der Nachbarschaft[54] *von Sch.s Orgelspiel dermaßen ergriffen, daß er mit Thränen im Auge Sch.en die Hand küssen wollte! —*

Wettbewerbes neu besetzt werden. Dieser fand im Dezember desselben Jahres in der Minoritenkirche statt; in der Prüfungskommision saßen Moriz Graf v. Dietrichstein, Antonio Salieri und Joseph Eybler. Unter den Bewerbern, die je ein Präludium über ein selbst gewähltes Thema und eine Fuge im strengen Satz vortragen mußten, waren neben Ferdinand Schubert u. a. Joseph Drechsler, Ignaz Aßmayr, Andreas Bibl, Simon Sechter und Johann Hugo Worzischek (1791—1825). Ferdinand Schubert trat am 16. Dezember 1822 zur Prüfung an; das Ergebnis lautete: „*Präludium gut, Generalbaß schwach, Fuge mittelmäßig*“. Die Entscheidung fiel zugunsten Worzischeks und wurde durch kaiserliche Entschließung vom 10. Jänner 1823 bestätigt (Haus-, Hof- und Staatsarchiv, Hofmusikkapelle, Wien).

53 Ferdinand Schubert wohnte damals im Pfarrbezirk St. Ulrich in „*Maria Trost Nr. 20 bei der goldenen Schlange*“, im zweiten Stock des Hauses. — Der Wirkungskreis des von Dr. Neuwirth noch vor 1824 gegründeten Kirchenmusikvereins reichte über die Pfarre St. Ulrich nicht hinaus (Archivmaterial hierüber war bis jetzt noch nicht zugänglich).

54 Nach Perchtoldsdorf kam Schubert wohl gelegentlich auf Einladung des ihm wohlgesinnten Komponisten Ambros Rieder (vgl. A. 59), mit dessen Sohn Johann Rieder (1792—1876), einem Schullehrer in Währing, er sehr befreundet war. — Der Namen des greisen Schullehrers „*aus der Nachbarschaft*“ ist nicht belegbar.

Herr Kapellmeister Gänsbacher[55] *hat sich über Schubert's Orgelspiel ebenfalls sehr günstig ausgesprochen.*

Auch fand Herr Dom-Organist Bibl[56] *Schuberten dazu geeignet, mit ihm auf der großen Orgel zu St. Stephan die 4händige G-moll-Fuge von Mozart auszuführen, welche Producirung sehr beyfällig aufgenommen wurde.*

Wie sehr Sch. von den würdigsten Organisten der Wiener-Erz-Diöces geachtet wird, beweisen die Dedicationen, welche ihm von solchen gewidmet wurden. So verehrte ihm Hr. Gspann[57]*, Schullehrer und Regenschori zu Mistelbach ein feyerliches Tantum ergo; Hr. Dominik Finkes*[58]*, ein Ave Maria; Hr. Rieder*[59]*, Schullehrer und Regenschori zu Perchtoldsdorf 2 Tantum ergo und mehrere Präludien und Fugetten; Hr. Bibl, Dom-Organist bey Sct. Stephan in Wien ein Graduale; Hr. Sechter*[60]*,*

---

[55] Johann Baptist Gänsbacher (1778—1844), Kirchenkomponist, war seit 1823 Domkapellmeister zu St. Stephan. Eine schriftliche Äußerung von seiner Seite über Ferdinand Schuberts Orgelspiel ist nicht belegbar. — Gänsbacher dirigierte im übrigen am 21. November die Trauerchöre bei Franz Schuberts Leichenbegängnis, darunter eine eigene Trauer-Motette.

[56] Andreas Bibl (1797—1878) war Franz Schuberts Schulkamerad am Himmelpfortgrund; später wurde er Domorganist zu St. Stephan. Sein Graduale „*In te Domine speravi*" op. 9 ist Ferdinand Schubert gewidmet. Ferdinand Schubert widmete ihm wiederum sein *Salve regina* in F-Dur op. 9. — Bei der anschließend genannten Fuge von W. A. Mozart handelt es sich wohl um die Fuge in a-Moll KV 399 (385i) aus dem Jahr 1782. Das Allegro daraus erschien in einer nach g-Moll transponierten Fassung als vierhändige Orgelfuge bei Marco Berra in Prag.

[57] Als *Musterlehrer* — diesen Titel erhielt er aufgrund seiner vorzüglichen pädagogischen Leistungen — galt Josef Anton Gspann (1802—1882). Er war ab 1820 Schullehrer und Musiklehrer sowie Regens chori in Mistelbach in Niederösterreich. Sein *Tantum ergo* ist Ferdinand Schubert gewidmet.

[58] Dominik Finke (geb. 1821) war Organist in der Vorstadt Gumpendorf. Als Komponist verfaßte er vorwiegend Kirchenwerke wie Messen, Motetten u. a. m. Sein zweites Werk, ein *Ave Maria* in Es-Dur, widmete er Ferdinand Schubert.

[59] Ambros Rieder (1771—1855) war seit 1802 Regens chori in Perchtoldsdorf. Sein Opus 81, *Präludien und Fughetten*, erschienen am 27. Juli 1826, ist Franz Schubert gewidmet (es war im übrigen das erste und einzige Werk, das Schubert zu Lebzeiten gewidmet wurde). Rieders op. 82, gleichfalls *Präludien und Fughetten* und zugleich mit op. 81 veröffentlicht, trägt die Widmung an Ferdinand Schubert.

[60] Über Bibl siehe die A. 56; der Hoforganist, Komponist und Theoretiker Simon Sechter (1788—1867) widmete Schubert vier Fugen über den Namen F-E-S-C-A, die 1847 von Diabelli in prächtiger Ausstattung veröffentlicht wurden.

k. k. Hof-Organist eine Fughetta über Schubert's Taufnahmen F e r d i - n a n d, so wie auch einen Canon u. ein Prälude über dessen Tauf- und Geschlechtsnahmen. — Alle diese Herren neñen Schuberten recht gerne ihren Freund.

Im J. 1823 wurde ihm von der hohen Landes-Regierung eine Armenvaters- und Rechnungsführers-Stelle bey dem Pfarrbezirke Altlerchenfeld verliehen.

Im J. 1824 (am 3. Jäñer) ward Schubert von der k. k. Studien-Hof-Coṁission durch die hohe Landesstelle zum L e h r e r a n d e r k. k. N o r m a l - H a u p t s c h u l e Wien's befördert. Er legte am 22. Jäñer 1824 bey dem fürsterzbisch. Consistorio den Diensteid ab, an welchem Tage er auch sein neues Amt antrat[61]*. — Gleich bey der ersten Conferenz, nach*[dem] *Sch. bey dieser Anstalt angestellt war, nahm der damahlige hochwürdigste Hr. Schulen-Oberaufseher Turzan*[62] *Schubert's Musiktalent zur Einführung eines erbauenden Kirchengesanges bey der Schulmessen in Anspruch. Schubert ergriff den Vorschlag mit Begeisterung, und brachte es in kurzer Zeit dahin, daß die Schüler der k. k. Normalschule bey St. Anna die Meß- und andern Kirchenlieder mit einer Erbauung vortrugen, die man nicht leicht wo anders in demselben Grade treffen dürfte. Schubert spielt seit dieser Zeit bey St. Anna t ä g l i c h zur Schulmesse die Orgel, und verrichtet diesen Dienst so ordentlich und pünctlich, als würde er dafür bezahlt. Schubert hat für diesen Dienst, den er nun schon durch 23 Jahre versieht, nicht nur k e i n Honorar; sondern er bezahlt noch obendrein den Balkentreter*[63] *aus seinem Sacke. Schubert hat sich in dieser Rücksicht auch schon im k. k. Waisenhause und in Altlerchenfeld verdient gemacht. Es wäre sehr zu wünschen, daß Schubert hierin viele Nachahmer fände; denn dieß wäre wohl das leichteste und einfachste Mittel den Volksgesang in den Kirchen der Stadt und des flachen Landes zu verbessern. Sch. ließ alle Kirchen-Lieder, welche von*

---

[61] Vgl. A. 17; laut Schulindex der Niederösterreichischen Landesregierung legte Ferdinand Schubert den Diensteid erst am 22. Juni 1824 ab (Erzbischöfliches Konsistorium, zu Bl. 63285 der N. ö. Landesregierung).

[62] Augustin Turzan (1784—1832) war als Nachfolger von Johann Michael Leonhard (vgl. Anhang) seit 1822 Oberaufseher der deutschen Schulen der Wiener Erzdiözese. 1825 wurde er zum Kanzleidirektor des Wiener Konsistoriums und zugleich zum Vize-Direktor des Volkschulwesens ernannt. Der Name Turzan begegnet schon 1820 in den Waisenhaus-Akten (Wiener Stadt- und Landesarchiv), die Ferdinand Schubert betreffen, und zwar tragen die diesbezüglichen Schriftstücke Turzans Unterschrift.

[63] Ferdinand Schubert schreibt hier „Balkentreter“ statt „Bälgetreter“.

den Schülern der Normalschule und von den Zöglingen des Waisenhauses gesungen werden (von ihm dreystim̄ig eingerichtet) drucken[64].

Im Jahre 1828 erlitt Ferd. Sch. einen höchst schmerzlichen Verlust. Es starb nähmlich am 19. November d. J. sein Bruder Franz, der Compositeur, welcher damahls bey ihm wohnte, am Nervenfieber[65].

Den Tag vorher wurde Ferd. Sch. von dem Doctor Wisgril[66] *beauftragt, seinen Bruder mit den heil. Sterb-Sacramenten versehen zu lassen. Als hierauf Sch. von seinem Bruder wegging, um seine Familie von dem Auftrage des Doctors in Ken̄tniß zu setzen, so fiel er, während er einige unverstandene Worte dahin stam̄elte, in eine Ohnmacht, die jedoch keine weiteren üblen Folgen hatte, als daß Sch. von dieser Zeit an etwas melancholisch ward. Schubert's Vater, von diesem traurigen Vorfalle verständigt, und von dessen erschüttertem Gemüthe schon früher beunruhigt, schrieb folgenden Brief an Ferdinanden. „Lieber Sohn Ferd! — Die Tage der Betrübniß u des Schmerzens lasten schwer auf uns. Die gefahrvolle Krankheit unseres geliebten Franz wirkt peinlich auf unsere Gemüther. Nichts bleibt uns in diesen traurigen Tagen übrig, als bey dem lieben Gott Trost zu suchen, u jedes Leiden, das uns nach Gottes weiser Fügung trifft, mit standhafter Ergebung in seinem heiligen Willen zu ertragen; und der Ausgang wird uns von der Weisheit u Güte Gottes überzeugen u beruhigen. — Darum fasse Muth u inniges Vertrauen auf Gott; er wird Dich stärken, damit Du nicht unterliegest, u Dir durch seinen Segen frohe Zukunft gewähren. Sorge so viel möglich, daß unser guter Frz unverzüglich mit den heil. Sacramenten der Sterbenden versehen werde, und ich lebe in der tröstlichen Hoffnung, Gott wird ihn stärken und*

---

64 Die Lieder erschienen im April 1830 unter dem Titel *Meßgesänge und Kirchenlieder* bei Anton Strauß sel. Witwe in Wien. Später wurden sie mehrmals nachgedruckt.

65 Ferdinand Schubert war im August 1828 von St. Ulrich Nr. 20 in das Haus Neu-Wieden Nr. 694 übersiedelt. Franz Schubert zog am 1. September von der Inneren Stadt Nr. 556 zu Ferdinand, wo er bis zu seinem Tod, der durch eine Typhus-Erkrankung ausgelöst wurde, blieb.

66 *„Dr. Josef Ritter von Vering hatte die Behandlung Schubert's wenige Tage nach dessen Erkrankung, die sich übrigens schon längere Zeit vorbereitet hatte, statt seines ursprünglichen mittlerweile ebenfalls erkrankten Arztes, Hofarztes Dr. Ernst Rinna von Sarenbach übernommen, und mir gleich am ersten Tag gesagt: daß er — wegen vorgeschrittener Blutentmischung — keine Hoffnung habe, Schubert retten zu können*" (Gustav von Breuning; nicht veröffentlichte Ergänzung zum Feuilleton: Aus Grillparzers Wohnung. *Neue freie Presse*, Wien 20. 1. 1884, laut Brief von Josefine von Breuning an die Stadtbibliothek, datiert 12. 5. 1896). — Vering zog am 18. November Dr. Johann Baptist Wisgrill, der von 1808 bis 1811 Schuberts Konviktgenosse gewesen war, als Konsiliararzt hinzu.

erhalten. Dein betrübter, aber von dem Vertrauen auf Gott gestärkter Vater Franz m/p. 19. Nov. 1828[67]*.*“

Sch. ließ seinen Bruder Franz, feyerlich zur Erde bestatten, und besorgte für denselben im Währinger-Friedhofe in der Nähe Beethovens ein Grab, wozu er von Franzen selbst veranlaßt zu seyn glaubte; den̄ am Abende vor Franzens Tode sagte Franz bey halber Besinnung zu Ferdinanden: Ich beschwöre Dich, mich in mein Zim̄er zu bringen — Franz war nähmlich in dem Wahn, als liege er in einem fremden Zim̄er. —, und nicht in diesem Winkel unter der Erde zu lassen; verdiene ich den̄ keinen Platz über der Erde?! — Ferd. antwortete: Lieber Franz, sey ruhig, glaube doch Deinem Bruder Ferdinand, dem Du bisher im̄er geglaubt hast, u der Dich so sehr liebt; Du bist in dem Zim̄er, in dem Du im̄er warst, und liegst in Deinem Bette! — Und Franz sagte: Nein, ist nicht wahr, — hier liegt Beethoven nicht! etc[68]. —

Auch in den zwey hierauf folgenden Jahren erlitt Sch. großen Verlust. Es starb nähmlich im J. 1830 sein Vater und im J. 1831 seine Gattinn[69]. *— Ruhe ihrer Asche! —*

Seit dieser Zeit suchte Schubert sich vorzüglich dadurch zu zerstreuen, daß er mehrere öffentliche Concerte veranstaltete, wobey nur Compositionen seines Bruders Franz producirt wurden, und mit denen er stets einen wohlthätigen Zweck verband. Durch diese Akademien wurden z. B. dem Schullehrer-Witwen-Fonde bey tausend Gulden C. M. zugeführt[70].

---

67 Das Original dieses Briefes befindet sich im Besitz der Wiener Stadt- und Landesbibliothek.

68 Beethoven lag am Währinger Friedhof begraben. Ferdinand Schubert veranlaßte die Beisetzung seines Bruders Franz neben Beethovens Grab. — Der hier zitierte Dialog findet sich mit demselben Wortlaut in Ferdinands Brief an seinen Vater vom 21. November 1828 (Original in der Wiener Stadt- und Landesbibliothek). — Erwähnenswert ist hier noch, daß der Vater Schubert aus Krankheitsgründen die gesamte Abwicklung der Verlassenschaftsabhandlung nach dem Tod Franz Schuberts seinem Sohn Ferdinand übergeben hat (siehe dazu die *Final-Erledigung des Verlassenschafts-Aktes* vom 22. Dezember 1828; Wiener Stadt- und Landesarchiv).

69 Franz Theodor Schubert starb am 9. Juli 1830. Das väterliche Erbteil, mit dem Ferdinand „*gänzlich zufrieden gestellt und einverstanden*“ war, wurde ihm am 19. Juli eingeantwortet (vgl. dazu die Quittung als Beilage zur Sperr-Relation des verstorbenen Franz Schubert sen.; Wiener Stadt- und Landesarchiv). — Ferdinand Schuberts Gattin Anna, geb. Schülle, starb am 29. Mai 1831.

70 Ferdinand Schubert führte am 4. Oktober 1829 in der Alserkirche und am 15. November in der Ulrichskirche Schuberts Messe in Es-Dur D 950 auf. Über die Akademie „*zum Vorteile des Witwen- und Waisen-Pensionsfonds der öffentlichen deutschen Schulen Wiens*“ gibt es einen Bericht in der *Theaterzeitung*

Ferd. Sch. fand in der musikalischen Welt stets ehrenvolle Anerkeñung. So wurde er z. B. im J. 1829 von dem Fürsten v. Lobkowitz[71] *und dem Grafen Stockhamer*[72] *zum ersten Repräsentanten des Musikvereines bey Sct. Anna ernañt: Im J. 1834 wurde er von dem leitenden Ausschuße der Gesellschaft der Musikfreunde zum Mitgliede des Comité der Gesellschafts-Concerte gewählt. Im J. 1838 wurde er von demselben Ausschuße zum Honorar-Professor des Orgelspieles am Wiener-Conservatorium ernañt*[73]. *Im J. 1839 fand sich die Direction des Vereins zur Beförderung*

---

vom 30. März 1830. Die Akademie fand am 21. März 1830 statt. „*Er* [Ferdinand Schubert] *führte in demselben fogende Tonstücke auf: 1. Ouvertüre in B, von Franz Schubert. 2. Kantate von Franz Schubert, im Jahre 1816 geschrieben* [D 451]. *3. Erlkönig, von Franz Schubert, kantatisch bearbeitet von Ferdinand Schubert. 4. Ouvertüre in C, im italienischen Stil* [D 797], *von Franz Schubert. 5. Schlußchor aus dem Singspiel ‚Fernando' von Franz Schubert. 6. ‚Der Hirt auf dem Felsen', Lied für eine Singstimme mit Pianoforte- und Klarinette-Begleitung von Franz Schubert; gesungen von Dem. Achten, k. k. Hofopernsängerin, und mit der Klarinette begleitet von Hrn. Anton Friedlovsky, Orchester-Mitglied des k. k. priv. Theaters an der Wien. 7. Hymne und Alleluja, von Franz Schubert. — Indem Hr. Ferdinand Schubert das Andenken an seinen für die Kunst viel zu früh verblichenen Bruder Franz erneuerte, übte er zugleich eine Handlung der Tätigkeit aus ... Die Aufführung war nicht durchaus gelungen zu nennen; es ist gar schwer, aus nicht zusammengewöhnten Gliedern ein Orchester zu vereinigen ... Großer Effekt ging aus der Bearbeitung des Erlkönig hervor ...*". Ort der Aufführung war der Landständische Saal. Weitere Akademien unter Ferdinands Leitung gab es dann noch am 12. April 1836, am 18. März 1838 und am 23. März 1841 im Saal der Gesellschaft der Musikfreunde.

[71] Ferdinand Fürst v. Lobkowitz (1797—1868) war Präsident des Vereins zur Beförderung und Verbreitung echter Kirchenmusik, der in St. Anna seinen Sitz hatte. Dieser Verein war 1827 gegründet worden. Seine Aufgabe war es, sowohl den Gottesdienst bei St. Anna zu besorgen wie auch die Präparanden des pädagogischen Kurses „*zur Verbesserung der Kirchenmusik auf dem Lande*" zu Chorregenten heranzubilden (vgl. dazu *Allgemeine Theaterzeitung* vom 14. Juni 1827). — Dem Fürsten Lobkowitz hat Ferdinand Schubert seine *Landmesse* op. 21 gewidmet.

[72] Ferdinand Graf v. Stockhammer scheint wie Ferdinand Fürst v. Lobkowitz dem Präsidium des Kirchenmusikvereins bei St. Anna angehört zu haben. Genauere Daten über seine Person und Tätigkeit konnten bisher noch nicht ermittelt werden (vgl. dazu auch A. 74).

[73] Das Plenum der Mitglieder der Gesellschaft der Musikfreunde des österreichischen Kaiserstaates wählte aus seiner Mitte eine Korporation von 50 Repräsentanten, welche die Gesellschaft zu vertreten hatte. Zwölf Mitglieder dieses Repräsentantenkörpers wurden durch Wahl zum leitenden Ausschuß bestellt. Der leitende Ausschuß bestellte wiederum ein eigenes Comité von acht Mitgliedern, dem das Arrangement der Unterhaltungsabende und die Auswahl der Musikstücke oblag. — Das Konservatorium der Gesellschaft der Musikfreunde bestand seit 1817.

echter Kirchenmusik[74] *veranlaßt, Schuberten die Stelle des Vereins-Schul-Comissärs zu übertragen. Auch ward er Mitglied des Repräsentanten-Körpers bey der Gesellschaft der Musikfreunde des österr. Kaiserstaates. Die k. k. Schulen-Oberaufsicht hat Schuberten beauftragt, den Musik-Prüfungen im k. k. Civil-Mädchen-Pensionate beyzuwohnen*[75]*, und hierüber zu relationiren. Im J. 1840 wurde Sch. von der Direction der landesf. Patronatskirche zur heil. Anna zum Kapellmeister ernant. Ganz besonders erfreut war Schubert, als er von dem Grafen v. Hohenwarth und dem Schulen-Oberaufseher Ebneter*[76] *aufgefordert wurde, am 21. Jäner 1841 bey der feyerlichen Einweihung der Kapelle in dem neuen Gebäude des k. k. Civil-Mädchen-Pensionates, die von ihm componirte Messe in F (die sogenante Prälatenmesse, dem hochw. H. Präl. Ruttenstolk*[77] *dedicirt) aufzuführen. Sch. rechnete sich dieß zur größten Ehre, die ihm jemahls widerfuhr; den diese Feyerlichkeit ward nicht nur dadurch imposant, daß eine hohe Geistlichkeit dabey versamelt war, und der hochwürdigste Fürst-Erzbischof Milde*[78] *selbst das Amt hielt, sondern*

---

[74] Über den Verein zur Beförderung echter Kirchenmusik vgl. A. 71. Der derzeit bekannte Bestand an Akten über diesen Verein ist noch zu lückenhaft, um die Tätigkeit und vor allem auch Ferdinand Schuberts Arbeitsleistung in diesem Verein entsprechend würdigen zu können. Erst ab 1846 ist man besser informiert: von hier ab gibt es umfangreicheres Archivmaterial, in dem Ferdinand Schuberts Namen häufig begegnet (Erzbischöfliches Amt für Unterricht und Erziehung, Archiv, Mappe 122 mit mehreren Faszikeln).

[75] Das k. k. Civil-Mädchen-Pensionat war 1787 von Kaiser Josef II. gegründet worden. Die Institution sollte in erster Linie für verwaiste Kinder und solche von Zivilleuten niederen Ranges bestimmt sein. Anfangs war das Pensionat im Kloster der Ursulinerinnen untergebracht, 1839 übersiedelte es dann in das Choteksche Palais in der Vorstadt Josefstadt. — Die Zöglinge, die auch in Musik unterrichtet wurden, blieben acht Jahre in der Anstalt.

[76] Johann Nepomuk Ebneter (1783—1862) war 1817—1832 Pfarrer in Lichtenthal. 1840 wurde er zum Schuloberaufseher der deutschen Schulen ernannt.

[77] Jakob Ruttenstolk hatte 1813 das Lehramt für Kirchengeschichte an der Universität Wien verliehen bekommen. Später wurde er Gymnasial- und Studienreferent, und als Abt des Augustiner-Chorherrenstiftes gab er Ferdinand Schubert die Gelegenheit zur Aufführung von Franz Schuberts Messe in Es-Dur D 950 im November 1840 in Klosterneuburg. — Die Messe in F-Dur op. 10 erschien im April 1831 bei Diabelli mit der Plattennummer 3806. Das Autograph besitzt die Musiksammlung der Österreichischen Nationalbibliothek.

[78] Vinzenz Eduard Milde (1777—1853) war von 1831 bis 1834 Bischof von Leitmeritz. 1834 wurde er Fürsterzbischof von Wien. — Der feierlichen Einweihung der Kapelle im Chotekschen Palais (vgl. A. 75) wohnte, wie Ferdinand Schubert dann ausführt, auch Kaiserin Maria Anna (1803—1884), die Gemahlin Kaiser Ferdinands I., bei.

ganz vorzüglich dadurch erhöht, daß I. I. M. M. die Kaiserinn-Mutter und die allergnädigste Kaiserinn selbst dem hocherbauenden Gottesdienste beywohnten.

Auch in literärischer Hinsicht ist Schubert nicht unbemerkt und unbenutzt geblieben. Er verfaßte: 1.) im J. 1819 Current- u Latein-Vorschriften zum Gebrauche bey dem Versuche der Bell-Lancaster'schen Lehrmethode für die Zöglinge des k. k. Waisenhauses[79]*; im J. 1826 2.) den kleinen, fleißigen Kopfrechner, der seitdem 3 Auflagen erlebte, wovon die 2. Auflage zum Vortheile der Schullehrer-Witwen-Societät bestim̄t war*[80]*; 3.) im J. 1829 eine skizzirte Darstellung der österreichischen Gebirge*[81]*; 4.) im J. 1830 den kleinen Feldmesser, wovon zwey Auflagen vergriffen sind*[82]*; 5.) im J. 1831 ein Lehrbuch der Elementar-Geometrie zur Preisbewerbung als Schulbuch*[83]*. (dieses Manuscript wurde ihm mit h. R. V. v.* $\frac{\textit{31. May}}{\textit{13. Juny}}$ *1832 Z. 29662 mit dem Beysatze zugestellt, es gereiche demselben zur Ehre u zum Verdienste, einen der vordersten Plätze unter den zahlreichen Mitbewerbern um diesen Preis erworben zu haben). 6.) Im J. 1832 schrieb er den kleinen Stereometer*[84] *u 7.) im J. 1833 den kleinen Geographen in 2 Bänden*[85]*. Von beyden Werkchen existirt schon eine zweyte Auflage. Im J. 1834 hat die hohe Landesregierung mit Decret vom 22. Sept. l. J. Z. 51002 die k. k. Schulen-Oberaufsicht in Bezug auf die Drucklegung des neuen Lehrbuches der Geometrie für Normalschulen (von Franz Moth) beauftragt, dem Herrn Ferd. Schubert, Lehrer an der*

---

[79] Vgl. A. 37. Der Titel der ungedruckten Arbeit von Ferdinand Schuberts Hand lautet: *Current- und Latein-Vorschriften zum Gebrauche bey dem Versuche der Bell Lancaster'schen Lehrmethode für die Zöglinge des k. k. Waisenhauses. (Wien 1819).*

[80] *Der kleine fleißige Kopfrechner (mit 6 Tabellen).* Selbstverlag, Wien 1830 (2. Aufl. 1832, 3. Aufl. 1840, 4. Aufl. 1853). — Die meisten Werke Ferdinand Schuberts sind zuerst im Selbstverlag erschienen.

[81] *Skizzierte Darstellung der österreichischen Gebirge (mit einer Bergführer-Karte).* Selbstverlag, Wien 1830 (2. Aufl. 1846).

[82] *Der kleine Feldmesser oder erster Unterricht in der Geometrie (mit 4 Steintafeln).* Wien 1831 (2. Aufl. 1836, 3. Aufl. 1843, 4. Aufl. 1851).

[83] Das *Lehrbuch der Elementar-Geometrie* wurde nicht gedruckt.

[84] *Der kleine Stereometer oder erster Unterricht in der Körpermessung (mit 1 Steintafel).* Wien 1832 (2. Aufl. 1838, 3. Aufl. 1844).

[85] *Der kleine Geograph oder erster Unterricht in der Erdbeschreibung.* 2 Bände, Wien 1833. Vom 1. Band gab es vier, vom 2. Band 8 Auflagen. Die Illustrationen stammen von Carl Schubert. Im 2. Band ist Franz Schuberts Brief an seinen Bruder Ferdinand mit der Reisebeschreibung von Oberösterreich und Salzburg teilweise abgedruckt. (Siehe *Franz Schubert, Dokumente* a. O. 305 ff.)

k. k. Normal-Hauptschule für die Correctur des Textes u der Tabellen des benan̄ten Lehrbuches die Zufriedenheit der h. Landesstelle zu erken̄en zu geben[86]. *8.) Im J. 1838 verfaßte er eine chronologische Übersicht der deutschen Schulen in der Wiener-Erz-Diöces*[87] *u. 9.) eine biographische Skizze seines Bruders Franz, des Compositeurs*[88]; *10.) im J. 1840 den methodischen Wegweiser beym Elementar-Unterricht in der Geographie*[89]. *Auch wurde er von Zeit zu Zeit von verschiedenen Stellen aufgefordert, über Zweige des Schulwesens seine Ansichten und Gutachten zu geben.*

Im J. 1840 haben Se. k. k. Majestät zu genehmigen geruht, daß bey den Fr. Fr. Ursulinerinnen[90] *dahier ein pädagogischer Lehrkurs zur Bildung weiblicher Lehrindividuen eingeführt werde; hierauf hat sich das fürsterzbischöfliche Consistorium bestim̄t gefunden, dem Ferd. Schubert den Unterricht in den Lehrgegenständen und über das methodische Verfahren bey denselben bey dem gedachten Lehrkurse zuzuweisen.*

Daß Sch. sich nicht nur einer allgemeinen Achtung zu erfreuen habe, sondern noch insbesondere der des Schulstandes, beweisen die Ehrenbezeigungen bey Schul-Visitationen, welche ihm durch 18 Jahre zu Theil wurden, so wie auch noch der Umstand, daß er von den Schullehrern Wien's sechsmahl, jedes Mahl auf 3 Jahren, zum ersten Administrator ihrer Witwen-Societät[91] *gewählt wurde. — J. J. Littrow*[92], *Director der*

---

86 Die Schuloberaufsicht hatte am 23. August 1834 bei der Studienhofkommission die Belobigung Ferdinand Schuberts beantragt (Wiener Stadt- und Landesarchiv).

87 Die *Chronologische Übersicht der deutschen Schulen* ... blieb ungedruckt. — Nicht erwähnt wird hier ein Werk, das 1839 bei C. Ueberreuter erschien: *Die Elemente der Geographie, oder leichtfaßliche Darstellung der Erde.*

88 Die biographische Skizze *Aus Franz Schuberts Leben* erschien 1839 (April/Mai) in Robert Schumanns *Neuer Zeitschrift für Musik* in Leipzig.

89 *Methodischer Wegweiser beym Elementar-Unterricht in der Geographie.* Wien 1840. — An weiteren Werken Ferdinand Schuberts sind in den nächsten Jahren noch erschienen: *Der kleine, examinirende Geometer, oder: Fragen und Aufgaben der Elementar-Geometrie.* Wien 1841; *Der kleine examinirende Architekt.* 1845; *Der kleine deutsche Grammatiker.* 1845; *Der kleine Naturbeschreiber.* 1850; *Naturgeschichte für Volks- und Töchterschulen.* 1852; *Erstes Lesebuch.* 1851; *Der kleine Stylist.* 1852; *Der kleine deutsche Sprachschüler.* 1857; *Schulatlas.* 1858.

90 Die Ursulinerinnen beherbergten eine Mädchenschule, und zwar von 1839 bis 1841 im Kloster in der Johannesgasse.

91 Die hier genannte Witwen-Societät ist der Witwen- und Waisen-Pensionsverein der Städtischen Lehrer Wiens. Ursprünglich nannte sich der Verein Sozietät der Lehrer der Trivialschulen in den Vorstädten.

92 Johann Josef v. Littrow (1781—1840), Astronom, wurde 1819 zum Direktor der k. k. Sternwarte in Wien bestellt. 1834 erschien in Stuttgart sein

k. k. Sternwarte schickte Schuberten sein Werk: „Die Wunder des Him̃els[“], mit dem Beysatze zu: Sr. Hochwohlgeboren, Herrn Professor Ferd. Schubert als Zeichen der innigsten Hochachtung von dem Verfasser
Wien, den 8. Jul. 1836

An Musik-Compositionen lieferte Sch. bis jetzt über 40 Werke, die wir hier aufführen wollen:

1. *Ein Regina coeli;*
2. *ein deutsches Requiem, dem hochwürdigsten Herrn Director Fallstich gewidmet;*
3. *vier Lieder der Waisen, dem H. Regierungsrathe Vierthaler verehrt, von dem er (mit den Worten: „Ich will nun Schuberten für seine Lieder einige von den meinigen schicken!“) aus der philosophischen Geschichte der Menschen und Völker die Geschichte der Griechen erhielt;*
4. *24 Cadenzen für das Pianoforte;*
5. *2 Tantum ergo, H. Rieder, Schullehrer u. Regens-chori in Perchtoldsdorf dedicirt;*
6. *einen Original-Marsch;*

\+ 7. *eine Ouverture⁺ zu einem Singspiel für Kinder; (nicht gedruckt);*
\+ 8. *das Singspiel für Kinder⁺: die Schadenfreude (aus dem Kinderfreunde); (nicht gestochen).*

9. *ein lateinisches Requiem, dem Andenken seines Bruders Franz geweiht;*
10. *eine Messe in F, Sr. Hochwürden, dem Prälaten Jakob Ruttenstock, verehrt; Bey Überreichung des Dedications-Exemplares kam Sch. sowohl, als auch der hochgeehrte Abt in einige Verlegenheit. Als nähmlich der ehrwürdige Prälat Schuberten zum Danke eine Banknote übergeben wollte, worauf dieser nicht im geringsten gefaßt war, so verweigerte Sch. die Annahme derselben; der gute Abt meinte aber, daß er damit nicht das Werk bezahlen, sondern bloß die Auslagen des Verfassers ersetzen wolle. Sch. bath sich jedoch nur aus, die Hand des hochw. H. küssen zu dürfen, worauf der Hr. Prälat erwiderte, daß er nun darauf bedacht seyn werde, seinen Dank auf eine edlere Art auszudrücken.*
11. *ein Salve Regina, als 4stim̃igen Canon bearbeitet;*
12. *ein Salve Regina für Chor mit Harmonie-Begleitung, dem hochw. H. Prälaten zu den Schotten verehrt.*

Hauptwerk *Die Wunder des Himmels oder gemeinfaßliche Darstellung des Weltsystems.*

13. *den Klavier-Auszug der Franz Schubert'schen Schullehrer-Cantate;*

+14. *den Klavier-Auszug des Franz Schubert'schen Stabat mater mit deutschem Text von Klopstock, dem H. Hofrathe Witeczek*[93] *gewidmet (nicht gestochen);*

+15. *den Klavier-Auszug der Frz. Sch.'schen Oper: die Zwillingsbrüder (noch nicht aufgelegt)*[94]*;*

16. *4 Hymnen zur Frohnleichnams-Procession, dem hochw. H. Pfarrer Adler dedicirt*[95]*;*

+17. *Das Singspiel für Kinder: die kleine Ährenleserinn. Aus dem Kinderfreunde. (Noch nicht gestochen).*

+18. *12 vaterländische und moralische Lieder und Gesänge (noch nicht aufgelegt);*

19. *ein Männer-Quartett: Verjüngung;*

+20. *einen 3stim̄igen Canon. (in das Stam̄buch des H. Carl Haslinger); (noch nicht gestochen)*[96].

21 *eine Landmesse (für Sopran, Alt, Baß, 2 Violinen u Orgel),*

22. *ein Graduale für 4 Männerstim̄en (Tu es Deus),*

+23. *ein Veni sancte Spiritus*$^{+}$ *für Vocal-Chor;*

24. *den Tañenbaum, Lied mit Clavier-Begleitung;*

+25. *die Orchestre-Musik zu Frz. Schubert's Erlkönig*$^{+}$*;*

+26. d° = d° = d° = *Nonne*$^{+}$*;*

+27. d° = d° = d° = *Taucher*$^{+}$*;*

28. *eine Hirten- oder Pastoral-Messe*$^{+}$ *für 4 Singstim̄en, 2 Violinen, Viola, Violoncell u. Contrabaß, 1 Clarinett, 1 Horn, 2 Trompeten und Pauken, und Orgel;*

---

[93] Josef Wilhelm Witteczek (1787—1859) zählte zum Freundeskreis um Franz Schubert. 1831 erwarb er die von Karl Pinterics angelegte Sammlung von Liedern Franz Schuberts und ergänzte diese laufend bis ca. 1850. Die Sammlung ging später an Josef v. Spaun über, der sie schließlich der Gesellschaft der Musikfreunde in Wien vermachte. — Seit 1828 war Witteczek Hofrat im Finanz-Ministerium in Wien.

[94] Der Klavierauszug zum Singspiel *Die Zwillingsbrüder* ist bis heute ungedruckt geblieben. Das Original in Ferdinand Schuberts Hand besitzt die Gesellschaft der Musikfreunde in Wien, Nr. 5 daraus die Sammlung Otto Taussig.

[95] Joseph Adler war Pfarrer von Neu-Lerchenfeld. Die Widmungskomposition ist Besitz der Wiener Stadt- und Landesbibliothek.

[96] Von Carl Haslinger hat sich ein Stammbuch erhalten, das in der Handschriftensammlung der Wiener Stadt- und Landesbibliothek verwahrt wird. Darin ist dieser Canon jedoch nicht nachzuweisen.

+29. *Lied der Armen mit Orchestre-Begleitung⁺;*
+30. *einen Trauergesang für 4 Männerstim̄en⁺;*
+31. *Lied am Tage der 1. Heil. Com̄union⁺ für Vocalstim̄en mit Orgel- oder Harmonie-Begleitung;*
+32. *Meine Klagen⁺. Lied mit Clavier-Begleitung;*
+33. *An Michael Haydn⁺, Chor für 4 Männerstim̄en.*
34. *Ein Meßlied für Schulkinder. (Vater, siehe die Kleinen an!)*
35. *Hymnen an den heil. Geist.*
36. *Ave Maria Frz. Schubert's (instrumentirt).*
37. *Hymne an die Mutter Gottes für 4 Singst. mit Harmonie-Begleitung.*
38. *Die Kinder bey der Krippe (3stim̄ig) mit Klavier- u Orchestre-Begleitung;*
39. *Cantate zur Genesungsfeyer des 1. H. Hof-Kapellmeisters Assmayr*[97].
40. *Graduale u Offertorium für 4 Mān̄erstim̄en zum Hochamte am Palmson̄tage*
u. m. a.

Die mit + bezeichneten Compositionen sind noch nicht gestochen, also bloß im Manuscript vorhanden.

Überdieß schrieb er zu allen Kirchen-Compositionen seines Bruders die Orgelstimmen, oder bezifferte wenigstens den Baß; den̄ Franz sagte zu Ferdinanden: Das mußt Du besser können, als ich.

Ferd. Sch. ist auch im Besitze der größeren Compositionen seines Bruders Franz; als

der Symphonien (7) Von den Symphonien ist die letzte in C-dur bereits (bey Breitkopf et Härtel in Leipzig) aufgelegt.

der Messen (6) Von den Messen ist bereits die C-Messe (bey Diabelli) und die B-Messe (bey Haslinger in Wien) gestochen); und

der Opern (9)[98]

---

[97] Ignaz Aßmayr (1790—1862) hatte zuerst bei Michael Haydn studiert, und wurde dann Franz Schuberts Kollege bei Antonio Salieri. 1838 wurde er Vize-Hofkapellmeister.

[98] Von den Symphonien Schuberts besaß Ferdinand D 82, D 125, D 200, D 417, D 589 und in Abschrift D 944. D 485 verkaufte er im Juli 1842 an

Gegenwärtig ist Sch., nachdem er sich zum 2ten Mahle verehlicht hatte[99], *Vater von 12 lebenden Kindern*[100], *von denen Theresia mit H. Stuppöckh, Lehrer an der Kreishauptschule zu Ried, verehlicht; Ferdinand technischer u Zeichenlehrer der Hauptschule zu Wiener-Neustadt; Karl Schulgehülfe in der Wiener-Vorstadt Rossau; Anton Lehrling der Gelbgießerei ist, u. die übrigen 8 (außer der 9jährigen Tochter Karoline, welche Se. Majestät, unser allergnädigster Kaiser Ferd. I., in das k. k. Civil-Mädchen-Pensionat aufnahm) noch zu Hause sind.*

Wien, am 13. Jāner 1842

Ferd. Schubert m/p

NB. Um dieses Manuscript bitte ich gelegenheitlich zurück. *Sch m/p*

Whistling; D 589 kam 1842 von Mendelssohn an Ferdinand zurück. Wahrscheinlich befand sich in seinen Händen auch noch das Fragment der Symphonie in E-Dur D 729. — Von den Messen waren in seinem Besitz D 105, D 167, D 324, D 678 und D 950. Das Manuskript zu D 452 besaß wohl Diabelli (seit 1825), und die *Deutsche Messe* war Eigentum von Johann Philipp Neumann. Von D 950 trennte Ferdinand sich bereits 1844: er verkaufte das Autograph an Landsberg in Rom. — Von den Manuskripten der Opern gehörten ihm D 84, D 190, D 220, D 326, D 435, D 644, D 647, D 787 und D 796. Das Autograph von *Alfonso und Estrella* befand sich bei Pachler in Graz, *Claudine von Villa Bella* bei Josef Hüttenbrenner und *Rosamunde* bei Helmine v. Chezy. Nicht nachweisbar und nicht genannt sind die Werke D 11, D 701 und D 723, doch werden diese vermutlich gleichfalls Eigentum von Ferdinand gewesen sein.

99 Ferdinand Schubert hatte am 2. August 1831 in Graubitsch in Niederösterreich Therese Spazierer geheiratet.

100 Der Schluß der biographischen Skizze ist in zwei Fassungen vorhanden: in der ersten hier nicht abgedruckten werden die (5 überlebenden) Kinder der ersten Ehe und die ersten fünf Kinder der zweiten Ehe aufgezählt. — Die Daten der Kinder lauten: (1. Ehe) Theresia (1816—1889), ehelichte später den Realschullehrer Ignaz Stuppöck; 1842 war sie „*Mitlehrerinn an einer Mädchenarbeitsschule*"; Ferdinand jun. (1819—1905), zunächst Zeichengehilfe an der k. k. Normalschule zu Innsbruck, dann Zeichenlehrer an der Waisenhausschule und Realschulprofessor in Wiener Neustadt; Carl (1824—1889), war 1842 Privatlehrer und wurde später Professor an der Lehrerbildungsanstalt St. Anna; Anna (1828—1880); Anton (1830—1896), besuchte 1842 die „*I. Grammatical-Classe*"; (2. Ehe) Elisabeth (1831—1899), ehelichte den Lehrer Linus Geisler; Marie (1834—1852); Karoline (1837—1907), später verwitwete Seidl; Franz (1840—?); Barbara (1841—1847); nach 1842 kamen noch Moritz (1845—1848), Emma (1846—1927), später verwitwete Lichtenöcker und wiederverheiratete Prosseneg, und weitere 5 Kinder zur Welt.

Anhang: Zeugnis Joseph Drechslers für Ferdinand Schubert (Beilage zur Selbstbiographie)

Zeugniß.

Herr Ferd. Schubert, von der k.k. Regierung angestellter Lehrer an der Hauptschule im k.k. Waisen-Institute in Wien, ehehin schon ein fertiger Organist und Violin-Contertist, hat zu seiner Vervollkom̄nung in der Gesanglehre und der musikalischen Komposition bey mir zwey volle Lehrkurse mit einem solchen Eifer und Fortgange besucht, daß ich ihm mit vollem Rechte meine ganze Zufriedenheit bezeugen kann, und ihn unter die seltenen Schüler seiner Art zählen darf. Zur strengen öffentlichen Prüfung ließ ich ihn heute mit einer selbst componirten deutschen Trauermesse hier bey St. Anna auftreten, dieselbe dirigiren und zugleich dabey die Orgel spielen. Sein reiner Satz und sein bündiges Orgelspiel im Kirchenstyle, dann seine umfassende Leitung des Ganzen, rechtfertigen mein gefälltes lobwürdiges Urtheil vollkom̄en.*

Ihm, H. Ferd. Schubert, gebührt daher die Ehre, ein mit allen Ken̄tnissen ausgestatteter Chor-Director m i t V o r z u g genan̄t zu werden.

Wien, den 23. Dec. 1819

Vidi Jos. Mich. Leonhard m/p
Domsch Obaufs. d. d. Sch.

Jos. Drechsler m/p
Kapellmeister u. öffentlicher
Lehrer der Harmonie bey
St. Anna

*[Anmerkungen von Ferdinand Schubert:] *Einst gab Hr. Kapellm. Drechsler seinen Präperanden Präludien mit nach Hause, die sie abschreiben, einstudiren u. sodan̄ auf der Kirchenorgel produciren sollten. Schubert war damahls nicht in der Vorlesung. In der nächsten Lection verfügte man sich auf den Kirchen-Chor. Es spielte nun ein Präparand nach dem andern aus den selbst geschriebenen Noten die einstudirten Präludien; aber keiner entsprach vollkom̄en den Erwartungen des H. Kapellmeisters. Da fragte dieser, ob nicht noch einer da wäre, der diese Präludien spielen könne; und da meldete sich Schubert, der aber keine Noten hatte. Das fiel dem H. Kapellm. auf; er war daher begierig, zu hören, wie Schubert seine Aufgabe lösen werde. Da aber Schubert alle früheren Spieler übertraf, so machte ihm Hr. Drechsler in seinem Cataloge ein sehr vorteilhaftes Zeichen.*

Seine übrige musikalische Bildung schreibt Schubert ganz vorzüglich dem Umgang mit seinem Bruder F r a n z zu, von dem er fast täglich besucht wurde, und durch welchen er mit vielen Opern-Partituren, so wie mit den Haydn'schen u. Händl'schen u. a. Oratorien vertraut gemacht wurde.

Der mitunterzeichnete Joseph Michael Leonhard (1782—1863) war Prälat und Oberaufseher der deutschen Schulen; später wurde er Bischof von St. Pölten. — Über die Trauermesse siehe A. 36.

Clemens Höslinger

AUS DEN AUFZEICHNUNGEN DES FREIHERRN VON PRATOBEVERA

Der Name Pratobevera nimmt in der österreichischen Rechtsgeschichte einen bedeutenden Rang ein. Zwei Mitglieder dieser alten, ursprünglich aus Italien stammenden Familie haben sich als Juristen und Staatsmänner ausgezeichnete Positionen erworben. Zunächst Karl Josef Pratobevera (geboren am 17. Februar 1769 in Bielitz, gestorben am 6. Dezember 1853 in Wien) war eine Kapazität auf dem Gebiet des Justizwesens, Verfasser mehrerer juridischer Werke, Mitarbeiter am Allgemeinen Bürgerlichen Gesetzbuch, Professor an der Wiener Universität, deren Rector magnificus er im Jahre 1824 war. 1829 wurde er mit dem Prädikat „von Wiesborn" in den Ritterstand und 1838 in den Freiherrnstand erhoben.

Eine nicht minder glänzende Laufbahn erlebte sein ältester Sohn Adolf, der am 12. Juni 1806 in Bielitz zur Welt kam. Adolf v. Pratobevera, mit dessen Persönlichkeit sich die folgenden Ausführungen befassen, absolvierte an der Wiener Universität das juristische Studium und trat daraufhin in den Staatsdienst ein, wo ihm eine steil nach oben führende Karriere zuteil wurde. Im Laufe der Zeit nahm er eine Anzahl hoher Ämter und Würden ein, unter denen neben vielen anderen zu nennen sind: Landtags- und Reichstagsabgeordneter, lebenslängliches Mitglied des Herrenhauses, Bevollmächtigter Österreichs am Bundestag zu Frankfurt, Landmarschall von Niederösterreich und — als Höhepunkt seiner Laufbahn — in den Jahren 1861/62 Justizminister. Er starb als Träger vieler hoher Auszeichnungen am 16. Februar 1875 in Wien.

Abgesehen von seiner wissenschaftlichen und politischen Tätigkeit zeichnete sich Pratobevera — wie übrigens viele andere österreichische Staatsbeamte seines Zeitalters — durch reges Schaffen auf künstlerischem Gebiet aus. Er war ein geschickter Modelleur und Graphiker und trat auch als Verfasser von Gelegenheitsgedichten und Erzählungen in Erscheinung. Diese musische Liebhaberei, die er insbesondere in seinen Jugendjahren pflegte, hat zur Folge gehabt, daß sich der Name Pratobevera auch in der Musikgeschichte verewigt hat. Eine der Jugenddichtungen Adolfs wurde von Franz Schubert vertont. Es handelt sich dabei um das Melodram *Abschied von der Erde* (D 829), welches den Epilog zu Pratobeveras Theaterstück *Der Falke* darstellt.

Es scheint eine gewisse Ironie des Schicksals darin zu liegen, daß Pratobevera, der als Poet und Zeichner die höchsten Ambitionen bekundete, ausgerechnet auf dem Gebiet der Musik einen gewissen Grad von Unsterblichkeit erreichte — jener Kunst, die ihm am allerwenigsten nahestand. Einen „*unmusikalischen Musikfreund*", so bezeichnete er sich gelegentlich in seinen tagebuchartigen Aufzeichnungen. Zwar hat er in seinen Jugendjahren musikalischen Unterricht erfahren (sein Lehrer war der bekannte Komponist und Organist Johann Hugo Worzischek), doch blieb ihm zeitlebens der wirkliche Zugang zu musikalischer Kunstauffassung versagt. Diese Gegebenheit muß berücksichtigt werden, wenn man seine Äußerungen über Musik und Komponisten und vor allem über Franz Schubert beurteilt.

Im höchsten Grade musikalisch waren jedoch Adolfs Schwestern Maria, Louise, Franziska und Bertha. Besonders Franziska wurde als Sängerin gerühmt. Maria v. Pratobevera nennt sie in ihren Briefen an ihren Bräutigam Josef Bergmann „*unsere kleine Nachtigall*". Aus diesen Briefen, die Otto Erich Deutsch[1] mitteilt, erfahren wir auch näheres über Franz Schuberts Verkehr in diesem musikalischen Mädchenkreis sowie über den Vortrag von Liedern aus dem Zyklus *Die Winterreise* durch Franziska v. Pratobevera.

Ein weiterer, allerdings indirekter Beziehungspunkt zwischen Schubert und der Familie Pratobevera kam dadurch zustande, daß der Schubert-Biograph Heinrich Kreißle v. Hellborn sich mit Bertha v. Pratobevera verheiratete.

Die umfangreichen Korrespondenzen und sonstigen handschriftlichen Aufzeichnungen der Familie sind im *Nachlaß Pratobevera* enthalten, der im Haus-, Hof- und Staatsarchiv in Wien aufbewahrt wird. Diese reichhaltige Hinterlassenschaft, die nur zum geringsten Teil der Forschung bekannt geworden ist, besteht hauptsächlich aus Notizen und Erinnerungsstücken aus dem Besitz des Freiherrn Adolf v. Pratobevera. Es sind dies Tagebücher, Reisejournale, Stammbücher, autobiographische Aufzeichnungen, Exzerpte aus Büchern (sogenannte *Lesefrüchte*), kritische Beurteilungen von Büchern, Theaterstücken, dazu eine Menge von Zeichnungen, auch botanische, mineralogische, physikalische Stu-

---

[1] Otto Erich Deutsch, *Schubert. Die Dokumente seines Lebens.* Leipzig 1964.

dien. Ein höchst interessanter, für den heutigen Betrachter ungemein fesselnder Nachlaß, der über einen regen, aufnahmsfähigen und vielseitigen Geist Aufschluß gibt.

Einen kleinen Ausschnitt aus Adolf v. Pratobeveras Tagebuch-Aufzeichnungen hat Heinrich Güttenberger in seinem 1925 erschienenen Buch *Heimatfahrten von heute und gestern* veröffentlicht[2]. Leider hat sich der Verfasser einer derartig manieriert-altertümlichen Schreibweise bedient, daß dadurch viele seiner interessanten Mitteilungen kaum verwendbar sind. Zur Grundlage diente ihm ein Notizblock mit grünem Ledereinband, welches sich im Nachlaß befindet. Das Kapitel des Buches, das sich mit Pratobevera befaßt, trägt den Titel *Jung Biedermeiers Ferienfahrten 1823*. Wesentlich verständlicher drückt sich derselbe Verfasser in seinem Aufsatz *Die Maria-Enzersdorfer Bruchstücke aus dem Nachlasse Friedrich Ludwig Zacharias Werners*[3] aus, in welchem sehr aufschlußreiche Nachrichten über die Beziehungen Zacharias Werners zur Familie Pratobevera bekanntgegeben werden.

Das erwähnte „*grüne Buch*“ (geschrieben in der Zeit vom 9. August bis zum 5. November 1823) ist das älteste unter den erhaltenen Selbstzeugnissen Adolfs. Es ist zum Großteil in Maria-Enzersdorf abgefaßt worden, wo der siebzehnjährige Jusstudent seinen Ferienaufenthalt verlebte. Die Familie Pratobevera bewohnte als Sommersitz das sogenannte Edersche Haus in Maria-Enzersdorf, jene Stätte, in der auch Franz Grillparzer einen Teil seiner Jugendzeit verlebt hatte. Die völlig systemlos wirkenden Eintragungen geben ein charakteristisches Bild jener Sturm- und Drangzeit, in der sich der romantisch veranlagte Jüngling damals befand. Zacharias Werner spielt eine große Rolle in den Aufzeichnungen. Das Grab des Dichters (Werner war am 17. Jänner 1823 gestorben und auf eigenen Wunsch auf dem Maria-Enzersdorfer Ortsfriedhof begraben worden) wird besucht, der „*erbärmliche Grabstein*“ abgezeichnet. Dazwischen finden sich allerlei poetische Versuche, Karikaturen, Landschaftsstudien, eingeklebte Blüten und Blätter u. dgl. Dazu kommen auch Aufzeichnungen über Begebenheiten aus dem Familienleben, über Spiele mit Freunden und Geschwistern, zu welchen das in diesen Zeiten beliebte Haustheater gehört. Insgesamt gibt uns das „*grüne Buch*“ ein treffendes Bild erwachender Geistigkeit und jugendlicher Leidenschaft.

---

[2] HEINRICH GÜTTENBERGER, *Heimatfahrten von heute und gestern*. Wien 1925.

[3] *Jahrbuch der Österreichischen Leo-Gesellschaft*. Innsbruck—Wien—München 1925.

Von besonderem Interesse sind vor allem jene Erinnerungsstücke, die mit der Aufführung des *Falken* zusammenhängen. Der Nachlaß enthält das vollständige Textbuch des Theaterstücks sowie noch ein paar Ergänzungen (einen Prolog, ein Personenverzeichnis, eine Abschrift des Epilogs). Was die Aufführung des *Falken* mit Schuberts Musik betrifft, so teilt Kreißle v. Hellborn folgendes mit[4]: „*Endlich ist noch einer Klavierbegleitung von Schubert zu gedenken, welche sich mit der Schlußstrofe eines dramatischen Gedichts, ‚Der Falke' betitelt, zum Melodram verbindet und dasselbe zu deklamatorisch-musikalischem Abschluß bringt. Verfasser des Gedichtes ist Adolf Freiherr von Pratobevera, die Schlußworte spricht Ritter Kuno vor seinem Dahinscheiden. Schubert schrieb auf Ersuchen die Klavierbegleitung dazu, in welcher Form die Verse bei der szenischen Darstellung des Gedichts rezitiert wurden.*"

Nach Otto Erich Deutsch[5] wurde Schuberts Melodram *Abschied von der Erde* D 829 als Schluß des parodistischen Einakters *Der Falke* von Adolf v. Pratobevera am 17. Februar 1826 aufgeführt. Als Stätte der Aufführung, die anläßlich des Geburtstages des Vaters stattfand, nennt Deutsch das sogenannte Bürgerspital, ein großes Zinshaus nahe dem Kärntnertor, in welchem die Familie Pratobevera wohnte.

Dies sind die bekannten Quellen zum *Falken*, die — wie sich durch Vergleiche mit den Original-Dokumenten ergibt — in mancherlei Hinsicht korrekturbedürftig sind.

Zunächst muß darauf hingewiesen werden, daß der Titel *Abschied von der Erde* nicht authentisch ist. Weder in Schuberts Notenhandschrift, die im Archiv der Gesellschaft der Musikfreunde in Wien aufbewahrt wird, noch in Pratobeveras Schriften kommt diese Bezeichnung vor. Sie scheint erst in Friedländers Ausgabe der Schubert-Lieder auf und muß somit als fremde Zutat aufgefaßt werden.

Weiterhin ist *Der Falke* keineswegs ein parodistisches Stück, sondern eine absolut ernst gemeinte Dichtung. Bereits der Prolog kann keine Zweifel aufkommen lassen, daß dem Spiel ein feierlicher, ernster Charakter zugedacht war.

Prolog zur Aufführung des Falken
17. Febr. 1826.

Zur stillen Feier dieses schönen Abends
Sollet Ihr Lieben froh willkommen sein!

---

[4] Heinrich Kreissle von Hellborn, *Franz Schubert*. Wien 1865, 375.
[5] a. O. 346.

(an den Vater)
Vor allen, Vater, Du! sei uns gegrüßt,
Dir gilt das Spiel, Dich Schöpfer unserer Freuden.
Dich möchten gar so gerne wir erfreu'n!

Dein Sohn, der wagt es, Dir ein Bild zu bringen,
Das soll entfalten sich vor Deinem Blick.
Prüfe den Willen erst und dann die Gabe!

(an alle)
Er bittet herzlich Euch, Ihr möget nimmer
Mißdeuten ihn — er weiß es, was gebricht,
Er fühlt es tief; doch heget er den Glauben:
Was Liebe schuf, sei gänzlich wertlos nicht,
Und in dem Glauben weiht er Dir es, Vater!

Wohl mancher meinet, daß ein schmerzlich Bild
Nicht zieme zu des Festes heitrer Feier,
Doch hoffet er, daß, wenn es ihm gelungen
Im Lied zu deuten nur, was er empfand,
Nicht Schmerz verletzen werde Eure Brust.
Ein fröhlich Werk, das Euch die Lachlust regt
Kann er nicht schaffen zu so heil'ger Stunde;
Ihm dünkt es Freude, die das Aug' befeuchtet
Die stille Freude sei ein reiner' Lächeln. —

Nun, Vater, sei nachsicht'ger Liebe voll!
Wir bringen's dar mit ungeübter Kraft,
Doch, wenn Du nicht verkennst das ernste Streben,
Wenn's Dich erfreut — so wird es uns erfreu'n!

Das Bühnenstück — Pratobevera nennt es ein „*romantisches Spiel, dramatisch, lyrisch, plastisch, in einem langen Aufzug*" ist bereits im Jahr 1825 verfaßt worden, es dürfte aber aus Anlaß der Aufführung im darauffolgenden Jahr einige Änderungen erfahren haben, wie durch den etwas abweichenden Wortlaut des Epilogs bewiesen wird. Das Theaterstück *Der Falke*, das mit der gleichnamigen Novelle Giovanni Boccaccios nichts gemeinsam hat, beruht auf einer Handlung, die der Autor selbst erfunden hat. Diese Handlung nimmt folgenden Verlauf:

Der Ritter von Eicheck ist im ganzen Umkreis verhaßt, weil er ein räuberisches, tyrannisches Dasein führt. Der regierende Herzog beschließt, diesem gottlosen Treiben ein Ende zu bereiten. In einer sternenhellen Nacht läßt er das Schloß Eicheck in Brand stecken und alle Mitglieder der Familie töten.

Doch der Herr des Hauses kann unbemerkt entfliehen. Es gelingt ihm sogar, seine Tochter und deren beide Söhne mit sich zu nehmen. Seinen eigenen, über alle Maßen geliebten Sohn, sein Weib und den Schwiegersohn wähnt er erschlagen oder in den Flammen umgekommen. Der Ritter nimmt hierauf an einem Kreuzzug teil und kehrt geläutert, sanft und fromm in die Heimat wieder. Er zieht sich in eine ferne Waldgegend zurück, wo er nun unerkannt unter dem Namen Hugo als Küster ein Waldkirchlein betreut. Seine Tochter, die ihm in die Waldeinsamkeit gefolgt war, stirbt nach einiger Zeit, somit verbleiben ihm nur noch seine beiden Enkelsöhne, die in der Stille des Waldes zu mutigen Jünglingen heranreifen. Auch sein alter Knappe Kuno (genannt auch ,,*Kunz*" oder ,,*Meister Kummer*") teilt mit ihnen das Leben in der Abgeschiedenheit. Bei Buße und Gebet versucht nun Hugo, für die Sünden seiner Jugendtage Vergebung zu erflehen. Die Knaben wissen nichts von ihrer Herkunft und von den blutrünstigen Vorfällen in ,,*jener Schreckensnacht*". Nur ein altes Schwert an der Wand seiner bescheidenen Klause deutet auf die ritterliche Herkunft Hugos hin.

Die Begebenheiten, die bis nun erzählt wurden, haben sich bereits vor langer Zeit abgespielt. Der Zuseher erfährt sie erst aus dem Handlungsgang des Stückes. Bei Beginn des Spiels sieht man den greisen Küster Hugo und dessen Enkel Treuhold in der Stube beisammensitzen. Es ist bereits späte Abendzeit. Der Großvater ist besorgt, weil Ekbert, der zweite Enkel, von der Jagd noch nicht zurückgekehrt ist. Doch der treue Knappe Kuno beruhigt den Küster:

,,Habt keine Sorge, Herr, er ist ja oft
von kühner Jagd uns heil nach heim gekehrt.
Sein mut'ger Sinn hat weiter ihn gelockt
Und in der Waidlust denkt man nicht nach Haus.
's ist heller Abend, auch ein heiter' Sternenlicht.

Doch Hugos Unruhe nimmt weiter zu, er ist von dunklen Ahnungen erfüllt (,,*In jener Nacht war's auch so sternenhell* ..."). Endlich kommt der vermißte Jüngling herein. Er trägt in der Hand einen toten Jagdfalken, den er übermütig ins Zimmer wirft. Alle sind erschrocken über sein ungebärdiges Betragen, man macht ihm Vorwürfe wegen seines langen Ausbleibens, alle wollen wissen, welche Bewandtnis es mit dem erlegten Falken habe. Ekbert erzählt sein Abenteuer: im Wald herumstreifend ist er auf einen einsamen Jäger gestoßen. Der Jagdfalke in der Luft hat in ihm die Lust geweckt, einen Pfeil nach ihm abzuschießen. Ohne viel zu überlegen, tötete er den Vogel, hob ihn vom Boden auf und lief davon, den Jäger, der seine Verfolgung aufnahm und ihn mehrmals zum Verweilen aufforderte, im Wald geschickt in die Irre leitend.

Hugo ist über diesen Vorfall sehr beunruhigt. Er befürchtet einen Racheakt des Jägers und verurteilt Ekberts unbesonnenes Verhalten. Dieser wiederum bereut sogleich seine Handlung, er möchte sie — einem kleinen Parsifal ähnlich — am liebsten ungeschehen machen.

Doch der Knappe Kuno greift wiederum beruhigend ein. Er erklärt sich bereit, den Fall mit dem Jäger auszugleichen, falls dieser auf Bestrafung des Täters dringen sollte. Der Großvater, von der Aufregung, in die ihn die Vorfälle dieses Abends gesetzt haben, stark angegriffen, begibt sich zur Nachtruhe. Auch Ekbert, der nochmals wegen seiner Tat den Großvater um Verzeihung gebeten hat, zieht sich mit seinem Bruder zum Schlaf zurück.

Kuno bleibt allein im Zimmer und hält Nachtwache. Tatsächlich pocht es einige Zeit später an der Türe. Ein fremder Mann im Jagdgewand erscheint. Er berichtet in kurzen Worten, daß er sich im Wald verirrt habe. Nun bitte er für diese Nacht um Unterkunft für sich und sein Pferd. Kuno sorgt für ihn und bewirtet den Gast mit einem Mahl. Der Fremde beginnt nun etwas heiterer zu werden und berichtet von seinem Abenteuer mit dem Knaben. Kuno befürchtet eine schlimme Wendung des Gesprächs, doch alsbald stellt sich heraus, daß der Jäger an dem kecken Knaben Gefallen gefunden habe. Nur deshalb sei er ihm nachgeeilt, um ihn zu sich, auf sein Schloß als Knappen zu nehmen. Kuno, dem diese Geschichte sehr merkwürdig vorkommt, geht davon, um seinen Herrn zu wecken.

Der Jäger bleibt nun allein im Zimmer und erblickt das alte Schwert an der Wand. „*Da ist das Wappen*", ruft er aus, „*Gott, der Eicheck Wappen!*"

Der alte Küster erscheint — es gibt ein plötzliches Erkennen, Vater und Sohn liegen einander in den Armen. Rasch klären sich die Wirrnisse auf. In jener Schreckensnacht konnte auch Robert, des Ritters Sohn, entfliehen. Auch er war längere Zeit in der Fremde herumgezogen, doch kehrte er schließlich an den Ort seiner Herkunft zurück. Mittlerweile haben sich wichtige Veränderungen eingestellt. Der Herzog, von Reue über seine grausame Tat gepackt, hat Schloß Eicheck neu aufbauen lassen. Robert, der vermeintlich einzige lebende Sproß der Familie, wurde als neuer Herr eingesetzt. Alle früheren Begebenheiten sind vergeben und vergessen, Burg Eicheck steht in alter Pracht und Blüte wieder da.

Ritter Robert legt seinem Vater, dem rechtmäßigen Herrn, die Herrschaft zu Füßen, doch der Alte, der seine Kräfte schwinden fühlt, kann nur mehr ein letztes Lebewohl an die versammelte Familienrunde richten. Mittlerweile erscheint auch Mechthild, Roberts Weib, die ihren Gatten im Wald suchen gegangen war und nun hier in der einsamen Hütte mit ihm zusammentrifft.

Es bildet sich eine romantische Schlußgruppe, alle sind um den sterbenden Greis versammelt. („*Dem Herrn dort oben Dank, daß du den Falken schoßt'!*").
Der Schluß der Version von 1825 lautet folgendermaßen:

Hugo (nach und nach immer matter) Ach, Robert, weine nicht!
Versteh' mein Leben und — (weich) versteh' den Tod.
Du wußtest früh, (schmerzlich) was ich erst spät gelernt.
Muß dich nach schnellem Finden — rasch verlassen.
Doch 's ist so gut — du fester, treuer Kunz,
Will's Gott, wir sehen bald uns dorten wieder.
Betet, ihr Enkeln — habt da einen Vater
Und eine Mutter da — denk' an den Falken, Ekbert!
Du, Treuhold, bleibe treu! (betend) Mein Gott, noch
Dank auf Erden!
Du gibst doch jedem Schmerz auch seine Tröstung —
Das Knäblein hat — die Mutter sanft gehütet!
Im Lebens-Sturm hatt' ich ein treues Weib
Zur Duldungszeit war mir die Tochter nah
(zu Kunz) Und Treu' und Liebe hat mich oft ergriffen. —
Und jetzt schickst du in meiner letzten Stunde
Noch Sohn und Engel — habe Dank, du Vater —
(verklärt) So — so — (zu Mechthild) Jetzt, Liebe, wollt'

mich segnen —
Ich bin gerüstet zu der weiten Reise
O führt mich — seht, 's ist schöner, heller Tag
Gut Wetter! — wohl, lebt wohl — ihr Treuen!
Folget glücklich nach — o singt ein — Pilgerlied —
Robert stürzt erschüttert vor ihm nieder.
Mechthildis (singt, währenddem entschlummert Hugo)
Leb' wohl du schöne Erde
Kann dich erst jetzt verstehn,
Wo Freude und wo Kummer
An uns vorüber wehn!

Leb' wohl, du Meister Kummer
Dank' dir mit nassem Blick,
Mit mir nehm' ich die Freude
Dich — lass' ich hier zurück.

Sei nun ein milder Lehrer,
Führ' alle hin zu Gott,
Zeig' in den trübsten Nächten
Ein Streiflein Morgenrot!

Lasse die Liebe ahnen —
So danken sie dir doch,
Der früher und der später
Sie danken weinen doch!

Robert (über der Leiche ihr die Hand reichend) Ich — verstehe — Danke, danke dir.
(beugt sich wieder über die Leiche)
Ekbert und Treuhold (zu ihr) O Mutter!
Kuno (heftig bewegt) Ach edle Frau — ihr habt so wahr gesungen —
Ich grabe dem sein Grab und mein's daneben.
Da legt mich Meister Kummer dann hinein
Ich danke ihm — und nehm' die Freude mit! —
Mechthild (singt) Dann glänzt das Leben heiter,
Es lächelt jeder Schmerz
Die Freude mild umfanget
Das ruh'ge klare Herz!

In der Fassung, die 1826 mit Schuberts Begleitmusik zur Aufführung kam, fehlen die Worte Kunos und der anderen Personen.

Wie aus dieser skizzenhaften Wiedergabe erkenntlich ist, handelt es sich bei Pratobeveras *Falken* um ein typisches Produkt trivial-romantischer Poesie. Nicht ungeschickt im Aufbau, doch streckenweise unlogisch, voll sprachlicher Unbeholfenheiten, als Ganzes rührselig und konventionell. Man täte Pratobevera wohl zuviel Ehre an, wenn man in ihm ein bedeutendes dichterisches Talent sähe. Seine Begabung, die bestimmt nicht gering war, reichte über eine gewisse Durchnittlichkeit nicht hinaus. Bezeichnend, daß er trotz unbezweifelbarer Möglichkeiten höherer Protektion nur selten Gelegenheit fand, mit seinen Dichtungen an die Öffentlichkeit zu dringen. Eine einzige Erzählung erschien in Druck: *Die gute Frau* in der *Wiener Zeitschrift für Kunst, Literatur, Theater und Mode* vom 19. April 1834, und auch diese nur unter einem Decknamen (Friedrich Victor). Ein 1832 verfaßtes Schauspiel versuchte er am Burgtheater unterzubringen, doch erhielt er von Johann Ludwig Deinhardstein darüber ein „*verbindliches aber ablehnendes Urteil*".

Pratobevera war sich übrigens selbst über die Grenzen seines künstlerischen Talents völlig im klaren. An seinem dreißigsten Geburtstag hält er eine Art Rückschau über die dichterischen Versuche und Bestrebungen seiner Jünglingsjahre und gelangt schließlich zu der Erkenntnis, daß es ihm an „*genialer Energie*" gemangelt habe, so daß er „*nirgends außer am Amtssessel mit durchdringender, unwiderstehlicher Kraft vorwärtsschritt*". Über seine Dichtungen, die eigentlich nur im engeren Familienkreis Beachtung und Beifall fanden, äußert er sich mit heiterer Geringschätzung. „*Heißt das nicht, das Licht unter den Scheffel stellen? Ach nein, ich glaube, es heißt nur, sich und andre schonen.*"

In späteren Jahren, als er bereits hohe Ämter im Staatsdienst erklommen hatte, ließ Adolf v. Pratobevera ab und zu Gedichtbände mit satirischem Einschlag erscheinen, die bei den Kennern der politischen Szene großen Anklang fanden.

Wenn Pratobevera auch selbst kein Künstler war, so mag für uns doch sein künstlerisches Credo interessant sein, welches in vielen Eintragungen seiner Tagebuchblätter klar zutage tritt. Sehr merkwürdig sind seine Äußerungen zum Thema Musik. Ähnlich wie ihm in der Literatur Goethe über alles andere steht, bedeutet ihm Beethoven in der Musik den absoluten Gipfel. Eine Eintragung aus dem Jahre 1835, die sich auf *Fidelio* bezieht, lautet folgendermaßen: „*... können Töne tiefer den Grund der Seele aufwühlen als diese es tun? ... Ich bin leider kein Musikus, aber wenn ein solcher im Verhältnis stärkeren Genuß u. tieferes Mitempfinden für Töne hat, so begreife ich nicht, wie er nicht rein toll und wahnsinnig vom Jubel wird, bei dem Aufjauchzen, der Glut, dem Meer der Freude, welches in dem Erkennungsduette Florestan u. Leonorens schon den Laien überflutet! Wahrlich ein solcher Tonsetzer wie Beethoven ist ein allmächtiger Zauberer, u. welcher Künstler kann es wagen zu behaupten, daß er sein Publikum so unwiderstehlich dorthin reißen kann, wohin er es will. Der Dichter wird so oft mißverstanden, kann man aber solche Töne mißverstehen?*"

Der Besuch der Concerts spirituels mit Werken von Mozart, Beethoven, Cherubini, Vogler u. a. im Jahre 1833 verleitet Adolf v. Pratobevera zu einem längeren musikalischen Exkurs:

„Ich glaube, solche Musik kann man an keinem Orte der Welt besser hören als in Wien, wo die Zahl der Musiker, Virtuosen, Dilettanten, Meister, Schüler, Kenner u. Liebhaber ins Unendliche steigt u. man fast mehr bemerkbar wird, wenn man (wie ich leider, ungeachtet ein Worcziczek mein Meister war) gar kein Instrument zu behandeln weiß. Auch meine Kennerschaft ist eigentlich nur die eines Mannes mit gesunden Hörorganen und warmem Herzen, u. wenngleich Musik die niedrigste, d. h. allgemeinste (in gewissem Sinn darum höchste) Kunst genannt wird, ist jene Ausstattung doch zum hohen Genuß zu arm. Allein, wenn damit die Liebe an Musik u. die Gewohnheit, viel zu hören u. doch hie und da zu behalten sich vereint, so erfreue ich mich dabei eines ganz unbefangenen, durch keine immer enge Kritik oder vorgefaßte Meinung gestörten Genusses der augenblicklichen Einwirkung riesiger Tonwerke. Selbst ich Laie fühle beim Vortrag mancher Klassiker die großartige Heiterkeit u. Einfachheit oft bei brausender Verkettung der Töne, kann die Melodie im Faltenwurfe der Harmonie, die göttliche Nacktheit der schöngekleideten Gestalt verfolgen u. erkennen. Was müssen erst Kenner u. die Generalbassisten empfinden? Selbst ich fühle den Abstand so vieler Neuen u. vergleiche ihn nach meinem Sinn mit klassischen u. anderen Dichtern. Es hat mich neulich wirklich gefreut, — so hängen wir einmal an Autoritäten, — von einem tüchtigen, geehrten Musikkenner mein nur privatissime u. höchst schüchtern vor wütenden Verehrern geäußertes Urteil über den verst. Compositeur Schubert bestätigt zu hören. Wenige seiner zahlreichen Lieder haben mich begeistert, manche sind sehr schön — doch manche konnten mich nie ansprechen — ja widerten mich fast wegen der furchtbaren Sentimentalität (so z. B. Winterreise, Die gefrornen Tränen etc.) an. — Mir kommen viele derlei neuere Kompositionen vor wie die Produkte der deutschen Mystiker, der Schule der Schlegel, Tieck, Novalis etc., freilich auch wie da, nach der Beschaffenheit des oft gigantischen Genius, besonders in den Nachäffern unendlich abgestuft.

Z. Werner verglich schon immer Goethe mit Mozart, trefflich, Schiller mit Jos. Haydn dürfte weniger passen, sich mit Beethoven. Allein ungeachtet Werners großer Anlagen würde ich Beethovens gewaltigen Genius dem einzigen Jean Paul vergleichen. Tief u. mild wie ein Gott, höhnend u. spottend wie ein Teufel, fröhlich wie ein Kind.“

Mögen uns auch manche der Ansichten, die sich in den verstreuten Notizen vorfinden, befremden, ja sogar unverständlich erscheinen, so muß dabei in Betracht gezogen werden, daß es sich hier um ganz intime Äußerungen, um aufrichtig dargelegte Meinungen handelt. Als Urteile und Aspekte eines hochgebildeten Mannes, der — wenngleich auch nur als Randerscheinung — zum Lebensbereich Franz Schuberts gehört, müssen sie für uns ebensolche Bedeutung haben wie die vielen anderen mehr oder minder wohlwollenden Stimmen, die von den Zeitgenossen zu Schuberts Schaffen abgegeben wurden.

Zuletzt soll hier nochmals auf jenes Werk zurückgekommen werden, welches den Namen Pratobevera mit Franz Schubert verbindet, nämlich auf den Epilog zum *Falken*. Diese wenigen, schlichten Verse sind zweifellos das beste, was Adolf v. Pratobevera in seinem Leben gedichtet hat, in ihnen wird etwas wach, was in seinen sonstigen dichterischen Versuchen meistens fehlt, nämlich Wärme, Ausdruckskraft, poetische Sprache.

Schuberts Begleitmusik zu diesen Worten wird von allen Kennern mit Recht als Juwel in der gesamten Gattung des Melodrams angesehen. Eine bemerkenswerte Eigenart dieser Komposition besteht darin, daß auch hier der Liedcharakter vorherrschend ist, daß sich — wenngleich nicht immer wahrnehmbar und durch umrankende Figuren verdeckt — ganz deutlich eine wehmütige, den Worten angepaßte Liedmelodie erkennen läßt. Das kurze F-Dur-Stück ist alles eher als ein Gelegenheitswerk, es muß vielmehr den Schöpfungen aus reifster Meisterzeit zugezählt werden. Abgesehen vom melodischen und harmonischen Gehalt besitzt das Melodram einen ganz eigentümlichen, den Worten entsprechenden transzendentalen Charakter.

Leopold M. Kantner

FRANZ SCHUBERTS KIRCHENMUSIK AUF DEM HINTERGRUND STILISTISCHER ZUSAMMENHÄNGE UND PERSÖNLICHER EINSTELLUNG

Interpretationen setzen dort ein, wo unmittelbare Belege nicht hinreichen. Das Fehlen unmißverständlicher Zeugnisse stellt aber an die Interpretation die Anforderung eines breiten Spektrums der Erfahrung, soll nicht der Eindruck entstehen, eine vorgefaßte Meinung möchte lediglich untermauert werden. — Über Schuberts Kirchenmusik gibt es nicht wenige Interpretationen; eine weitere hinzuzufügen erscheint ganz und gar nicht überflüssig, da die genannte Weite des Spektrums der Wahrheitsfindung nur dienlich sein kann.

I.

Auf die Stilperiode des musikalischen Spätbarock und Rokoko erfolgte als Reaktion eine zweifache stilistische Entwicklung: Klassik und Klassizistik bemühten sich um monumentale Einfachheit mit dezenter Dosierung des Ornaments, die von Rousseau her datierende Singspielmentalität suchte die Einfachheit nicht im Monumentalen, sondern im Volkstümlichen (dieses gelegentlich mit dem Trivialen verwechselnd). In beiden Fällen wurde jedoch keineswegs auf die Errungenschaften der vorhergehenden Stilperiode verzichtet, sie wurden lediglich funktionell der neuen Mentalität unterworfen (etwa hinsichtlich der weit über das Ornamentale hinausgehenden Rolle, welche Koloraturen in der *Nelsonmesse* Joseph Haydns spielen). Im österreichischen Raum wurde diese stilistische Entwicklung auf dem Sektor der musica sacra noch um eine religiös-geistesgeschichtliche Komponente angereichert, in Gestalt des Josephinismus, welcher mit sektiererischer Hektik nicht nur die Ornamentfreudigkeit des Barock und Rokoko bekämpfte, sondern auch, und überhaupt, jegliches Erleben, jegliche Gemütswerte im Religiösen ausschloß (Verbot der Prozessionen, der Weihnachtskrippen, Einschränkung der Kirchenmusik durch Vorschriften, welchen ein nahezu merkantilischer Utilitarismus zugrunde lag). Das österreichische Volk reagierte auf diese Beraubung um religiöse Gemütswerte in einer für heutige Begriffe unerwartet heftigen Art[1]. Auf

---

[1] Hans Jancik, *Michael Haydn*. Wien 1952, 159ff., 165ff.

derselben rationalistischen Linie lag die Forcierung landessprachlicher Kirchenmusik, die nichts weniger intendierte, als Gemütswerte zu vermitteln, vielmehr in trocken-didaktischer Art gesungene Katechismusstunden auf der Grundlage des artifiziellen Volksliedes à la Rousseau darstellte. (Außer Wien war im österreichischen Raum ganz besonders das Salzburg Colloredos Vorort dieser rationalistischen Schwärmerei.) Kaum hatte dieser Druck des Josephinismus unter Leopold II. und dann besonders unter Franz II. nachgelassen, erfolgte, stilgeschichtlich gesehen, die Reaktion mit der doppelten Konsequenz: einerseits bahnten sich die für den alpin-romanisch-slawisch geprägten Österreicher signifikante Freude an festlichem Prunk, das Bedürfnis des gemütvollen Erlebens ihren Weg und wurden darüber hinaus in einem Nachholbedürfnis bis zu einem gewissen Grad akzentuiert, andererseits bedeutete dies keineswegs eine Rückkehr zum Barock, vielmehr wirkte das Ideal klassischer Einfachheit und Volkstümlichkeit nun sogar überzeugender, weil unbefohlen, nach. Damit nun schlug die Geburtsstunde des musikalischen Biedermeier, speziell in der Kirchenmusik. Wie bei anderen Stilperioden ist es allerdings auch beim Biedermeier nicht angängig, mit einem Werk oder gar einem Komponisten das Einsetzen dieses Stiles zu datieren, es gilt hingegen, die Ansätze und Mischformen zu erkennen, um die reineren Erscheinungsformen in der Folge festzustellen. Michael Haydn, der, mehr als sein Bruder Joseph und mehr als Mozart, noch dem Barock rückverbunden war, ist zugleich derjenige, welcher in seiner letzten Periode nach vornehin über die beiden genannten hinausgegriffen hat (nicht allerdings in seiner deutschsprachigen Kirchenmusik, welche, durchaus im Sinne Colloredos, rationalistisch und keineswegs volkstümlich war, soweit sie nicht überhaupt nur Arrangements darstellte): waren Werke wie etwa die *Hieronymusmesse* und die *Aloisiusmesse* durchaus noch dem Geiste des Rokoko verpflichtet (mit den für diese Periode M. Haydns bezeichnenden lebhaften Basso continuo-Figuren), so atmen die Werke ab der *Rupertimesse*, ganz besonders dann die Werke um die Jahrhundertwende eine völlig neue Mentalität: liedhafte Sätze von volkstümlicher Lyrik, Einfachheit der Form (*Te Deum* von 1803, *Leopoldimesse* 1806, das Offertorium „*Anima mea*", sowie ein *Libera* und *Salve Regina*). Volkstümlich-liedhaft auf hohem künstlerischen Niveau allerdings waren ja auch die *Gloria*-Initien seines Bruders Joseph in dessen letzten Messen in zunehmendem Ausmaß[2]. Die Entwicklung von der *Nelsonmesse* über die *Schöpfungs-*

[2] Leopold Nowak, *Joseph Haydn*. Wien 1959, 440.

messe zur *Harmoniemesse* („*qui propter nos homines*“) bezeichnet zugleich den Weg zum Stil des Biedermeier hin. Bei Mozart liegen Ansätze sogar noch früher: die piano-Schlüsse der beiden Lauretanischen Litaneien KV 109 und 195 kontrastieren zum Zeitstil erheblich, die Liedhaftigkeit des Graduale „*Sancta Maria*“ KV 273 und des Offertoriums „*Alma Dei Creatoris*“ KV 277 sind im Grunde weder im Rokoko noch in der Klassik beheimatet. (Für das „*Sancta Maria*“ hat bereits Paumgartner[3] einen volkstümlichen Zug festgestellt.) Handelt es sich bei diesen Werken um Ansätze zum kirchenmusikalischen Biedermeier, so stellt die Nachfolgegeneration die eigentlichen Vertreter dieses Stiles: zwar sind die Mozart-Schüler Hummel und Süßmayr noch in klassizistischen Partien einem gewissen Hang zu (reduzierter) Monumentalität verpflichtet, doch bleibt dieser Zug auch später, etwa bei Diabelli, bestehen für jene Stellen, welche vom Text her mit Liedhaftigkeit und Lyrik schlecht auszudrücken wären, wie in den Meßtexten das „*qui tollis*“ des *Gloria* (Hummel in seiner D-Dur-Messe hilft sich mit Chor-Unisono h-moll), gelegentlich auch *Sanctus* und das *Gloria*-Initium (Hummel B-Dur-Messe). Auch werden die von der Klassik und dem Barock her fixierten all'antico-Stellen („*Cum sancto spiritu*“ etc.) respektiert. Die grundlegende Geisteshaltung aber findet von nun an ihren Niederschlag in volkstümlicher Liedhaftigkeit („*Hosanna*“ der B-Dur-Messe Hummels) und lyrischer Empfindungsseligkeit, die allerdings grundverschieden ist vom persönlichen Bekenntnischarakter der späteren Romantik. Die genannte volkstümliche Liedhaftigkeit führte bereits bei Hummel und später dann ganz deutlich bei Diabelli und seinen Zeitgenossen zur Ausformung eines Melodietypus: der zunächst als alpines Pastoralmotiv modifizierte Quartsextakkord wurde in Verbindung mit Tonwiederholung zum schier unerschöpflichen Quell biedermeierlicher Melodiebildung.

Nicht weniger als Mozarts Schüler weisen Michael Haydns Schüler eine überraschend parallele Stilentwicklung auf: Carl Maria v. Webers *Jubelmesse*, seine *Freischützmesse*, nicht in gleichem Ausmaß der Klassizist Sigismund Neukomm, aber um so paradigmatischer Anton Diabelli. (Die Münchener Schule M. Haydns bis Ett und Aiblinger folgt derselben Entwicklung.) Das Textprogramm weist auf die soziologische Verlagerung der Kirchenmusik aus dem klerikalen in den bürgerlichen Raum hin: Das Hauptgewicht liegt in Vertonungen des Meßtextes, des

[3] Bernhard Paumgartner, Vorwort zur Philharmonia Taschenpartitur Nr. 54.

Ordinariums und des Propriums (M. Haydns Erbschaft!) sowie in den volkstümlichen Piecen der Nachmittagsandachten: Litaneien, *Tantum ergo*. Kaum Bedeutung kommt den Vespervertonungen, Psalmen etc., zu. Daß bei den Meßvertonungen *Requiem* kaum aufscheinen (dieses Sujet blieb den Klassizisten überlassen), um so mehr aber die Pastoralmesse beliebt wurde, ist von der Grundstimmung her eigentlich folgerichtig: gerade die weihnachtliche Stimmung ist ja besonders geeignet, dem Bedürfnis nach beschaulicher Ruhe in der religiösen Empfindungswelt entgegenzukommen: der reuige Sünder mit seinem schlechten Gewissen, die Seele vor dem Richterstuhle Gottes, die Not des gequälten Menschen waren nicht das bevorzugte Sujet des Biedermeierkomponisten, äußerstenfalls die wehmutsvolle Lyrik der Ölbergandacht (Kaspar Ett schuf eine solche). Die Pastoralmusik jedoch wurde zum Eldorado kirchenmusikalischen Biedermeiers: kaum ein Komponist dieser Zeit, der nicht, expressive oder inclusive („*Dona nobis*" der B-Dur-Messe und *Kyrie* der F-Dur-Messe Franz Schuberts), diesem Genre Tribut zollte. Freilich wurde aus der neapolitanischen *Messa pastorale*, die gelegentlich (Zingarelli) recht mechanistisch mit Pastoralmotiven operiert, auf dem Weg über Voglers *Missa pastoritia*, welche auch noch den Jahrmarktsrummel neapolitanischer Krippen spiegelt, im alpin-österreichischen Bereich durch die Akzentuierung des Gemütvollen eine neue species der Pastoralmesse: eben die des Biedermeier. Vorgebildet wiederum in M. Haydns *Leopoldimesse*, sind die Hauptwerke die Pastoralmessen Diabellis, Ferdinand Schuberts, Conradin Kreutzers (der ja stilistisch dem Wiener Biedermeier zuzurechnen ist), Johann Baptist Schiedermayrs, Robert Führers, Peter von Lindpaintners, Ludwig Rotters. — Gerade die volkstümliche Komponente des Stiles brachte es aber mit sich, daß in der ersten, und vielfach auch in der zweiten Hälfte des 19. Jahrhunderts nahezu jede Kirche ihren „Biedermeierkomponisten" besaß, was nicht ohne Konsequenzen auf das qualitative Gefälle der Erzeugnisse bleiben konnte: wenngleich die bei Lotter, Augsburg, in der Mitte des 18. Jahrhunderts verlegten Land- oder „Rural"-Messen (Marian Königsperger, Nonnosus Madlseder) bei weitem unter dem Niveau der Landmessen des 19. Jahrhunderts lagen, so bleibt doch die nüchterne Feststellung nicht erspart, daß der Biedermeierstil, zum mindesten in der Kirchenmusik, einen qualitativen Schwund fast begünstigte. Tatsächlich sind die bisher genannten Meister zwar durchaus (mit Einschränkung hinsichtlich Schiedermayrs) Komponisten von achtbarem Format, aber doch wohl nicht säkulare Persönlichkeiten; unbestritten jedoch zählt zu letzteren jener Komponist, der stilistisch bis dato

Streitobjekt geblieben ist, dessen Kirchenmusik aber ihrer Grundhaltung nach zum großen Teil dem Biedermeier zugerechnet werden kann: Franz Schubert.

Ein Vergleich mit den Werken Kreutzers, Hummels, Diabellis und anderer bereits genannter ergibt, daß Schuberts Kirchenmusik zwar sicher unleugbar in der Qualität, keineswegs aber im Stil von seinen Biedermeier-Zeitgenossen differiert. Gilt dies im besonderen für die Messen 1—4, für das Männerchor-*Salve Regina*, für das Offertorium „*Intende voci*“ (eine der letzten Kompositionen Schuberts), so könnten hinsichtlich der Messen in Es-Dur und As-Dur gewisse Einschränkungen geltend gemacht werden: tatsächlich kommt hier vielfach ein sehr persönlicher Bekenntnischarakter zum Tragen, der seiner Natur nach dem Wesen der Romantik mehr zugehört als dem Biedermeier. Doch auch hier bleibt die Melodik weitgehend dem Biedermeierstil verhaftet, etwa das „*Hosanna*“ der As-Dur-Messe, in seiner Jagdmotivik zwischen *Freischütz* und *Nachtlager von Granada* stehend, oder auch, und ganz dezidiert, das „*Et incarnatus*“ der Es-Dur-Messe, thematisch der *Zauberharfen*-Ouverture entnommen, der Typik entsprechend zur Gattung der Pastoralmusik zu zählen. Schuberts liedhafte Melodik weist in seiner Kirchenmusik ganz andere Färbung auf als in seinem Liedschaffen: der Grund hiefür dürfte darin zu sehen sein, daß sein Lehrer Salieri in der Kirchenmusik ebenso wie die genannten Haydn und Mozart bereits Vorahnungen biedermeierlicher Musik erkennen läßt[4].

Schuberts Kirchenmusik stellt aber auch das Bindeglied zu einem weiteren Kapitel biedermeierlicher Kirchenmusik dar, den Kirchenliedern: was Michael Haydn nicht gelungen ist, da er im Rationalismus Colloredos Schranken fand, gelang Schubert fehlerlos in seinen *Gesängen zur Feier des Hl. Opfers der Messe*: volkstümlich zu sein, ohne in Trivialität abzugleiten. Mit Schubert wurde im katholischen deutschen Kirchenlied die Sterilität der Aufklärungskirchenlieder überwunden, das Kirchenlied des Biedermeier auf hohes Niveau gestellt. Auch das Lied „*Stille Nacht*“ hat ja einen der zahllosen Stadt- und Land-Biedermeierkirchenmusiker zum Vater, Franz Gruber. Es mag einer der sogenannten Zufälle sein, daß Metternich am 25. Dezember 1818, also am Tag der Uraufführung dieses Liedes in einer bescheidenen Dorfkirche, in einem Brief an die Gräfin de Lieven notierte: „*Gemüth, ce premier don du*

---

[4] LEOPOLD KANTNER, *Leben und Kirchenmusik von Anton Diabelli*. Mschr. Diss. Wien 1958, 415.

Créateur, ce premier principe de toute vie morale"[5]. Metternich als Philosoph des Biedermeier? Immerhin kann festgestellt werden, daß die Mentalität des Biedermeier in der Hofburg in Wien ebenso wie in Oberndorf an der Salzach wirksam war.

Sind, wie zu sehen war, die Wurzeln des kirchenmusikalischen Biedermeier noch im 18. Jahrhundert zu finden, so lebt andererseits dieser Stil erstaunlich lang fort: Passagen, wie etwa das Kopfthema im *Credo* der f-Moll-Messe Bruckners, speziell in der Variierung als „*Et vitam venturi*", führen schließlich zum „*Hosanna*" der A-Dur-Messe Joseph Messners, beide Themen gründen aber schließlich in den Typen, wie sie Hummel und Diabelli ausgeformt haben. Das kirchenmusikalische Biedermeier hat also eine deutliche Parallele in der Malerei des Biedermeier, welche ja auch bis ins 20. Jahrhundert hineinreichte. Aber ebenso wie hier brachte dieses Fortleben einen bedenklichen Qualitätsschwund mit sich: das anspruchslose Dorfbiedermeier eines Regens chori hielt sich am längsten. Immerhin sind aus der zweiten Biedermeiergeneration P. Peter Singer in Salzburg, Horak und Kristinus in Wien durchaus noch künstlerisch akzeptabel. Auf der höheren Qualitätsebene wurde das Biedermeier von einer Strömung abgelöst, welche zwar von gleichen Ansatzpunkten kam (Reaktionen auf den Rationalismus und auch auf den Klassizismus), aber auf anderen Wegen neuen Boden fand: der Romantik in ihrer absolut persönlich-subjektiv empfindenden Vorliebe für Konfliktsituationen, die im Gegensatz zum Biedermeier dramatisches Material lieferten. Nun war der *Zerrissene* (Nestroy hat aus Biedermeierperspektive diesen Typus karikiert), der Gottsuchende, von Gewissensbissen und Glaubenszweifeln, von Todesangst heimgesuchte Mensch Gegenstand künstlerischer Aussage, auch in der Kirchenmusik. Aber ist es nicht auffallend, daß, von der überragenden Persönlichkeit Anton Bruckners abgesehen, im österreichischen Raum kaum von einer Kirchenmusik der Romantik gesprochen werden kann? (Auch das *Deutsche Requiem* von Brahms ist nicht eindeutig romantisch auf Grund seiner unverkennbar klassizistischen Züge.) Sicherlich ist das Biedermeier nicht auf Österreich beschränkt[6], doch handelt es sich um einen Stil, der dem homo austriacus[7] in ganz besonderer Weise adäquat ist, und das nicht nur in der Kirchenmusik, aber wohl ganz besonders hier.

---

[5] ARTHUR BREYCHA-VAUTHIER, *Maximen des Fürsten Metternich*. Graz 1962, 36.

[6] LEOPOLD KANTNER, Biedermeier als musikalischer Stilbegriff? *Musicologica Austriaca* 2 (1978, im Druck).

[7] ALFRED EINSTEIN, *Schubert. Ein musikalisches Porträt*. Zürich 1952, 73.

II.

Schuberts religiöse Einstellung läßt deutlich die Berechtigung der eingangs an die Interpretation gestellten Forderungen erkennen: bei vorläufig — leider — noch immer unveränderter Quellenlage differieren die Ergebnisse beträchtlich: Otto Wissig[8], Alfred Einstein[9], Walther Vetter[10], Leopold Nowak[11], um einige mit der Thematik Befaßte zu nennen, kommen zu sehr verschiedenen Ergebnissen. Dabei ist unerschöpflicher Kristallisationspunkt der Interpretation die lakunose Behandlung der liturgischen Texte durch Schubert, im besonderen das Fehlen der Passage *„et in unam sanctam catholicam et apostolicam ecclesiam“* in sämtlichen seiner Messen. Während für Vetter[12] hiemit der (willkommene) Anlaß gegeben ist, Schuberts Katholizität zu relativieren, schlägt Einstein[13] eine Erklärung vor, die vielleicht durch systematische Untersuchung aller Messen, welche Schubert während seiner Konviktzeit gesungen hat, erhärtet werden könnte: ein textlich eben unvollständiges Muster, nach welchem Schubert komponiert habe. Doch auch für den hypothetischen Komponisten der als Modell genommenen Meßvertonung dürften nichts weniger als ideologische Gründe maßgebend gewesen sein: es darf nicht übersehen werden, daß in der zweiten Hälfte des 18. und ersten Hälfte des 19. Jahrhunderts textlich vollständig korrekte Meßkompositionen nicht den Normalfall darstellten; nicht einmal Michael Haydn, den Jancik als Muster korrekter Textbehandlung rühmt[14], hat in seinen frühen Messen (*Gabriels-* und *Raphaelsmesse*) den vollständigen Text vertont. Speziell bei Schuberts Messen müßten dann wohl auch die übrigen Textauslassungen als bewußt interpretiert werden, was bei der Textverkürzung: *„et in remissionem peccatorum — mortuorum“* bedeuten würde, daß Schubert nicht an ein Fortleben nach dem Tode glaubte, da die Passage *„et exspecto resurrectionem“* in der G-Dur- und Es-Dur-Messe fehlt, was wiederum mit dem übriggebliebenen: *„remissionem peccatorum mortuorum“* in Widerspruch stünde. Ein bis dato übersehenes Argument gegen eine ideologische Interpretation der Auslassungen stellt auch die Toleranz dar, mit welcher die Zeitgenossen

[8] OTTO WISSIG, *Franz Schuberts Messen.* Leipzig 1909.

[9] A. EINSTEIN a. O.

[10] WALTHER VETTER, *Der Klassiker Schubert.* Leipzig 1953.

[11] LEOPOLD NOWAK, Franz Schuberts Kirchenmusik. *Bericht über den internationalen Kongreß für Schubertforschung. Wien 1928.* Augsburg 1929.

[12] W. VETTER a. O. 1, 186.

[13] A. EINSTEIN a. O. 70.

[14] H. JANCIK a. O. 21.

diese akzeptierten: wäre tatsächlich ein Prinzip hinter den Textverkürzungen gestanden, dann hätten Michael Holzer bzw. Antonio Salieri den Siebzehnjährigen gewiß zur Komplettierung des Textes veranlaßt, schon um nicht Schwierigkeiten mit den Behörden zu bekommen. Tatsächlich war es ja erst der Caecilianismus der zweiten Hälfte des 19. Jahrhunderts, welcher an der Textverstümmelung Anstoß nahm; für die Jünger Franz Xaver Witts aber war schon die Abänderung des „*Dona nobis pacem*" in „*da Pacem*" ein schwerer liturgischer Verstoß!

Was die biographischen Daten, insbesondere aus Schuberts Jugendzeit, betrifft, so ist zweifellos ein gewisser Antiklerikalismus, der gelegentlich auch zu einer Glaubenskrisis führen konnte, anzunehmen. Aber was besagt das schon? Leopold Mozart ist ein Beispiel, wie strenggläubige Frömmigkeit und Antiklerikalismus durchaus kein Widerspruch sein müssen, und jeder Seelsorger weiß aus Erfahrung, daß junge Menschen, welche im Pubertätsalter geistlichen Vorgesetzten unterstellt sind, in dem Ausmaß zu einem gewissen Antiklerikalismus inklinieren, als sie selbst starke, die geistlichen Vorgesetzten aber gelegentlich mangelhafte Persönlichkeiten sind. — Die Eigenart Schuberts, wie sie sich uns aus seinen Aufzeichnungen und aus den Beobachtungen seiner Freunde mitteilt, macht auch einen Einfluß der Mentalität seiner Freunde und Kameraden auf seine eigene durchaus denkbar, ohne daß er deshalb etwa Bauernfelds Grundsätze als ganzes übernommen hätte.

Somit kann die Biographie bis zur Entdeckung weiterer Hinweise für Schuberts Frömmigkeit als Katholik weder Positives noch Negatives gesichert beisteuern. Redewendungen wie „*unkatholisch*" oder „*überkatholisch*" fußen da wohl auf schwankendem Grund[15].

Will man aber Schuberts Werke als Kriterium seiner Frömmigkeit heranziehen, so müssen zunächst zwei Vorbehalte ausgesprochen werden: 1) Der eingangs skizzierte Zeitstil des musikalischen Biedermeier kann nicht a priori zur religiösen Überzeugung Schuberts gestempelt werden; 2) der Theaterinstinkt, der den Komponisten das musikalisch Wirksame finden läßt, darf nicht eo ipso mit religiöser Ergriffenheit erklärt werden. Doch fordern beide Vorbehalte wiederum auch eine Replik: ad 1) Wenn Schubert in seiner persönlichen Einstellung nicht Ansatzpunkte der genannten Biedermeier-Mentalität gehabt hätte, so wäre gerade dieser stilistische Ausdruck für ihn unvollziehbar gewesen (wie das Beispiel Beethovens zeigt, der zu dieser Mentalität keine

[15] W. VETTER a. O. 1, 193.

Verbindung hatte); ad 2) wenn Schubert die Dramatik eines „*Domine Deus*" und eines „*crucifixus*" in der Es-Dur-Messe geglückt ist, während ihm in Oper und Singspiel die Dramatik nicht glücken wollte, so besagt das eben doch, daß der Text sein religiöses Empfinden ansprach, welches ihm dann einen überzeugenden Ausdruck finden ließ.

Zu einer detaillierten Deutung der Kirchenwerke jegliches Komponisten, und besonders Schuberts, ist noch eine Feststellung unentbehrlich: um an eine solche Deutung heranzutreten, genügt eine rein literarische Vertrautheit mit dem liturgischen Text nicht; nur wer aus eigener Erfahrung weiß, daß das Gebet „*Kyrie eleison*" oder „*Dona nobis pacem*" völlig verschiedenartige Ausdrucksformen annehmen kann, je nachdem es zu Weihnachten, zu Ostern, bei einem *Requiem* oder bei einem Dankgottesdienst gebetet wird, nur wer über diese Erfahrung verfügt, wird durch eine Interpretation nicht überfordert. Es mag überraschen, daß der protestantische Pfarrerssohn Wissig[16] am meisten diesen Anforderungen gerecht wurde, ja daß sogar der Eindruck aufkommen möchte, als sei der locus pietatis Schuberts durch ihn fast überbestimmt! Eine Ergänzung zu Wissigs Interpretationen sei hier noch erwähnt: die rondoförmige Wiederholung des „*gratias agimus*" in der Es-Dur-Messe reiht diese zunächst formal in die Kategorie der Dankmessen ein (Diabelli hat eine seiner Messen so tituliert, die Bezeichnung findet sich aber auch im *Missale Romanum* als „*Missa votiva pro gratiarum actione*"), darüber hinaus läßt aber diese sehr selbständige Textbehandlung kaum eine andere Interpretation zu als die persönlichen Ausdrucks des religiösen Empfindens. Daß die Idee des Dankes bei Schubert ausgerechnet in dem äußerlich eher deprimierenden letzten Lebensjahr so betont zum Ausdruck kommt, spräche eigentlich für eine sehr tiefe Verankerung seines Glaubens. — Eine Fortsetzung der Arbeit Wissigs über Schuberts Messen, welche die anderen Kirchenwerke des Komponisten in gleicher Gründlichkeit untersuchen würde, steht noch aus; sie würde aber zu demselben Ergebnis gelangen: den Erweis der im katholischen Glauben trotz aller Krisen tief verwurzelten Frömmigkeit Schuberts, welche in der stilistischen Sprache des Biedermeier und der Frühromantik Ausdruck fand.

---

16 O. Wissig a. O.

Walter Salmen

ZUR SEMANTIK VON SCHUBERTS HARFENSPIELERGESÄNGEN

Ein Rezensent der *Wiener Allgemeinen Theaterzeitung* kennzeichnete am 1. Mai 1827 den Komponisten Franz Schubert als einen „*Vokaldichter*" sowie als „*phantasiereichen Tondichter*"; in diesem von Adolf Bäuerle redigierten Blatt wird zudem am 10. Juli desselben Jahres das Wiener Publikum auf den qualifizierenden Unterschied von „*Liederkomponisten, die nicht bloß Tonsetzer, sondern auch Tondichter sind*" aufmerksam gemacht. Schubert schrieb 1824 in dem Gedicht *Klage an das Volk!* die bemerkenswerte Strophe:

Nur Dir, o heil'ge Kunst, ist's noch gegönnt
Im Bild die Zeit der Kraft und That zu schildern,
Um weniges den großen Schmerz zu lindern,
Der nimmer mit dem Schicksal sie versöhnt.

Diese drei Zitate werden der Frage nach dem spezifisch musikalischen Gehalt der Harfenspielergesänge stützend beigegeben, um damit das Verfahren der Ermittlung von semantischen Aspekten wegweisend bestimmen zu lassen. Die Aussagen der Kritiker wie auch die Verse Schuberts gilt es interpretierend aufzugreifen und in ihrem Zusammenhange zu sehen. Die offensichtlich höherwertend gemeinte Bezeichnung „*Vokaldichter*" oder „*Tondichter*" soll sagen, daß der Liederkomponist es vermocht hat, Musikwerke als „Sprache der Empfindung" anzureichern, daß er mit musikalischen Mitteln dichtend einem deutlich vorstellbaren Gehalt einen einprägsamen, die Einbildungskraft ansprechenden Ausdruck verleiht. Der Vokaldichter gibt somit eine verstehbare Mitteilung kund, die einer dichterischen Aussage gleichkommt oder diese gar an Eindrücklichkeit überbietet. Schubert bekräftigt diese Ansicht vom Wirken des Komponisten, dem es aufgegeben ist, in einer fade gewordenen Umwelt sein künstlerisches Vermögen dazu zu verwenden, „*im Bilde*" gleichnishaft „*zu schildern*", wie es in einer erträumten und rückersehnten Vergangenheit besser um den im Volke eingebetteten „Sänger" bestellt war.

Wenn eine solcherart intendierte Aussage oder — um mit Erich Schenk zu sprechen — „*Tonrede*" mittels einer keine eindeutige Evidenz an sich habenden Tonfolge verstehbar rezipiert werden soll, dann muß es analog zur Dichtkunst ein Vokabular konvenabler Motive, klanglicher oder rhythmisch prägnanter Gestaltungsmomente geben, die zumindest mit einer eingeschränkten Verbindlichkeit bei einer damit vertrauten Zuhörerschaft rechnen können. In der „musica poetica" des 17. Jahrhunderts, in der Lehre von den Figuren der musikalischen Rhetorik hatte es für die darin eingewiesenen Kenner diese wirksame Übereinkunft zwischen den Komponisten, den Interpreten sowie den Rezipienten bereits gegeben. Zu dieser Zeit hatte auch noch beispielsweise das differenzierte Läuten von Glocken, der Einsatz hierarchisch abgestufter Instrumente wie Trompeten—Hörnern—Sackpfeifen auf der Bühne oder im öffentlichen Leben eine eingewöhnte, nur klanglich zu vermittelnde Semantik für sich gehabt. All dies ging freilich um 1800 dem Verklingen entgegen. In der gemischtbürgerlichen Gesellschaft, beim anonymer werdenden Publikum schwand die Verbindlichkeit redender Figuren, tradierter Schallsignale und anderes mehr. Sollte also das „Dichten", das wie auch immer übermittelte deutliche „Aussagen" in Tönen im Zeitalter original, singulär gemeinter musikalischer Kunstwerke, welche die Verbindlichkeiten typisierter Gattungstraditionen weitgehend hinter sich lassen sollten, weiterhin möglich bleiben, so mußte es zumindest individuell oder von wenigen tonangebenden Meistern repräsentiert einen Vorrat konvenabler Tonfigurationen geben, die als deutlich gesetzte musikalische Ausdrucksmittel erkannt zu werden vermochten und kraft der Eingewöhnung durch das Repertoire als solche auch wirksam blieben. Schubert hat in seinen Liedern, Balladen und Gesängen für etliche poetische Motive, so etwa für fließendes Wasser, flimmernde Sterne, das Wandern, prägnant-bildhafte Topoi angewendet. Andere Komponisten, wie z. B. Robert Schumann, haben sich derer ebenfalls bedient, indessen ist deren „*Tonrede*" bereits so sehr individualisiert, daß etwa die Ausdruckssphäre des Traumes in Schumanns Liedern verglichen mit Werken Schuberts nicht die gleichen Merkmale aufweist[1]. Will man feststellen, inwieweit es im 19. Jahrhundert noch eine allgemein adaptierbare Semantik gegeben hat und ob diese als verbindliches Ausdrucksmittel noch mehreren Komponisten gemeinsam

[1] Dazu vgl. AKIO MAYEDA, Das Reich der Nacht in den Liedern Robert Schumanns. *De Ratione in Musica, Festschrift Erich Schenk.* Kassel 1975, 223ff. sowie Schuberts Lied *Abendlied an die Entfernte* op. 88.

gewesen ist, wird man vom Text her vorgegebene Motive auszusondern haben, deren charakteristische musikalische Ausdeutung suchen müssen und sodann diese Konstanten mit denen anderer „*Vokaldichter*" vergleichen. In dieser Richtung fragend wählen wir hier diejenigen Gesänge Schuberts heraus, die von Harfnern, erhabenen „Sängern", vom damit zusammenhängenden Leierspiel und Saitenklang handeln.

Bildhaft gemeinte musikalische Ausdrucksmittel können in ihrer Richtungssymbolik oder ihrer Bewegungsfiguration als Umsetzung von Hörerfahrungen verstanden werden — so z. B. das Fließen des Wassers — oder aber als ohne Bezug zur konkreten Wirklichkeit vorhandene, imaginative Motivationen zu begreifen sein. Diese Frage kann man im zu behandelnden Zusammenhange so zu beantworten suchen, daß man ermittelt, welche Harfen- oder Leierklänge Schubert zu Lebzeiten zu erfahren vermochte. Unternimmt man diese Sondierung, so stellt man im Umkreise von Wien zu Anfang des 19. Jahrhunderts fest, daß es Leiern selbstverständlich im Musiziergebrauch nicht mehr gab; diese waren sinnbildlich lediglich noch als Emblem in bildnerischen Kompositionen präsent. Harfen waren als Standharfen auf dreierlei Weise zu hören: a) als Amüsierinstrumente in preziös-intimer Hausmusik, denn sie waren „*fürs Frauenzimmer sehr in Mode*" (Charles Burney)[2], und b) von feinen Damen gezupft gelegentlich auch in Konzerten[3]. Für den ersten Zweck gaben gelegentlich Komponisten wie etwa Johann Friedrich Reichardt Lieder und Romanzen heraus, deren Begleitung entweder mit „*Harfe oder Fortepiano*" ausgeführt werden konnte[4]. Entsprechend dieser vornehmlich feinsinnigen Nutzung wurde romantisierend diesem Spielgerät von den Poeten ein Stimmungszauber zugesprochen, der, vorzüglich an ruhigen Abenden genossen, einen „*himmlischen Effekt machen*" sollte[5]. Clemens Brentano schwärmte lyrisch ergriffen:

Um die Harfe sind Kränze geschlungen,
Schwebte Lieb' in der Saiten Klang:
Oft wohl hab ich mir einsam gesungen,
Und wenn einsam und still ich sang,
Rauschten die Saiten im tönenden Spiel ...

2 Siehe WALTER SALMEN, *Haus- und Kammermusik*. Leipzig 1969, Abb. 47 und 77.

3 OTTO ERICH DEUTSCH, *Schubert. Die Dokumente seines Lebens*. Leipzig 1964, 395.

4 Beispielsweise das Lied *Nur wer die Sehnsucht kennt*, hrsg. v. WALTER SALMEN, in: *Das Erbe Deutscher Musik* 58 (1964) Nr. 100.

5 *Allgemeine Musikalische Zeitung* 3 (1800/01) Sp. 699.

Diese als zärtlich, als Metapher für Liebesharmonie empfundene Klanglichkeit von Harfentönen hat Schubert 1815 im Recitativo-Teil des Liedes op. posth. 173, Nr. 1, *Amalia* (Text von Schiller), sublim einzufangen gesucht.

Außer diesen beiden Nutzungen der Harfe im Hause, im Salon sowie im Konzertsaal gab es die wohl am häufigsten an Schuberts Ohren gedrungene Spielpraxis von Bettelmusikanten auf der Gasse sowie im Wirtshaus. In Wien und Umgebung lebten im 18. und frühen 19. Jahrhundert viele „Gsängerhandler", „Liederweiber" oder Wirtshausharfner, die, heruntergekommen zum niedersten Musikantenproletariat, vom Vertrieb von Liedflugblättern und der Tanzmusik im Prater oder in kleinen Bierwirtschaften kümmerlich ihren Unterhalt bestritten. Ihr Betteln wurde derart als belästigend empfunden, daß beispielsweise 1786 eine Polizeiverordnung des königlich Mährisch-schlesischen Guberniums in Brünn untersagte: „*das Singen und Harfenspielen herumziehender Musikanten ... das Anheften und Ausstreuen der Pasquille, sowie alle unfläthige Bilder und Gesänge und deren Ausrufen*"[6]. In der Donau-Metropole zogen diese Harfensänger insbesondere im Lerchenfeld und am Spittelberg mit derben Gesängen herum. Der Dichter Ignaz Franz Castelli beschreibt in seinen Erinnerungen zum Jahre 1808 das Wirken eines der beliebtesten, des „*blinden Poldl*" wie folgt: „*Er saß mit seiner Harfe, welche er gar nicht schlecht spielte, auf einem erhöhten Gerüst und sang alles allein, anfangs ernsthafte Lieder, dann komische; an Zoten freilich fehlte es nicht.*"[7] Bis ins Todesjahr Schuberts 1828, bis zum Beginn des Auftretens des populären Volkssängers Johann Baptist Moser, blieben die Darbietungen der Bettelsänger Leopold Bürger, Sebastian Frohnhofer und vieler Unbekannter sozial wie auch musikalisch der niedersten Schicht unter den Musikanten verhaftet. Wenn somit belegt werden kann, daß Schubert im Musikleben seiner Zeit die Harfe vornehmlich entweder als Attribut vornehmer Damenunterhaltungen oder aber auf der Stufe der Drehleiern als Bettelinstrument erfahren konnte, dann ist in anderen Bereichen die Herkunft seines

[6] *Zeitschrift für Volkskunde* 9 (1899) 94.

[7] Dazu siehe JOSEF KOLLER, *Das Wiener Volkssängertum in alter und neuer Zeit*. Wien 1931. — RUDOLF HOLZER, *Wiener Volks-Humor. Harfenisten und Volkssänger*. Wien 1943. — KARL M. KLIER, *Volkstümliche Musikinstrumente in den Alpen*. Kassel 1956, 58ff. — LEOPOLD SCHMIDT, *Das Volkslied im alten Wien*. Wien 1947, 62 und Abb. 4. — Außerdem JOSEPH M. LUTZ, *Die Münchner Volkssänger*. München 1956, sowie ALFRED DIECK, *Die Wandermusikanten von Salzgitter*. Göttingen 1962, 105f.

Adrian Ludwig Richter, Heimkehrender Harfner (1875)
Gemäldegalerie Dresden
Deutsche Fotothek Dresden

Vorstellungskomplexes vom edlen Harfner und seriösen Sänger zu vermuten.

In der Tat kann nach dieser gedrängten Sichtung von Schuberts musizierender Umwelt nur noch die literarische wie auch die bildnerische Vermittlung eines dichterischen Topos in Betracht kommen, zumal auch die Möglichkeit der anderweitigen Aneignung historischer Vorbilder in Gestalt antiker oder mittelalterlicher Epensänger mittels Notenaufzeichnungen mangels Quellen zu damaliger Zeit gänzlich entfällt. Dieser von Gelehrten und Literaten getragene Topos war seit der Mitte des 18. Jahrhunderts im schwärmerischen Bardenenthusiasmus und in der bardischen Lyrik vorhanden[8]. Man stellte sich seither den Barden in grauer Vorzeit als eine ernste, standfeste, pathetisch vortragende Persönlichkeit vor, die man betont gegen die verspielten, anakreontischen Tändeleien des Rokoko und späterer Moden als Idol einer reicher erträumten Vergangenheit aufrichtete. Er galt als ein Inbegriff heroischen Dichtens, er wurde als vermeintlich umgreifend wirksam gewesener „Natursänger" in hymnisch feierlichen Versen von Klopstock und Gottfried August Bürger bis Storm gerühmt. Stellte man sich ihn im sagenumwobenen Norden, etwa in Gestalt eines Ossian, vor, so sprach man vom Barden als dem „edlen Sänger des Altertums", nahm man hingegen die griechische Antike ins Blickfeld klassizistischen Eingedenkens, so gedachte man des ehrwürdigen Rhapsodentums[9]. Die Begriffe Sänger-Dichter-Rhapsode-Barde wurden synonym benutzt; seit August Wilhelm Schlegel wurde die Benennung „Sänger" bevorzugt. Klopstock wertete mitsamt dem Sänger die Harfe als ein auszeichnendes Attribut wieder auf, indem er kündete: „*Jetzt nehm' ich die Harfe wieder aus dem Staub auf und lasse vor Gott, vor Gott sie erschallen.*" Auch in den bildenden Künsten fand diese Begeisterung für die geschichtstiefe Vergangenheit, personifiziert im ernsten, von Bedeutendem singenden Harfner, ihre Vergegenständlichung. Den Titel etwa der französischen Zeitschrift *Le Ménestrel* (I, Paris 1833) schmückt ein tiefsinniger Harfenspieler, Ludwig Richter malte 1825 den auf eine Burg ins Mittelalter *Heimkehrenden Harfner* (siehe Abbildung), der hier als würdiger Alter symbolbeladen in Erscheinung tritt.

---

[8] Einzelheiten bei Eugen Ehrmann, *Die bardische Lyrik im 18. Jahrhundert.* Diss. Heidelberg 1892. — Walter Salmen, *Der fahrende Musiker im europäischen Mittelalter.* Kassel 1960, 16f. — Joachim Bahr, Der „Spielmann" in der Literaturwissenschaft des 19. Jahrhunderts. *Zeitschrift für deutsche Philologie* 73 (1954) 178ff.

[9] Walter Salmen, *Geschichte der Rhapsodie.* Zürich 1966, 20ff.

Die Begeisterung für die von Schwermut geprägten Gedichte Ossians sowie derartige bildliche Vorstellungen hat Schubert ebenso erfaßt gehabt wie das Sehnen nach „der Zeit der Kraft“ in der mediterranen Antike, das ihm nach 1816 vorzüglich durch die Vertrautheit mit dem Dichter Johann Mayrhofer nahe gebracht wurde[10]. Die Freunde gingen zeitweise gemeinsam, später getrennt daran, kraft mythischen Eingedenkens den idolhaft verklärten Heroismus der Antike in der Gestalt des edlen Sängers in die Zeit des vormärzlichen Biedermeier zu übertragen. Sie besangen klassizistisch die Leier und die Harfe als altehrwürdige, auszeichnende Instrumente, tatsächlich spielten sie jedoch zu ihren Vokalwerken das Pianoforte oder allenfalls die Gitarre[11]. Das als eindrucksvoll mächtig vorgestellte Zupfen der Saiten wurde entweder in Gestalt fiktiver Archaismen arpeggierend oder mittels anderer klavieristischer rhythmischer Figuren auf Tasten imitiert[12]. So wie Reichardt hat freilich Schubert die Harfe als Hausinstrument für diese und andere Lieder nicht verwendet.

Betrachtet man vergleichend diejenigen Lieder und eine erhabenere Erwartung ansprechenden Gesänge, in denen der Leier- oder Harfenspieler besungen wird, dann zeigen sich Unterschiede in der Art der Vertonung, die auch entwicklungsgeschichtlich zu verstehen sind. Wenn 1815 Goethes Gedicht *Der Rattenfänger* mit dem Hinweis auf den „*wohlbekannten Sänger*“ in einem leichtfüßig-burlesken Ton gesetzt wurde, so entspricht dieses musikalische Gegenbild zum erhaben-ernsten Sänger vollends dem Gehalt der Dichtung. Die Balladen *Der Liedler* (J. Kenner) sowie *Der Sänger* (Goethe) aus demselben Jahr weisen ebenfalls keine besonderen, in anderen Liedgruppen nicht ebenfalls gehäuft vorkommenden Merkmale auf. Auch die Vertonung von Schillers *Die vier Weltalter* vom März 1816 nimmt vom zitierten Sänger mit der Leyer musikalisch keine sonderliche Notiz. In *Der zürnende Barde* (Franz Bruchmann) von 1823 ist der Ausdruck einer kraftvollen Erregtheit in geschwind zu musizierenden 6/8-Rhythmen dominierend, es entsteht ganz allgemein durch die starke, auch in anderen Zusammenhängen

---

10 Dazu OTTO WEINREICH, Schuberts Antikenlieder. *Deutsche Vierteljahrsschrift für Literaturgeschichte* 13 (1935) 107ff. — WALTHER VETTER, *Der Klassiker Schubert* 1. Leipzig 1953, 242ff.

11 Siehe DEUTSCH a. O. 286 oder 377 sowie HEINRICH W. SCHWAB, *Sangbarkeit, Popularität und Kunstlied*. Regensburg 1965, 174.

12 Hier liegt keine „Exotik“ vor, wie HANS BOSCH, *Die Entwicklung des Romantischen in Schuberts Liedern*. Diss. Erlangen 1930, 69, meint.

mögliche Akkordik in Moll die Vorstellung eines stolzen Mannes, der sein Lieblingsinstrument verteidigt.

Bildhaft deutlicher ist — um Schuberts Wort zu benutzen — die „*Schilderung*" der Rhapsodenart und -gestik in dem Lied *Geheimniss* (J. Mayrhofer) von 1816 in dem in wenigen Takten eingelagerten Nachahmen des Zupfens von Saiten auf die Textstelle „*So geht es auch dem Sänger, er singt*".

In der Musik zu Bruchmanns *An die Leier* von 1822 wird vollends die Szenerie des Auftritts eines antiken Heldensängers musikalisch nachgezeichnet, der präludierend seine Zuhörer mit starken Griffen in die „Saiten" und abrupten Akkorden zum Aufmerken zwingt.

Im *Nachtstück* (J. Mayrhofer) von 1819 wird eindrücklich ein Bild vom Harfner als einsamen Alten entworfen. Nach zehn Takten der Antönung einer vom Mond schwach erhellten Nachtszenerie wird der Fortgang in Alla-Breve umgestellt. In einem archaisch-düsteren, würdevollen Schreitrhythmus wird der schwermütige Alte eingeführt, er singt sodann über einem volltönenden Klanggrund mit strömender Tonfülle ernst nach Art von Priestern und Weltklugen, wie sie u. a. in Gluckschen Opern begegnen, die Nacht als etwas Heiliges an.

Dieses gravitätische Schreiten im 4/4-Rhythmus oder im Allabreve-Takt hat diese Liedpartie gemeinsam mit den sämtlich in a-moll vertonten *Gesängen des Harfners* aus Goethes Roman *Wilhelm Meister*. Archaisch-edel wirkende Simplizität, einfache Diktion, klavieristisches Imitieren eines gewichtigen Greifens in die Saiten einer Harfe sind weitere, vornehmliche Kennzeichen dieser Gesänge[13]. Das Zusammenwirken

[13] Vgl. hierzu auch die differenziertere Anwendung dieser Merkmale bei ausdrücklich „*freiem declamatorischen Vortrag*“ in Schumanns *Ballade des Harfners* op. 98 a, Nr. 2 von 1849, siehe MAX FRIEDLÄNDER, *Gedichte von Goethe in Compositionen seiner Zeitgenossen.* Weimar 1896, Nr. 72.

dieser Momente macht das Spezifische des Gepräges in dieser thematisch zusammengehörenden Gruppe von Gesängen aus, wozu auch der *Greisengesang* op. 60, Nr. 1 von 1823, *Des Sängers Habe* von 1825 sowie das *Lied des Orpheus, als er in die Hölle ging* von 1816 hinzuzuziehen sind.

Die Teilmomente dieses Gepräges von Gesängen finden sich in gleichen oder verwandten Werkzusammenhängen bereits Jahrzehnte vorher wirksam angewendet, so z. B. in Glucks *Orpheus* in der Arie des Orpheus Nr. 33 „*Welch reiner Himmel*", in Carl Friedrich Zelters Lied von 1795 „*Wer sich der Einsamkeit ergibt*", oder auch in dem real mit einer Harfe zu spielenden Duett von Reichardt „*Nur wer die Sehnsucht kennt*".

Schubert romantisiert diese in Liedern und Arien vorkommenden Ausdruckselemente im Zusammenwirken zu Archaismen, die zur Kennzeichnung eines greisen Harfners eingesetzt sind, der sich in der Welt, in die er hineingestellt wurde, fremd fühlt. Sie verdeutlichen mithin als sinnfällige Mittel der Darstellung von Entfremdung zur realen Welt Intentionen, die Goethe den Versen mitgegeben hatte. Die Harfenspielergesänge repräsentieren in Schuberts gesamtem Vokalwerk gewiß nur eine quantitativ kleine Gruppe; sie stellen freilich eine qualitativ eigentümlich seriös getönte dar. In ihnen verwirklicht der „*Tondichter*" eine in die Vorzeit zurückweisende Vorstellung von einem einst heroisch motiviert gewesenen Sängeramt; er schafft dies in einer Epoche, in der nur noch auf die Stufe von Bettelmusikanten herabgesunkene letzte Nachfahren ein der Unterhaltung dienliches Außenseiterdasein fristen. Kunst soll, „den großen Schmerz" über das Verlorene lindernd, ersetzen, was die reale Mitwelt nicht mehr bietet.

Othmar Wessely

UNBEKANNTE DOKUMENTE ZUR LEBENSGESCHICHTE FRANZ SCHUBERTS

In der als erstem Band der *Neuen Ausgabe sämtlicher Werke* von Franz Schubert erschienenen Sammlung von Quellen zur Lebensgeschichte des Meisters hat deren Herausgeber und Kommentator Otto Erich Deutsch (1883—1967) diese Zweitfassung einer ein Halbjahrhundert zuvor erstmalig erschienenen Veröffentlichung[1] „*für die endgültige*" gehalten, doch zu Ende seines Vorwortes zugeben müssen, daß auch fünf Jahrzehnte Arbeit nicht genügten, um alles Material zu erfassen, zumal ihm während des Umbruchs noch Nachträge oststaatlicher Provenienz zugetragen worden seien[2]. Die im folgenden mitgeteilten, keineswegs entlegenen, jedoch auch dem lokalhistorischen Schubert-Schrifttum[3] entgangenen Quellen sind oberösterreichischer Herkunft und beziehen sich größtenteils auf die buchhändlerische Verbreitung von Schuberts Werken durch Linzer Sortimenter. Ihre Existenz wurde zwar bereits im Rahmen von lange zurückliegenden Untersuchungen zur Linzer Musikgeschichte erwähnt[4], doch blieben sie bis zur Gegenwart unbeachtet und

---

1 *Franz Schubert. Die Dokumente seines Lebens.* Hrsg. v. Otto Erich Deutsch 1. München 1914.

2 *Schubert. Die Dokumente seines Lebens.* Gesammelt und erläutert v. Otto Erich Deutsch. Leipzig 1964 [im folgenden: DeutschD], S. VII.

3 Ferdinand Zöhrer, Franz Schubert in Oberösterreich. *Linzer Volksblatt* 1897, 22. — Franz Gräflinger, Schuberts Aufenthalt in Linz. *Unterhaltungsbeilage der Linzer Tagespost* 13 (1914) 14. — Alfred Poche, Franz Schubert in Linz und Oberösterreich. *Oberösterreichische Tageszeitung* 2 (Linz 1925) 182. — Franz Strauss, Franz Schubert in Linz. *Heimatgaue* 8 (Linz 1927) 106ff., und *Der Volksbote* 39 (Linz 1928) 79ff. — Franz Gräflinger, Schubert und Linz. *Bilder-Woche der Tages-Post* 2 (Linz 1928) 30. — Ders., Schubert in Oberösterreich. Ebenda 48. — Cornelius Preiss, Franz Schubert in Oberösterreich. *Oberösterreichische Tageszeitung* 5 (1928) 11. — Ders., Schuberts Beziehungen zu Linz. *Linzer Volksblatt* 1928, 7. — Schubert im Lande ob der Enns. *Tages-Post* (Linz) 1942, 203. — J[ohannes] U[nfried], Schuberts Reisen nach Oberösterreich. *Linzer Volksblatt* 1953, 268. — [Anton Lang], Schubert musiziert in Oberösterreich. *Heimatland. Wort und Bild aus Oberösterreich* (Linz 1958) 94ff.

4 Othmar Wessely, Das Linzer Musikleben in der ersten Hälfte des 19. Jahrhunderts. *Jahrbuch der Stadt Linz 1953* (1954) 382, 422, A. 482.

unveröffentlicht. Ihre Bekanntmachung sei hiermit nachgeholt, wobei im Falle der wörtlichen Wiederholung eines Inserates nur dessen Erstabdruck wiedergegeben und im Hinblick auf Veröffentlichung und Kommentierung der Anschluß an Otto Erich Deutschs Dokumentensammlung gesucht wird. Als untere Zeitgrenze gilt, wie bei diesem, Schuberts Todesjahr 1828.

1. Aus dem *Intelligenzblatt zur kaiserl. königl. privilegirten Linzer-Zeitung* vom 21. September 1821.

In der k. k. priv. akademischen Kunst- Musik- und Buchhandlung in Linz, in der Klostergasse Nr. 59, ist ganz neu erschienen:

......

Musikalien.

Schubert, Erlkönig. Ballade von Göthe, 1tes Werk. 2 fl.

— *Gretchen am Spinnrade aus Göthe's Faust. 2tes Werk. 1 fl. 30 kr.*

— *Schäfers Klagelied. Heidenröslein. Jägers Abendlied. Meeres Stille von Göthe, für eine Singstimme mit Begleitung des Pianoforte. 3tes Werk. 1 fl. 30 kr.*

— *Der Wanderer von Schmidt v. Lübeck. Morgenlied von Werner. Wandrers Nachtlied von Göthe. Für eine Singstimme mit Begleitung des Pianoforte. 4tes Werk 1 fl. 30 kr.*

— *Rastlose Liebe. Nähe des Geliebten, der Fischer, erster Verlust, der König in Thule. Gedichte von Göthe. Für eine Singstimme mit Begleitung des Pianoforte. 5tes Werk. 1 fl. 30 kr.*

— *Memnon, Antigone und Oedip, von J. Mayerhofer, und am Grabe Anselmos, von Claudius, für eine Singstimme mit Begleitung des Pianoforte. 6tes Werk. 1 fl. 30 kr.*

Die von Therese Frenner im Jahre 1776 gegründete spätere k. k. priv. Akademische Buchhandlung in der Klostergasse 59 (heute Klosterstraße 6)[5] war 1795—1801 von Friedrich Immanuel Eurich (1772—1851) geleitet worden, ehe er sie käuflich von Johann Georg Binz (1748—1824) erwarb. Eurich war auch seit 1819 Herausgeber der *Linzer Zeitung*[6]. Die hier angebotenen Werke wurden zwischen 31. März und 23. August 1821 erstmalig in Wiener Zeitungen angezeigt[7].

---

5 HANNS KRECZI, *Linzer Häuserchronik*. Linz 1941, 53, Nr. 65.

6 FRANZ PFEFFER, Friedrich Emmanuel Eurich. Ein Lebensbild aus dem Linzer Vormärz. *Jahrbuch der Stadt Linz 1935* (1936) 122ff. und die dort angegebene Literatur.

7 DEUTSCHD 121f., 125f., 128f., 131, 134.

2. Aus dem *Intelligenzblatt zur kaiserl. königl. privilegirten Linzer-Zeitung* vom 26. April 1822.

In der k. k. priv. akademischen Kunst- Musik- und Buchhandlung in Linz in der Klostergasse No. 59, ist ganz neu erschienen:

. . . . . .

Schubert, Variationen über ein französisches Lied, für das Pianoforte auf 4 Händen. 10tes Werk. 3 fl. 30 kr.

Wurde am 17. April 1822 erstmals in der *Wiener Zeitung* angeboten[8].

3. Aus dem *Intelligenzblatt zur kaiserl. königl. privilegirten Linzer-Zeitung* vom 20. Mai 1822.

In der Cajetan Haslinger'schen Buch-, Kunst- und Musikhandlung in Linz, in der untern Vorstadt außer dem Schmidthor an der Landstraße Nro. 407, sind zu haben:

Schubert (Franz) Variationen über ein französisches Lied für d. Pianoforte auf 4 Hände. Op. 10. 3 fl. 30 kr.

— *der Jüngling auf dem Hügel von Heinrich Hüttenbrenner, Sehnsucht, Erlafsee und am Strome von Mayrhofer. Für eine Singstimme mit Begleitung des Pianoforte. Op. 8. 2 fl.*

Cajetan Haslinger (1765—1835) war seit 1804 Eigentümer einer von dem Wiener Sortimenter Christian Friedrich Wappler (ca. 1711—1807) im Jahre 1782 „*auf dem Platz*" (Hauptplatz 1 oder 2) zu Linz gegründeten Buchhandlung[9]. Der im ersten Vorstadtviertel gelegene Firmensitz entspricht heute dem Haus Landstraße 7, das sich seit mindestens 1769 im Besitz der Familie Haslinger befand[10]. Die hier angezeigten Werke wurden erstmals am 17. April bzw. 9. Mai 1822 in der *Wiener Zeitung* angeboten[11].

4. Aus dem *Intelligenzblatt zur kaiserl. königl. privilegirten Linzer-Zeitung* vom 22. November 1822.

In der k. k. priv. akademischen Kunst- Musik- und Buchhandlung in Linz in der Klostergasse No. 59, sind zu haben:

---

8 DEUTSCHD 155.

9 FRANZ PFEFFER, Chronik einer Linzer Buchhandlung. Aus der Geschichte des Hauses Haslinger. *Heimatland. Illustrierte Beilage zum Linzer Volksblatt* 1929, 138ff. — Ders., Alte Linzer Buchhandelsstätten. *Linzer Volksblatt* 1932, 32.

10 H. KRECZI a. O. 222f.

11 DEUTSCHD 155f.

Schuberts Lieder mit Begleitung des Pianoforte. 1—8. Werk. 6 fl. 30 kr. C. M.

— *Original-Tänze für das Pianoforte. 9. Werk, Nr. 1 et 2. 1 fl. 30 kr. C. M.*

Eine Sammelanzeige von Schuberts ersten acht Liederheften ist — nach Deutsch — in Wiener Zeitungen nicht erschienen. Ein vergleichbares Inserat für Heft 1—7 findet sich in der *Wiener Zeitung* vom 27. November 1821 [12]. Das Erstangebot von Op. 9 brachte das gleiche Blatt am 29. November 1821, ein neuerliches Offert erfolgte am 11. Februar 1822 als „*Neueste Tanzmusik zum Carneval 1822*" [13].

5. Aus dem *Intelligenzblatt zur kaiserl. königl. privilegirten Linzer-Zeitung* vom 3. März 1823.

In der k. k. priv. akademischen Kunst- Musik- und Buchhandlung in Linz in der Klostergasse Nr. 59, ist ganz neu zu haben:

Schubert, Walzer, Ländler und Ecossaisen für das Pianoforte. 18tes Werk. 1 et 2. 1 fl. 30 kr. C. M.

Wurde am 31. Jänner 1823 in der *Wiener Zeitung* vorangekündigt und am 5. Februar 1823 ebendort erstmals angeboten [14].

6. Aus dem *Intelligenzblatt zur kaiserl. königl. privilegirten Linzer-Zeitung* vom 18. April 1823.

In der k. k. priv. akademischen Kunst- Musik- und Buchhandlung in Linz in der Klostergasse Nr. 59 ... sind ... zu haben:

Schubert, Original-Tänze für das Piano-Forte. Nr. 1 et 2. 3 fl.

Vgl. die Anmerkung zu Nr. 4.

7. Aus dem *Intelligenzblatt zur kaiserl. königl. privilegirten Linzer-Zeitung* vom 26. Mai 1823.

In der k. k. priv. akademischen Kunst- Musik- und Buchhandlung in Linz in der Klostergasse Nr. 59, sind neu zu haben:

......

Musicalien.

Schubert, Fantaisie p. l. Pianof. O. 15. 4 fl.

Wurde am 24. Februar 1823 erstmals in der *Wiener Zeitung* angeboten [15].

---

[12] DEUTSCHD 142.

[13] DEUTSCHD 143, 148.

[14] DEUTSCHD 182f.

[15] DEUTSCHD 185f.

8. Aus dem *Intelligenzblatt zur kaiserl. königl. privilegirten Linzer-Zeitung* vom 14. Juli 1823.

In der k. k. priv. akademischen Kunst- Musik- und Buchhandlung in Linz in der Klostergasse Nr. 59 sind neu zu haben:

......

Schubert, der Zwerg und Wehmuth, zwey Gedichte von Collin, für eine Singstimme mit Begleit. des Pianoforte. Op. 22. 45 kr. C. M.

— *Drey Lieder für eine Singstimme mit Begleit. des Pianoforte. 20. Werk. 1 fl. 30 kr.*

— *Detto mit Begleit. der Guitarre. 1 fl. 15 kr.*

Op. 22 wurde erstmals am 27. Mai 1823, Op. 20 am 10. April 1823 in der *Wiener Zeitung* angeboten[16].

9. Aus dem *Intelligenzblatt zur kaiserl. königl. privilegirten Linzer-Zeitung* vom 18. Juni 1824.

In der k. k. priv. akademischen Kunst- Musik- und Buchhandlung in Linz, in der Klostergasse Nr. 59, ... ist zu haben:

Schubert, die schöne Müllerin, ein Cyclus von Liedern, gedichtet von Müller, für eine Singstimme mit Pianoforte Begl. Op. 25. 2 Hefte. 4 fl. 15 kr.

— *et Leidesdorf, Nouvelles Galoppes favorites et Ecossaises pour le P. F. 1 fl.*

— *Gesänge zum Drama Rosamunde, mit Clavierbegl. 26. Werk. 1. Heft. 1 fl.*

Von Op. 25 wurde das erste Heft erstmals am 17. Februar 1824 in der *Wiener Zeitung* angeboten, beide Hefte, jedoch zum Preis von 4 fl., am 24. März 1824. Das Erstangebot für die *Nouvelles Galoppes* erfolgte (mit deutschem Titel) ebenda am 21. Februar 1824, von Op. 26 ebenfalls am 24. März 1824[17].

10. Aus der *Relation des Ausschusses der Gesellschaft der Musikfreunde in Linz. Für das dritte Ausschußjahr vom 18. November 1823 bis 18. November 1824* (Linz 1824) S. 15.

A. Ehrenmitglieder.

......

Hr. Schubert, Franz, Tonsetzer

---

16 DEUTSCHD 188, 193.

17 DEUTSCHD 226f., 231f.

11. Aus dem *Intelligenzblatt zur kaiserlich-königlich privilegirten Linzer-Zeitung* vom 10. Jänner 1825.

In der k. k. priv. akademischen Kunst- Musik- und Buchhandlung in Linz, in der Klostergasse Nro. 59 ... ist zu haben:

Tanz-Musik.

Schubert, Walzer, Ländler und Ecossaisen für das Pianoforte. 18tes Werk. 1 et 2. 1 fl. 30 kr. CM.

......

Schubart, Original-Tänze für das Piano-Forte. Nr. 1 et 2. 3 fl.

Die Vorankündigung von Op. 18 erschien erstmals in der *Wiener Zeitung* vom 31. Jänner 1823, die erste Anzeige ebenda am 5. Februar 1823. Die zweite Tänze-Sammlung, Op. 9, mit verstümmeltem Namen des Komponisten, wurde erstmals in der *Wiener Zeitung* vom 29. November 1821 angeboten[18].

12. Aus dem *Intelligenzblatt zur kaiserlich-königlich privilegirten Linzer-Zeitung* vom 17. Jänner 1825.

In der k. k. priv. akademischen Kunst- Musik- und Buchhandlung in Linz, in der Klostergasse Nro. 59, ist zu haben:

......

Musicalien.

......

Schubert, Fantaisie p. l Piano-Forte. O. 15. 4 fl.

Wurde am 24. Februar 1823 erstmals in der *Wiener Zeitung* angeboten[19].

13. Aus dem *Intelligenzblatt zur kaiserlich-königlich privilegirten Linzer-Zeitung* vom 21. Jänner 1825.

In der k. k. priv. akad. Kunst- Musik- und Buchhandlung in Linz, in der Klostergasse Nro. 59, ist zu haben:

......

Musicalien.

......

Schubert, der Gondelfahrer, Gedicht von Mayerhofer, für 4 Männerstimmen, mit Begl. des Piano-Forte. Op. 28. 1 fl. C. M.

---

[18] DEUTSCHD 143, 182f.

[19] DEUTSCHD 185f.

Wurde am 12. August 1824 erstmals in der *Wiener Zeitung* zum Preis von 3 fl. W. W. angeboten[20].

14. Aus dem *Intelligenzblatt zur kaiserlich-königlich privilegirten Linzer-Zeitung* vom 29. August 1825.

In der k. k. priv. akademischen Kunst- Musik- und Buchhandlung in Linz, in der Klostergasse Nro. 59, sind zu haben:

Musicalien.

(Preis in Conventions-Münze.)

Schubert, Gesänge für eine Singstimme, mit Begleitung der Guitarre. 31. Werk. 30 kr.

— *detto. 43. Werk. 30 kr.*

— *Suleika's 2. Gesang aus dem ost-westlichen Divan von Göthe, für eine Singstimme, mit Begl. des Pianoforte. 36 kr.*

Das erste und dritte der angezeigten Werke sind identisch. Op. 43 wurde erstmals in der *Wiener Zeitung* vom 25. Juli 1825, jedoch zum Preis von 1 fl. 30 kr. angeboten. Das Erstangebot der beiden Ausgaben von Op. 31 erschien ebenda am 12. August 1825[21].

15. Aus dem *Intelligenzblatt zur kaiserlich-königlich privilegirten Linzer-Zeitung* vom 21. Oktober 1825.

In der k. k. priv. akademischen Kunst- Musik- und Buchhandlung in Linz, in der Klostergasse Nro. 59 sind zu haben:

......

Musicalien.

Preise in Conventions-Münze.

......

Schubert (F.) die Sehnsucht, Gedicht von Schiller. In Musik gesetzt für eine Singstimme und Begleitung des Piano-Forte. Op. 39. Pr. 45 kr.

......

Schubert, six grandes Marches Trios p. l. P. F. à 4 mains. Op. 40. Cahier 2. 1 fl. 18 kr.

Op. 39 wurde in der *Wiener Zeitung* erst am 8. Februar 1826 zum Preis von 1 fl. 30 kr. W. W. als Neuerscheinung angezeigt. Das Erstangebot des zweiten Heftes von Op. 40 erfolgte ebenda am 21. September 1825 um 3 fl. 15 kr. W. W.[22]

---

20 DEUTSCHD 253.

21 DEUTSCHD 298, 308.

22 DEUTSCHD 319, 346.

16. Aus dem *Intelligenzblatt zur kaiserlich-königlich privilegirten Linzer-Zeitung* vom 5. Dezember 1825.

In der k. k. priv. akademischen Kunst- Musik- und Buchhandlung in Linz, in der Klostergasse Nr. 59, sind zu haben:

. . . . . .

Musikalien.
Preise in Conventions-Münze.

Schubert, Tantum Ergo in C, für Sopran, Alt, Tenor und Bass, 2 Viol., 2 Oboen oder Clarinetten, 2 Trompeten und Pauken, Contrabass und Orgel. 45tes Werk. 45 kr.

— *erstes Offertorium (totus in corde lanqueo) Solo für Sopran oder Tenor und Clarinett concertant mit Begleitung von 2 Violinen, 2 Flöten, 2 Hörner, Contrabass und Orgel. 1 fl. 30 kr.*

— *zweytes Offertorium (Salve Regina) Solo für Sopran mit Begleitung von 2 Violinen, 2 Clarinetten, 2 Fagotten, 2 Hörner, Contrabass und Orgel. 47tes Werk. 1 fl. 15 kr.*

— *Original-Tänze für das Pianoforte. 9tes Werk. No. 1 und 2. 1 fl. 30 kr.*

— *Walzer, Ländler und Eccossaisen für das Pianoforte. 18tes Werk. 1. u. 2. 1 fl. 30 kr.*

— *Erlkönig, Ballade von Göthe, für eine Singstimme mit Begleitung des Pianoforte. Op. 1. 1 fl.*

— *Gretchen am Spinnrade, detto detto. Op. 2. 45 kr.*

— *Schäfers Klagelied. Heidenröslein. Jägers Abendlied. Meeresstille. Für 1 Singstimme mit Begleitung des Pianoforte. Op. 3. 45 kr.*

— *der Wanderer. Morgenlied von Werner. Wanderers Nachtlied. Für 1 Singstimme mit Begleitung des Pianoforte. Op. 4. 45 kr.*

— *rastlose Liebe. Nähe des Geliebten. Der Fischer. Erster Verlust, und der König im Thale* [!]. *Für 1 Singstimme mit Begleitung des Pianoforte. 45 kr.*

Schubert, Memnon, Antigone und Oedip, von Mayrhofer, und am Grabe Anselmos, von Claudius. Für 1 Singstimme mit Begleitung des Pianoforte. Op. 6. 45 kr.

— *Frühlingslied, Naturgenuß, für 4. Männerstimmen, mit willkührlicher Begleitung des Pianoforte oder der Guitarre. Op. 16. 2 fl. 15 kr.*

— *vier Gesänge für 4 Männerstimmen ohne Begleitung. Op. 17. 1 fl.*

Die Kirchenmusikwerke Op. 45 und 46 (das erste Offertorium) kamen am 23. Juni 1825, Op. 47 am 25. Juli 1825 in der *Wiener Zeitung* zur Erstanzeige[23]. Op. 16 und Op. 17 waren ebendort bereits am 9. Oktober

[23] DEUTSCHD 290f., 298.

1823[24], Op. 1—6, 9 und 18 bereits früher auch in Linz angeboten worden.

17. Aus dem *Intelligenzblatt zur kaiserlich-königlich privilegirten Linzer-Zeitung* vom 23. Jänner 1826.

In der k. k. priv. akademischen Kunst- Musik- und Buchhandlung in Linz, in der Klostergasse Nr. 59, sind zu haben:

Musikalien.
(Preise sämmtlich in Conventions-Münze)

......

Schubert, F., Tantum ergo in C. für Sopran, Alt, Tenor und Bass, 2 Violinen, 2 Oboen oder Clarinetten, 2 Trompeten und Pauken, Contrabass und Orgel. 45tes Werk. 45 kr.

Op. 45 wurde bereits am 5. Dezember 1825 in Linz angeboten[26]. Zur Wiener Erstanzeige vgl. die Bemerkung zu Nr. 16.

18. Aus dem *Intelligenzblatt zur kaiserlich-königlich privilegirten Linzer-Zeitung* vom 10. März 1826.

In der k. k. priv. akademischen Kunst- Musik- und Buchhandlung in Linz, in der Klostergasse Nr. 59, sind zu haben:

Musicalien.
(Preise sämmtlich in Conventions-Münze.)

......

Schubert (F.) trois Quatuors pour deux Violons. Liv. 2. 1 fl. 42 kr.

Offenbar verstümmelte Voranzeige des nicht erschienenen Streichquartetts Op. 29, Nr. 2, zu der keine Parallele in der *Wiener Zeitung* besteht. Dort wurde lediglich Op. 29, Nr. 1 am 7. September 1824 erstmals angeboten[27].

19. Aus dem *Intelligenzblatt zur kaiserlich-königlich privilegirten Linzer-Zeitung* vom 23. Juni 1826.

In der k. k. priv. akademischen Kunst- Musik- und Buchhandlung in Linz, in der Klostergasse Nr. 59, sind zu haben:

---

24 DEUTSCHD 200.
25 Vgl. S. 152, 154, 156.
26 Vgl. S. 158.
27 DEUTSCHD 257.

Musikalien.

......

Schubert. Willkommen und Abschied, für eine Singstimme mit Begleitung des Pianoforte. 56. Werk. 2 Hefte. 1fl. 12 kr. CM.

Schubert, premiere grande Sonate pour le Pianoforte. Op. 42. 2 fl. CM.

Die Erstanzeige der hier unter verkürzten Titeln offerierten Lieder in der *Wiener Zeitung* erfolgte am 14. Juli 1826. Die Sonate Op. 42 wurde ebenda erst am 5. März 1827 als „*soeben erschienen*" angeboten[28].

20. Aus dem *Intelligenzblatt zur kaiserlich-königlich privilegirten Linzer-Zeitung* vom 21. August 1826.

In der k. k. priv. akademischen Kunst- Musik und Buchhandlung in Linz in der Klostergasse Nr. 59, sind zu haben:

Musikalien.

(Preise sämmtlich in Conventions-Münze.)

......

Schubert, F., zweytes Offertorium: Salve Regina. Solo für Sopran, mit Begleitung von 2 Violinen, 2 Clarinetten, 2 Fagotten, 2 Hörner, Contrabass und Orgel. 47. Werk. 1 fl. 15 kr.

— *erstes Offertorium: Totus in corde langueo. Solo für Sopran oder Tenor, und Clarinett concertant, mit Begleitung von 2 Violinen, 2 Flöten, 2 Hörner, Contrabass und Orgel. 1 fl. 30 kr.*

Op. 47 wurde erstmals am 25. Juli 1825, das erste Offertorium, Op. 46, am 23. Juni 1825 in der *Wiener Zeitung* angeboten[29].

21. Aus dem *Intelligenzblatt zur kaiserlich-königlich privilegirten Linzer-Zeitung* vom 28. August 1826.

In der k. k. priv. akademischen Kunst- Musik- und Buchhandlung in Linz, in der Klostergasse Nr. 59, ... sind zu haben:

Musikalien.

(Preise sämmtlich in Conventions-Münze.)

......

Schubert, F., Tantum Ergo in C für Sopran, Alt, Tenor und Bass. 2 Violinen, 2 Oboen oder Clarinetten, 2 Trompeten und Pauken, Contrabass und Orgel. 45tes Werk. 45 kr.

Zur Wiener Erstanzeige von Op. 45 vgl. die Anmerkung zu Nr. 16.

---

28 DEUTSCHD 368, 413.

29 DEUTSCHD 298, 291.

22. Aus dem *Intelligenzblatt zur kaiserlich-königlich privilegirten Linzer-Zeitung* vom 13. Oktober 1826.

In der k. k. priv. akademischen Kunst- Musik- und Buchhandlung in Linz, in der Klostergasse Nr. 59, sind zu haben:

......

Musikalien.

Schubert, F., zweytes Offertorium Salve Regina, Solo für Sopran mit Begleitung von 2 Violinen, 2 Clarinetten, 2 Fagotten, 2 Hörner, Contrabass und Orgel. 47tes Werk. 1 fl. 15 kr. CM.

Zur Wiener Erstanzeige von Op. 47 vgl. die Anmerkung zu Nr. 16.

23. Aus dem *Intelligenzblatt zur kaiserlich-königlich privilegirten Linzer-Zeitung* vom 20. Oktober 1826.

In der k. k. akademischen Kunst- Musik- und Buchhandlung in Linz, in der Klostergasse Nr. 59, sind zu haben:

......

Schubert, F., 7 Gesänge aus Walter Scott's Fräulein vom See, mit Begleitung des Pianoforte. Op. 52. 1 fl. 45 kr. CM.

Wurde am 5. April 1826 erstmals in der *Wiener Zeitung* angeboten[30].

24. Aus der *Relation des Ausschusses der Gesellschaft der Musikfreunde in Linz. Für das vierte Ausschußjahr vom 18. November 1824, bis 18. November 1825.* Linz 1826, S. 12.

Verzeichniß der bey der Gesellschaft der Musikfreunde in Linz befindlichen Mitglieder in alphabetischer Ordnung

A. Ehrenmitglieder

......

Hr. Schubert, Franz, Tonsetzer.

Die Relationen für die zwei folgenden Vereinsjahre sind nicht erhalten. In der *Relation des Ausschusses der Gesellschaft der Musik-Freunde in Linz. Für das siebente Ausschuß-Jahr 1828* (Linz 1829) wird der inzwischen verstorbene Schubert nicht mehr als Ehrenmitglied geführt.

25. Aus dem *Intelligenzblatt zur kaiserlich-königlich privilegirten Linzer-Zeitung* vom 26. Jänner 1827.

In der k. k. priv. akademischen Kunst- Musik- und Buchhandlung in Linz, in der Klostergasse Nr. 59, ist ganz neu zu haben:

---

30 DeutschD 353.

. . . . . .

Musikalien

(Preise sämmtlich in Conventions-Münze.)

. . . . . .

Schubert, F., Walzer, Ländler und Ecossaisen für das Pianoforte. 45 kr.

. . . . . .

Schubert, F., Walzer, Ländler und Ecossaisen für das Pianoforte. 45 kr. CM.

— *Original-Tänze für das Pianoforte. 45 kr.*

Zu den Wiener Erstankündigungen vgl. die Anmerkung zu Nr. 11.

26. Aus dem *Intelligenzblatt zur kaiserlich-königlich privilegirten Linzer-Zeitung* vom 20. April 1827.

In der k. k. priv. akademischen Kunst- Musik- und Buchhandlung in Linz, in der Klostergasse Nr. 59, sind zu haben:

Musikalien.

(Preise sämmtlich in Conventions-Münze.)

. . . . . .

Schubert, F., Valses nobles pour le Pianoforte 40 kr.

Dieses Op. 77 wurde am 22. Jänner 1827 erstmals in der *Wiener Zeitung* angeboten[31].

27. Aus dem *Intelligenzblatt zur kaiserlich-königlich privilegirten Linzer-Zeitung* vom 6. August 1827.

In der k. k. priv. akademischen Kunst- Musik- und Buchhandlung in Linz, in der Klostergasse Nr. 59, sind zu haben:

Musikalien.

(Preise sämmtlich in Conventions-Münze.)

. . . . . .

Schubart[!], *das Heimweh; die Allmacht, für 1 Singst. mit Begl. des Pianof. Op. 79. 1 fl.*

Wurde am 16. Mai 1827 erstmals in der *Wiener Zeitung* angeboten[32].

28. Aus dem *Intelligenzblatt zur kaiserlich-königlich privilegirten Linzer-Zeitung* vom 13. August 1827.

---

31 DEUTSCHD 402.

32 DEUTSCHD 431 f.

In der k. k. priv. akademischen Kunst- Musik- und Buchhandlung in Linz, in der Klostergasse Nr. 59, sind zu haben:

......

Musikalien.
(Preise sämmtlich in Conventions-Münze.)

......

Schubert (F.) Alinde. An die Laute. Zur guten Nacht. Für eine Singstimme mit Begleitung des Pianoforte. 45 kr.
— *Der Wanderer an den Mond. Das Zügenglöcklein. Im Freyen. Für eine Singstimme mit Begleitung des Pianoforte. 1 fl.*

......

Schubert (F.) Andantino varié et Rondeau brill. pour le Pianoforte à 4 mains. 45 kr.

Die ersten drei Lieder (Op. 81) wurden am 28. Mai 1827, die folgenden (Op. 80) am 25. Mai 1827 und die Klavierstücke (Op. 84) am 6. Juli 1827 erstmals in der *Wiener Zeitung* angeboten[33].

29. Aus dem *Intelligenzblatt zur kaiserlich-königlich privilegirten Linzer-Zeitung* vom 3. September 1827.

In der k. k. priv. akad. Kunst-, Musik- und Buchhandlung in Linz, in der Klostergasse Nr. 59, ... sind zu haben:

Musikalien
(Preise sämmtlich in Conventions-Münze)

......

Schubert, F., der Unglückliche. Die Hoffnung. Der Jüngling am Bache. Für eine Singstimme mit Begleitung des Pianoforte. 1 fl.

Diese Lieder Op. 87 wurden am 6. August 1827 erstmals in der *Wiener Zeitung* angeboten[34].

30. Aus dem *Intelligenzblatt zur kaiserlich-königlich privilegirten Linzer-Zeitung* vom 28. Jänner 1828.

In der k. k. priv. akad. Kunst-, Musik- und Buchhandlung in Linz, in der Klostergasse Nr. 59, sind neu zu haben:

Neueste Tanzmusik für den Carneval 1828.
(Preis sämmtlich in Conventions-Münze.)
Für das Pianoforte allein.

---

[33] DEUTSCHD 434f., 440.
[34] DEUTSCHD 442.

. . . . . .

Schubert, Fr., Grätzer-Walzer. 91. Werk. 36 kr.

— *Grätzer-Galoppe. 92. Werk. 10 kr.*

. . . . . .

Für das Pianoforte zu 4 Händen.

. . . . . .

Schubert, Fr., Grätzer-Galoppe. 92. Werk. 15 kr.

. . . . . .

Favorit-Galoppen

Nr. 10. Grätzer-Galoppe von Schubert, f. d. Pianof. allein 10 kr., do. zu 4 Hände 15 kr.

Ferner sind noch zu haben:

Für das Pianoforte.

. . . . . .

Schubert, Fr., Valses nobles, Oeuv. 77. 40 kr.

. . . . . .

Schubert, Abendlied für die Entfernte, für eine Singstimme mit Pianoforte-Begleitung. 45 kr.

Op. 91 und Op. 92 wurden am 5. Jänner 1828 erstmals in der *Wiener Zeitung* angeboten[35]. Zu Op. 77 vgl. die Anmerkung zu Nr. 24. Bei dem *Abendlied an die Entfernte* handelt es sich, dem angegebenen Preis zufolge, um eine vollständige Anzeige des vier Lieder umfassenden Op. 88, das am 12. Dezember 1827 erstmals in der *Wiener Zeitung* angezeigt worden war[36].

31. Aus dem *Intelligenzblatt zur kaiserlich-königlich privilegirten Linzer-Zeitung* vom 19. Mai 1828.

In der k. k. priv. akad. Kunst-, Musik- und Buchhandlung in Linz, in der Klostergasse Nr. 59, ist zu haben:

. . . . .

Musicalien

(Preise sämmtlich in Conventions-Münze.)

. . . . . .

Schubert (F.) Momens musicals pour le Pianoforte. 36 kr.

---

[35] DEUTSCHD 474.

[36] DEUTSCHD 466f.

Die Erstanzeige dieses Op. 94 in der *Wiener Zeitung* erfolgte, als „*soeben erschienen*", erst am 11. Juli 1828[37].

32. Aus dem *Intelligenzblatt zur kaiserlich-königlich privilegirten Linzer-Zeitung* vom 22. August 1828.

In der k. k. priv. akad. Kunst-, Musik- und Buchhandlung in Linz, in der Klostergasse Nr. 59, sind zu haben:

Musikalien.

. . . . . .

Schubert, Impromtu pour le Pianoforte. Op. 90. Nr. 1 et 2. 1 fl. 30 kr.

Wurde am 10. Dezember 1827 zum erstenmal (irrig als Op. 87) in der *Wiener Zeitung* angeboten[38].

33. Aus dem *Intelligenzblatt zur kaiserlich-königlich privilegirten Linzer-Zeitung* vom 8. Dezember 1828.

In der k. k. priv. akad. Kunst-, Musik- und Buchhandlung in Linz, in der Klostergasse Nr. 59, ist zu haben:

. . . . . .

Musikalien.

(Preise sämmtliche in Conventions-Münze.)

. . . . . .

Schubert. Wehmuth. Ewige Liebe. Flucht. Für 4 Männerstimmen. 64. Werk. 1 fl. 15 kr.

Wurde am 6. Oktober 1828 erstmals in der *Wiener Zeitung* angeboten[39].

---

[37] DEUTSCHD 526.

[38] DEUTSCHD 466.

[39] DEUTSCHD 541 f.

IGNAZ WEINMANN †

DIE SCHUBERT-SAMMLUNG IM MUSIKARCHIV DER BENEDIKTINERABTEI SEITENSTETTEN

INHALT

VORBEMERKUNG DER HERAUSGEBER

„Vorstehende Ausführungen sollten in Kürze Leben und Wirken Pater Puschls, eines schlichten Mannes, nachzeichnen, der neben seinem Priestertum, Lehramt und sonstigen vielfältigen Berufspflichten noch Zeit und Liebe fand, eine fast lückenlose Sammlung der frühgedruckten Werke Franz Schuberts aufzubauen. Pater Puschl eilte damit seiner Zeit weit voraus, er schuf ein Werk, das erst die Gegenwart zu würdigen weiß. Mögen daher diese Zeilen dazu beitragen, die Person Pater Leopold Puschls der Vergessenheit zu entreißen, die Bedeutung seines Werkes erstmals ins richtige Licht zu setzen und damit dankbar dieses bescheidenen Gelehrten zu gedenken."

Mit diesen Worten schloß Ignaz Weinmann seine Arbeit über die bedeutende Schubert-Sammlung der Benediktinerabtei Seitenstetten, auf die er anläßlich der Katalogisierung des gesamten Musikarchives für das Internationale Quellenlexikon der Musik durch seinen Bruder Prof. Dr. Alexander Weinmann aufmerksam gemacht worden war. Der Autor, geboren am 20. September 1897 in Wien, gestorben am 16. Oktober 1976 ebenda, war neben seiner beruflichen Laufbahn im Dienste der Österreichischen Bundesbahnen, die er als Zentralinspektor der Generaldirektion beendete, dilettierender Musiker und — wie Pater Puschl — Musikaliensammler. Seine ebenfalls hauptsächlich auf die Werke Franz Schuberts konzentrierte Sammeltätigkeit und seine daraus resultierenden intensiven Forschungsarbeiten hatten ihn bald mit dem Schubertforscher Otto Erich Deutsch und der Editionsleitung der Neuen Schubert-Ausgabe in Verbindung gebracht. Eine — neben der im folgenden abgedruckten — weitere Publikation Ignaz Weinmanns, die sich ausführlich mit Schuberts zweimaligem Aufenthalt bei der Familie des Grafen Esterhazy auf deren ungarischem Landsitz Zelesz an der Waag beschäftigt, befindet sich im Planungsstadium. Viele Jahre widmete Ignaz Weinmann auch den mühevollen Vorarbeiten zu einem Verlagsverzeichnis der Hauptverleger Schuberts Anton Diabelli und C. A. Spina, einem Plan, dessen Verwirklichung er nicht mehr erleben sollte.

VORBEMERKUNG DES AUTORS

Im Verlauf einer Bestandsaufnahme der im Musikarchiv des Benediktinerstiftes Seitenstetten in Niederösterreich vorhandenen Notendrucke und Musikhandschriften fanden sich neben einer großen Anzahl von Erst- und Frühdrucken der Werke Franz Schuberts auch viele Abschriften seiner Werke. Nachdem die zerstreut eingeordneten Hefte gesammelt waren, ergab sich, daß fast das ganze in den Jahren 1822 bis 1874 gedruckte Oeuvre Schuberts in Erst- oder sehr frühen Ausgaben vorlag und auch unter den Abschriften sich mehrere interessante Stücke befanden. Es lag daher nahe, diese Drucke und Handschriften in eine geschlossene Schubert-Sammlung zusammenzufassen und in richtiger Ordnung gesondert aufzustellen.

Die Erwerbung der Drucke und Sammlung der Abschriften ist dem Seitenstettener Konventualen und begeisterten Schubert-Verehrer P. Leopold Puschl OSB (1802—1874) — also noch einem Zeitgenossen Schuberts — zu danken, der in den Jahren 1825—1874 alle ihm erreichbaren Notendrucke und viele Abschriften der Werke dieses Meisters zusammentrug. Die vorliegende Beschreibung dieser Sammlung gibt daher gleichzeitig auch Gelegenheit, dankbar dieses verdienstvollen Mannes zu gedenken und sein Wirken in einem eigenen Abschnitt zu würdigen.

Der Abtei Seitenstetten spreche ich an dieser Stelle meinen Dank aus, daß sie mir — einem seit mehr als sechzig Jahren unermüdlichen Schubert-Sammler — die Aufstellung dieser Schubert-Sammlung ermöglicht hat. Nicht minder bin ich dem Leiter des Musikarchives, dem Archivar des Stiftes, Pater Dr. Benedikt Wagner OSB, zu Dank verpflichtet, der sowohl die verschiedentlich eingeordneten Schubert-Drucke und Abschriften zu vereinigen half als auch in mühevoller Kleinarbeit die einschlägigen Dokumente und Schriften aus den Beständen des Stiftsarchivs beisteuerte.

Weiters habe ich Dr. Walther Dürr von der Editionsleitung der *Neuen Schubert-Ausgabe* in Tübingen zu danken, der die große Anzahl der Abschriften einer weiteren Durchsicht unterzog und deren Ergebnis in einer eigenen Veröffentlichung der *Neuen Schubert-Ausgabe*

(*Quellen II*) festhielt, wodurch der Abschnitt *Abschriften* der vorliegenden Schrift wertvolle Ergänzung erfahren konnte.

Schließlich danke ich auch meinem Bruder Prof. Dr. phil. Alexander Weinmann für die Mitarbeit an der Versorgung dieser Arbeit mit den entsprechenden Bildern.

Wien, im Frühling 1976. Ignaz Weinmann †

EINLEITUNG

Das Benediktinerstift Seitenstetten geht auf eine Gründung des Edelfreien Udalschalk zurück, der im Jahre 1109 oder etwas früher bei St. Veit in der Au, in der Nähe des heutigen Stiftes, ein Kloster für Chorherren ins Leben rief. Als er jedoch seine Absichten hier nicht erfüllt fand, gründete er bereits 1112 auf seinem Gut Sitansteten ein neues Kloster für Benediktiner, das 1114 mit Mönchen aus Göttweig besiedelt wurde. Ungeachtet aller Bedrohungen und Gefahren, wie mehrfache Brände im Mittelalter, Türken (1529, 1532, 1683) und Franzosen (1805/9), aber auch Reformation, Josephinismus und zuletzt Nationalsozialismus, hat das Stift seither seine Tradition ungebrochen bewahrt. Seine heutige Gestalt hat es in der ersten Hälfte des 18. Jahrhunderts erhalten, jener Zeit, da nach der endgültigen Bannung der Türkengefahr insbesondere die großen Stifte sich ungehindert entfalten konnten: 1729 wurde der Kirchen-, 1750 der Stiftsbau abgeschlossen. Der prächtige Innenraum der Stiftskirche mit den in schwarz und gold ausgeführten Altären, das große Stiegenhaus mit dem Deckengemälde Bartolomeo Altomontes, der Marmorsaal mit dem Fresco von Paul Troger, der große Festsaal und der mächtige, zwei Stockwerke hohe Bibliothekssaal, ebenfalls mit einem Deckenfresco von Troger, gehören zu den Schätzen des Stiftes. In der Bibliothek befinden sich 16.000 durchwegs in weißes Leder gebundene Bücher und Handschriften, darunter Missalien und Antiphonalien des Mittelalters, in anderen Räumen etwa 40.000 weitere Bände. In den übrigen, mit erlesenem Mobiliar ausgestatteten Barocksälen sind die Sammlungen untergebracht, von denen die Schatzkammer mit ihren kostbaren Paramenten, die große Gemäldesammlung — darunter allein 70 Bilder des Kremser Schmidt —, die Kupferstichsammlung, das Mineralienkabinett und die Gymnasialbibliothek mit mehr als 6000 Bänden besonders hervorstechen. Die Musikaliensammlung enthält etwa 20.000 Drucke und Handschriften, die in 26 Schränken eingeordnet sind. Sie sind Zeugen einer blühenden Musikpflege, die insbesondere in der Zeit von etwa 1870 bis 1914, einem der Höhepunkte in der Geschichte des Stiftes überhaupt, großen Aufschwung nahm. Die damals erfolgte vielseitige Musikpflege — es gab im Stift drei Orchester, eine Harmoniemusik und Sängerknaben — brachte es von selbst mit sich, daß das Musikarchiv durch Ankäufe und Abschriften ständig erweitert wurde.

ABKÜRZUNGEN UND SIGLEN

A.	Alt
A Di Co	A. Diabelli & Comp.
A KR	Stift Kremsmünster
A Wgm	Wien, Gesellschaft der Musikfreunde
A Wn	Wien, Österreichische Nationalbibliothek
A Wst	Wien, Wiener Stadt- und Landesbibliothek
Abschr.	Abschrift
Ant Di Co	Ant(on) Diabelli & Comp.
Art Co	Artaria & Co.
Aut.	Autograph
B.	Baß
B & H	Breitkopf & Härtel
Bar.	Bariton
Begl.	Begleitung
Cap Co	Cappi & Comp.
Cap Cz	Cappi & Czerny
Cap Di	Cappi & Diabelli
Carl Hasl	Carl Haslinger
CH	Schweiz
Charles Hasl	Charles Haslinger
CM	Conventionsmünze
Cz	(Joseph) Czerny
D	OTTO ERICH DEUTSCH, *Schubert, Thematic catalogue of all his works in chronological order*. London 1951.
D-brd B	Berlin, Staatsbibliothek (Stiftung Preußischer Kulturbesitz)
D-ddr Bds	Berlin, Deutsche Staatsbibliothek
D-ddr LEm	Leipzig, Musikbibliothek der Stadt Leipzig
Deutsch, Them. Cat.	(wie oben D)
Di	Diabelli
Dr., -dr.	Druck
E	Erstdruck (vgl. S. 185)
EA	Erstausgabe
Ed.	Edition
Ed. nouv.	Edition nouvelle
Ex.	Exemplar
F Pc	Paris, Bibliothèque nationale (ancien fonds du Conservatoire national de musique)
fl.	Gulden (bei Preisangaben)
GA	Gesamtausgabe
GB Lbm	London, British Library

GdM	Gesellschaft der Musikfreunde in Wien
Ges.	Gesang (Gesänge)
Gotth	J. P. Gotthard
Jos Cz	Joseph Czerny
H.	Heft
h.	-händig
Harm.	Harmonium
Ho	Hochformat
hs.	handschriftlich
Karl Hasl	Karl Haslinger
Kl.	Klavier
Kl.A.	Klavierauszug
Ldf	M. J. Leidesdorf
m	Mitte
M Art	Matthias Artaria
Nott	GUSTAV NOTTEBOHM, *Thematisches Verzeichniss der im Druck erschienenen Werke von Franz Schubert.* Wien 1874.
o	oben
op.	opus
Orch.	Orchester
Pap.	Papier
Part.	Partitur
Pen	A(nton) Pennauer
Pet	C. F. Peters
Pfte.	Pianoforte
Pl.Nr.	Plattennummer
Qu	Querformat
Sa & Ldf	Sauer & Leidesdorf
Slg.	Sammlung
Sopr.	Sopran
Spi	C. A. Spina
St.	Stimme
T.	Tenor
Tob Hasl	Tobias Haslinger
Tob Hasl Wwe & S	Tobias Haslinger's Witwe und Sohn
u	unten
Ü	Übertragung (vgl. S. 185)
V.	Violine
V.Nr.	Verlagsnummer
Va.	Viola
Vc.	Violoncello
Weigl	Thaddäus Weigl
Witz	A. O. Witzendorf
x	Kreuzer (bei Preisangaben)
Römische Zahlen	bei Auflage-Angaben 2., 3. usw. Auflage (vgl. S. 185) bei Datumsangaben: Monat

DIE SCHUBERT-SAMMLUNG
IM MUSIKARCHIV
DES STIFTES SEITENSTETTEN

Allgemeines

Die Schubert-Sammlung des Stiftes geht auf den langjährigen Regens chori, späteren Gymnasialdirektor und Superior P. Leopold Puschl (1802—1874) zurück. Er war Zeit seines Lebens unablässig bemüht, das Musikarchiv des Stiftes durch Anschaffung von Notendrucken, Herstellung von Abschriften und stete Sorge für die richtige Ordnung, Aufstellung und Erhaltung des Notenmaterials zu einem vorbildlichen Institut auszugestalten. Seine besondere Verehrung galt Franz Schubert, dessen gedruckte Werke er in nahezu fünfzigjähriger Sammlertätigkeit zu einem imposanten Fundus vereinigte und dadurch die bedeutendste und umfangreichste klösterliche Schubert-Bibliothek schuf.

Diese Schubert-Sammlung gliedert sich in drei Abteilungen. Der erste Teil umfaßt die Notendrucke von Schuberts Werken in Erst- und Frühausgaben, denen weitere Drucke — auch solche von anderen Verlagen — angeschlossen sind. Die zweite Abteilung besteht in einer umfassenden Sammlung von Abschriften verschiedener Schubert-Werke, darunter eine größere Anzahl solcher aus der Zeit vor der Drucklegung des betreffenden Werkes. Der dritte Teil enthält Schubertiana: eine Reihe von interessanten Notizen Puschls, verschiedene Drucke, Anzeigen und Schubert betreffende Veröffentlichungen aus früher Zeit und außerdem ältere Schubert-Literatur.

Die Aufstellung der Sammlung

Die Schubert-Sammlung ist im Musikarchiv des Stiftes im Schrank „U“ untergebracht, dessen 8 Fächer von oben nach unten numeriert sind; jedes von ihnen ist zweigeteilt, die Bestände sind in Mappen geordnet. Abschriften und Bilder sind am Schluß der Sammlung eingeordnet, die Bücher befinden sich in einem eigenen Fach.

Die Anordnung ist folgende:

Aufstellungsplan der Schubert-Sammlung

Kastenfach Nr.		
	NOTENDRUCKE	
	Opusnummern	
1	1— 23 25— 35	36— 47 48— 65
2	66— 81 82— 96 97—103	104—114 115—130 131—140
3	Schubertiana Sammlungs-Verzeichnis Schubert-Bücher	141—160 161—165 166—173 Nachlass N 1—7
4	N 8—28 N 29—50 Notteвohm Seite 203—204	Nott 205—213 Nott 214—217 Nott 219—220
5	Nott 221—223 Nott 225—229 Nott 230—243	Nott 244—263 D 48—730 Zweifelhafte Kompositionen Reihenwerke (Kompositionen) Rahmen-Ausg. bis Immortellen Sonaten [Lyra] bis Zulagen
6	Reihenwerke (Übertragungen) Wiener Salon-Musik bis Apollo am Damen-Toilette Verschiedene Übertragungen in kleinen Reihen Czerny bis Neue Musik-Zeitung	Einzel- Übertragungen Erlkönig bis Singspiele Verschiedene Verleger Litolff, Braunschweig Holle, Wolfenbüttel
7	Peters, Leipzig Vokalwerke Kammermusik, Duos Sonstige Kammermusikwerke Klavierwerke	Breitkopf & Härtel, Leipzig Universal-Edition, Wien Freundeskreis, Zeitgenossen

ABSCHRIFTEN

8 I, II, III, IV
Philomele,
Einzelne Abschriften

NOTENDRUCKE

Litolff, Braunschweig
Schuberts Lieder:
Bände I—X
Bände 3—10

BILDER

DIE NOTENDRUCKE

Überblick

Pater Puschl schuf die Sammlung der Notendrucke durch unablässigen Erwerb der in den Jahren 1824 bis 1874 erschienenen Erst- und Frühdrucke der Werke Schuberts sowie durch fortwährenden Zukauf von weiteren Ausgaben auch aus anderen Verlagen. Der Umfang dieser Sammlung erreichte schließlich etwa 800 Notenhefte, darunter ungefähr 500 Erst- und Frühausgaben.

Die Notendrucke erwarb Pater Puschl in der angeführten Zeitspanne von 50 Jahren meist unmittelbar nach ihrem Erscheinen von den Verlegern bzw. Musikalienhandlungen; sie kamen so als unbeschnittene Exemplare in vorzüglichem, meist verlagsfrischem Zustand in das Seitenstettner Musikarchiv, wo sie ebenso gut erhalten blieben. Auf jedem derartigen Notenheft verzeichnete Pater Puschl genau den Tag des Erwerbes bzw. der Einreihung in die Musiksammlung. Dieses Datum bildet heute einen äußerst wichtigen Hinweis auf das Erscheinen des Heftes, wie die folgende Gegenüberstellung bereits bekannter Erscheinungsdaten von Schubertdrucken mit den Erwerbsdaten Pater Puschls zeigt:

Zur Datierung von Schubert-Erstdrucken

Opus	Werk Deutsch *Them. Cat.*	Datierung Deutsch *Them. Cat.*	*Wiener Zeitung* (1. Anzeige)	Einreihung in die Sammlung Seitenstetten
26	797	Oktober 1866	[2. 12. 1865]*	24. 12. 1865
50	779	21. 11. 1825	21. 11. 1825	7. 12. 1825
57	633, 634, 193	6. 4. 1826	6. 4. 1826	13. 5. 1826
62	877	2. 3. 1827	2. 3. 1827	27. 3. 1827
72	774	2. 3. 1827	2. 3. 1827	27. 3. 1827
92	764, 543, 142	11. 7. 1828	11. 7. 1828	6. 3. 1828

* Aus dem Ablieferungsbuch der Fa. Spina an die Behörden

98	497, 498, 573	10. 7. 1829	10. 7. 1829	14. 7. 1829
99	898	1836	10. 6. 1836	1. 7. 1836
104	930	1829	10. 7. 1829	18. 7. 1829
114	667	Frühjahr 1829	1. 5. 1829	16. 5. 1829
133	757	ca. 1838	11. 11. 1839	8. 7. 1839
141	324	1838	14. 11. 1837	27. 11. 1837
154	964	ca. 1847	8. 6. 1849	16. 6. 1849
168	112	Mai 1863	9. 2. 1863	24. 3. 1863
170	591	1866	[4. 12. 1865]*	24. 12. 1865
Nachlaß				
13	860, 861	4. 1. 1832	4. 1. 1832	31. 1. 1832
19	474, 397	29. 10. 1832	29. 10. 1832	17. 11. 1832
21	622, 792	14. 2. 1833	14. 2. 1833	16. 2. 1833
24	910, 842	25. 9. 1833	25. 9. 1833	20. 9. 1833
25	854, 882, 120	9. 10. 1835	9. 10. 1835	19. 7. 1834
26	938	9. 10. 1835	9. 10. 1835	21. 7. 1835
27	931, 932, 933	9. 10. 1835	9. 10. 1835	21. 9. 1835
32	620	ca. 1841	13. 6. 1840	15. 6. 1840
46	749	ca. 1848	8. 1. 1850	4. 2. 1850
50	197, 432, 297	ca. 1850	—	13. 1. 1851
Nott. Seite				
221	689	Jänner 1866	[4. 12. 1865]*	24. 12. 1865

Beim Vergleich der Datierungen zeigt sich vor allem, daß die Erwerbsdaten Puschls mit den bereits bekannten Erscheinungsdaten der Erstdrucke zeitbedingt nur unbedeutend voneinander abweichen. Sie geben daher in den meisten Fällen eine erwünschte Bestätigung der schon anderweitig festgestellten Datierung der Notendrucke; bestehen aber zwischen zwei bereits bekannten Daten größere Zeitdifferenzen, so weisen die Feststellungen Puschls auf das vermutlich richtige Erscheinungsdatum hin. Nicht zuletzt kann eine bisher lediglich auf Grund der Plattennummer ermittelte, nicht immer zuverlässige Datierung (z. B. Vorausgabe von Plattennummern bei Reihenwerken) nunmehr neuerlich und genauer eingegrenzt werden.

Neben den Erst- und Frühausgaben finden sich auch Auflagen späteren Datums und Ausgaben fremder Verleger. Diese Musikdrucke (Verleger: Peters, Litolff, Holle und andere) dienten seinerzeit dem täglichen Gebrauch bei Musikaufführungen. Da es sich dabei meist um ältere, oft ganz eigenartige Drucke handelt, wurden sie, in eine eigene Abteilung — „Sonstige ältere Ausgaben" — zusammengefaßt, ebenfalls der Sammlung eingegliedert. Ferner finden sich in der Sammlung auch zweifelhafte bzw. Franz Schubert unterschobene Kompositionen[1].

Verzeichnis der Notendrucke

Die im nachstehenden Verzeichnis angeführten Notendrucke sind in der Reihenfolge der im *Thematischen Verzeichnis* von G. Nottebohm[2] beschriebenen Werke angeordnet. Spätere, in Nottebohms Verzeichnis nicht mehr aufscheinende Werke folgen den Nummern des *Thematic Catalogue* von O. E. Deutsch[3].

Im nachfolgenden Verzeichnis der Notendrucke sind angegeben:

1. Die Auflage des Druckes. Hiebei sind bezeichnet mit
   E. . . . . Erstausgaben
   II, III, IV, V. . . . . zweite und folgende Ausgaben
   Ü. . . . . Übertragungen aller Art

2. Die Opus-Zahl; später die Nummer der 50 Lieferungen der *Nachgelassenen musikalischen Dichtungen für Gesang und Pianoforte*, sodann die Seitenzahl der in Nottebohms *Thematischem Verzeichnis* angeführten restlichen Kompositionen und schließlich die Nummern der übrigen, erst im *Thematic Catalogue* von Otto Erich Deutsch verzeichneten Werke.

3. Die Titel der einzelnen Drucke, jedoch derart abgekürzt, daß bei Heften, die mehrere Kompositionen enthalten, nur das jeweils auf der Titelseite erstangeführte Werk (mit dem Zusatz „usw.") angegeben ist.

---

[1] Siehe S. 225.

[2] Gustav Nottebohm, *Thematisches Verzeichnis der im Druck erschienenen Werke von Franz Schubert.* Wien 1874.

[3] Otto Erich Deutsch, *Schubert. Thematic Catalogue of all his works in chronological order.* London 1951.

4. Der auf der Titelseite des Druckes aufscheinende Verlegername in Abkürzung (siehe S. 177f.).

5. Bezeichnung und Nummer der Druckplatte.

6. Das von Puschl vermerkte Datum des Eintreffens des Druckes in Seitenstetten.

7. Allfällige Zusätze.

Erst- und Frühausgaben

Der Übersichtlichkeit halber sind hier auch einige wenige, bedeutend später erschienene Notendrucke aufgenommen.

Werke mit Opuszahl (1—173)

D	Auflage	Opus	Titel	Verleger	Pl. Nr.	Erwerbsdatum bzw. Vermerk Puschl	Anmerkungen
328	V	1	*Erlkönig*	Ant Di Co	D et C 766	9. 7. 1838	Titelvignette
118	IV	2	*Gretchen am Spinnrade*	Ant Di Co	C et D 767	14. 12. 1838	
121, 216, 257, 368	IV	3	*Schäfers Klagelied* usw.	Ant Di Co	C et D 768	14. 12. 1838	
493, 685, 224	V	4	*Der Wanderer* usw.	Ant Di Co	D et C 773 [S. 10: D&C 773]	14. 12. 1838	Titelvignette
138, 162, 225, 226, 367	IV	5	*Rastlose Liebe* usw.	Ant Di Co	C et D 789	14. 12. 1838	
541, 542, 504	IV	6	*Memnon* usw.	Ant Di Co	C et D 790	14. 12. 1838	
514, 515, 531	III	7	*Die abgeblühte Linde* usw.	Ant Di Co	C et D 855	14. 12. 1838	
702, 516 586, 539	II	8	*Der Jüngling auf dem Hügel* usw.	Ant Di Co	C et D 872	22. 8. 1829	
365	III	9/I	*Originaltänze*, Heft 1	Ant Di Co	D et C 873	26. 6. 1844	*Erste Walzer*
365	III	9/II	*Originaltänze*, Heft 2	Ant Di Co	D et C 874	26. 6. 1844	*Erste Walzer*
365/2	IV	9/2	*Der beliebte Wiener Trauerwalzer*	Ant Di Co	D et C 3380 (2 u. 4h.)	26. 6. 1844	Ho
(365/2)	Ü	9/2	C. Czerny, op. 12: *Variationen über den Trauerwalzer*	Tob Hasl	T H 3377	—	Eingeordnet in *Übertragungen Czerny*

D	Auflage	Opus	Titel	Verleger	Pl. Nr.	Erwerbsdatum bzw. Vermerk Puschl	Anmerkungen
365/2	Ü	9/2	*Trauerwalzer, für eine Guitarre*	Ant Di Co *Apollo am Damentoilette* H. 5, Nr. 4	D et C 580	—	Eingelegt in der betreffenden Reihenwerkmappe
624	E	10	*Variationen über ein französisches Lied*	Cap Di	C et D 996	1825	
624	III	10	*Variationen über ein französisches Lied*	A Di Co	D & C 996	23. 2. 1862	Ho
641	E	11/1	*Nr. 1 Das Dörfchen*	Cap Di	C et D 1017	—	Ho
724	E	11/2	*Nr. 2 Nachtigall*	Cap Di	C et D 1018	—	Ho
747	E	11/3	*Nr. 3 Geist der Liebe*	Cap Di	C et D 1019	—	Ho
478, 480, 479	II	12	*Gesänge des Harfners*	A Di Co	C et D 1161	10. 5. 1839	
517, 711, 524	II	13	*Der Schäfer und der Reiter* usw.	A Di Co	C et D 1162	10. 5. 1839	
720, 719	II	14	*Suleika* usw.	A Di Co	C et D 1163	1825	
760	II	15	*Fantaisie*	A Di Co	C et D 1174	1. 12. 1826	
760	Ü	15	*Fantaisie* (4h.)	A Di Co	D & C 8966	12. 2. 1853	
740, 422	II	16	*Frühlingslied* usw. (St.)	Ant Di Co	C et D 1175	31. 7. 1835	
983	II	17	*Vier Gesänge* (St.)	A Di Co	C et D 1176	10. 10. 1864	
369, 161, 544	E	19	*An Schwager Kronos* usw.	Ant Di Co	D et C 1800	1. 12. 1826	
741, 686, 552	E	20	*Drey Lieder*	Sa & Ldf	S et L 231 ohne Preis	27. 3. 1827	
553, 536, 525	E	21	*Auf der Donau* usw.	Sa & Ldf	S et L 276 45 x CM	27. 3. 1827	

D	Auflage	Opus	Titel	Verleger	Pl. Nr.	Erwerbsdatum bzw. Vermerk Puschl	Anmerkungen
771, 772	E	22	*Der Zwerg* usw.	Sa & Ldf	Set L 357 ohne V. Nr.	27. 3. 1827	
751, 743, 744, 761	E	23	*Die Liebe hat gelogen* usw.	Sa & Ldf	Set L 367 ohne V. Nr. ohne Preis	27. 3. 1827	
795/ 1—4	E	25/1	*Die schöne Müllerin* H. 1	Sa & Ldf	Set L 502 ohne V. Nr. ohne Preis	12. 10. 1827	
795/ 5—9	E	25/2	*Die schöne Müllerin* H. 2	Sa & Ldf	Set L 503 ohne V. Nr. ohne Preis	12. 10. 1827	
795/ 10—12	E	25/3	*Die schöne Müllerin* H. 3	Sa & Ldf	Set L 651 ohne V. Nr. ohne Preis	18. 6. 1827	
795/ 13—17	E	25/4	*Die schöne Müllerin* H. 4	Sa & Ldf	Set L 653 ohne V. Nr. ohne Preis	12. 6. 1827	
795/ 18—20	E	25/5	*Die schöne Müllerin* H. 5	Sa & Ldf	Set L 654 ohne V. Nr. ohne Preis	12. 6. 1827	
795	V	25	*Die schöne Müllerin* H. 1—5	Spi (1864)	CS 18103 bis 18122	27. 11. 1864	Ho Herausgegeben von Benedikt Randhartinger

D	Auflage	Opus	Titel	Verleger	Pl. Nr.	Erwerbsdatum bzw. Vermerk Puschl	Anmerkungen
zu 795	—	zu 25	Stark: Nachtrag zu allen Ausgaben des Liedercyclus *Die schöne Müllerin*	Stuttgart, Theodor Stürmer	22	2 Ex. 3. 9. 1867, 15. 8. 1871	Ho
797		26	*Rosamunde* (Gesänge zum Drama)				
797/3b	E		*No. 1. Romance*	Sa & Ldf	V. Nr. 601, 602, 603, 604	18. 11. 1826	
					Pl. Nr. 601		Qu
797/8	E		*No. 2. Jäger-Chor*	Ant Di Co	D et C 3531 Pfte.-Part. u. St., einsprachig	17. 3. 1834	Ho
797/4	E		*No. 3. Geister-Chor*	Ldf	V. Nr. 1061, 1098	30. 1. 1830	
					Pl. Nr. 1098 nur Singst., Bläserst. fehlen		Ho
					Pl. Nr. 1099 Pfte.-St.		Ho
797/4	IV		*No. 3. Geister-Chor*	Spi (1866)	C S 18408 Herbeck-Chöre I. Abteilung, No. 9, Part. u. St.	17. 9. 1867	Ho; in Reihenwerkmappe

D	Auflage	Opus	Titel	Verleger	Pl. Nr.	Erwerbsdatum bzw. Vermerk Puschl	Anmerkungen
797/7	E	(26)	*No. 4. Hirten-Chor*	Ant Di Co	D et C 3533 Pfte.-Part. u. St., einsprachig	17. 3. 1834	Ho
732	Ü		*Ouverture* Pfte. u. Phys-harmonica (Zellner)	Spi (1867)	C S 19328	2 Ex. 22. 8. 1869	in Reihenwerk-mappe
732	Ü		*Ouverture*	Cranz (Spi)	C 25176	—	f. kl. Orch. (*Odeon* 65)
797/1, 5	E		*Zwei Entr'actes zu dem Drama Rosamunde*	Spi (1866)	C S 18577 Part., gelber Umschlag	24. 12. 1865	Nicht Nr. 2 der Reihe *Ouv. u. Entr'actes*!
797/1, 5	Ü		*Zwei Entr'actes* (4h., Reinecke)	Spi	C S 18800	21. 10. 1866	
797/1, 5	Ü		*Zwei Entr'actes* Pfte. u. Phys-harmonica (Zellner)	Spi (1867)	C S 19144	2 Ex. 22. 8. 1869	in Reihen-werkmappe
797/9	E		*Ballett-Musik aus Rosamunde Nr. 1 u. 2*	Spi	C S 19404 Part., blauer Umschlag	23. 12. 1868	Nr. 6 der Reihe *Ouv. u. Entr'actes*
602	III	27	*Trois Marches héroiques*	Ant Di Co	(D et C) 3534	25. 9. 1848	

D	Auflage	Opus	Titel	Verleger	Pl. Nr.	Erwerbsdatum bzw. Vermerk Puschl	Anmerkungen
809	III	28	*Der Gondelfahrer* (Neue Ausgabe)	Ant Di Co	D et C 3535	2. 10. 1851	
804	II	29	*Premier Quatuor*	Ant Di Co	D et C 6109	2 Ex. 1. 7. 1836	
804	Ü	29	*Erstes Quartett* (4h.)	A Di Co	D & C 8985	13. 1. 1851	
617	E	30	*Grande Sonate* (4h.)	Sa & Ldf	S et L 428	20. 7. 1834	
617	III	30	*Premiere Grande Sonate*	A Di Co	D & C 3537	23. 2. 1862	
717	E	31	*Suleika's II. Gesang*	Pen	(A P) 133	1825	
550	II	32	*Die Forelle*	Ant Di Co	D et C 1703 Ohne Opus-Zahl	1. 12. 1826	Mit *Philomele-Ausgabe-Nr. 152* im Kopftitel
783	E	33	*Deutsche Tänze* usw.	Cap Co	C C 45	*Leop. Puschl*	
783	Ü	33	*Deutsche Tänze* (4h.)	Carl Hasl	C H 14105	7. 9. 1869	
675	E	34	*Ouverture* (F; 4h.)	Cap Co	C u C 56	18. 11. 1826	
813	II	35	*Variations* usw.	Ant Di Co	D et C 3538	2. 10. 1851	
707, 672	II	36	*Der zürnenden Diana* usw.	Cap Cz	C u C 60	27. 3. 1827	
672	V	36/2	*Nachtstück*	Gotth (1873)	J P G 394	23. 11. 1873	
672	Ü	36/2	*Nachtstück*	Witz	A O W 3437 Vc. u. Pfte. Transcript. Nr. 7 (Stransky)	—	in Reihenwerkmappe
794, 588	II	37	*Der Pilgrim* usw.	Cap Cz	C u C 71	27. 3. 1827	

D	Auflage	Opus	Titel	Verleger	Pl. Nr.	Erwerbsdatum bzw. Vermerk Puschl	Anmerkungen
794	V	37/1	*Der Pilgrim*	Witz	A O W 71 Einzelausgabe Nr. 3	20. 2. 1860	in Reihenwerkmappe
588	V	37/2	*Der Alpenjäger*	Witz	A O W 71 Einzelausgabe Nr. 4	20. 2. 1860	in Reihenwerkmappe
209	IV	38	*Der Liedler*	Witz	A O W 110	10. 6. 1853	
636	E	39	*Sehnsucht*	Pen	(A P) 207	18. 11. 1826	
819	III/a	40	*Six grandes Marches et Trios* H. 1	Ant Di Co	S. 1 u. 21: D et C 3539 S. 3: S et L 803 S. 4—20: 803	9. 7. 1838	
819	III/a	40	*Six grandes Marches et Trios* H. 2	Ant Di Co	S. 2 u. 25: D et C 3540 S. 3—24: 846	9. 7. 1838	
819	IV	40/1	*Six grandes Marches* usw. *Nouvelle Edition*	A Di Co	D & C 3539	2 Ex. 27. 5. 1857	
819	IV	40/2	*Six grandes Marches* usw. *Nouvelle Edition*	A Di Co	D & C 3540	27. 5. 1857	
800	E	41	*Der Einsame*	Ant Di Co	D et C 2251	24. 2. 1827	
845	Ü	42	*Große Sonate* (a; 4h., Geissler)	Spi	C S 17927	5. 5. 1864	
828, 827	E	43	*Die junge Nonne* usw.	Pen	(A P) 136	1825	

D	Auflage	Opus	Titel	Verleger	Pl. Nr.	Erwerbsdatum bzw. Vermerk Puschl	Anmerkungen
828	Ü	43/1	*Die junge Nonne* V., Vc., Orgue/ Piano (Ch. Gounod)	Spi	CS 16118	29.4.1859	
827	Ü	43/2	*Nacht und Träume*				
457	E	44	*An die untergehende Sonne*	Ant Di Co	D et C 2252	*L. Puschl*	
739	E	45	*Tantum ergo in C*	Ant Di Co	D et C 1899	2.10.1851	Abschrift liegt bei
739	III	45	*Tantum ergo in C*	A. Böhm & Sohn	6573 Part. u. Orch.-St.	[1926]	eingeordnet bei D 730
136	E	46	*Erstes Offertorium (Totus ...)*	Ant Di Co	C et C 1900	11.5.1835	Ho; 2 Abschriften liegen bei
223	E	47	*Zweytes Offertorium (Salve ...)*	Ant Di Co	D et C 1901	11.5.1835	Ho
452	E	48	*Messe in C*	Ant Di Co	D et C 1902	17.3.1834	Ho
961	E	zu 48	*Neues Benedictus zur Messe in C*	Ant Di Co	D et C 2386	11.3.1834	Ho
452	E	48	*Messe in C*. Kl. A.	Peters (1051)	5736 (Messe Nr. 4)		KJ/5
452	—	48	*Messe in C* (Dité)	Weinberger	I. W. 3123 a,c,d		KJ/5 ca. 1930
735	E	49	*Galoppe und Ecossaisen*	Ant Di Co	D et C 2072 [Titelseite französisch]	1.12.1826	
779	E	50/1	*Valses sentimentales* H. 1	Ant Di Co	D et C 2073	7.12.1825	

D	Auflage	Opus	Titel	Verleger	Pl. Nr.	Erwerbsdatum bzw. Vermerk Puschl	Anmerkungen
779	E	50/2	*Valses sentimentales* H. 2	Ant Di Co	D et C 2074	7. 12. 1825	
733	E	51	*3 Marches militaires*	Ant Di Co	D et C 2236	12. 8. 1852	
837, 838, 835, 836	E	52/I	*Sieben Gesänge* H. 1	M Art	M A 813	24. 2. 1827	
846, 839, 843	E	52/II	*Sieben Gesänge* H. 2	M Art	M A 814	24. 2. 1827	
839	Ü	52/6	*Ave Maria* Vc. u. Pfte. (Batta)	Spi	C S 10347	—	6 Lieder, Nr. 3
850	Ü	53	*Seconde grande Sonate* (4h., Lickl)	Spi	C S 9325	12. 2. 1853	
818	E	54	*Divertissement à la Hongroise*	M Art	M A 826	20. 3. 1830	
859	E	55	*Grande Marche funebre*	Pen	(A P) 245	31. 1. 1829	
767	E	56/1	*Willkommen* usw. H. 1	Pen	(A P) 258	12. 6. 1827	
737, 738	E	56/2	*An die Leyer* usw. H. 2	Pen	(A P) 259	12. 6. 1827	
633, 634, 193	E	57	*Der Schmetterling* usw.	Weigl	2494 bis 2496	13. 5. 1826	
312, 113, 191	E	58	*Hektors Abschied* usw.	Weigl	2491 bis 2493	13. 5. 1826	Fehldruck, op. 56 statt 58!
778, 801	E	60	*Greisengesang* usw.	Cap Cz	C et Cz 192	18. 11. 1826	
824/1—3	III	61/1	*6 Polonaisen* H. 1	Witz	A O W 211	29. 4. 1859	
824/4—6	III	61/2	*6 Polonaisen* H. 2	Witz	A O W 212	29. 4. 1859	
877	E	62	*Gesänge aus Wilhelm Meister*	Ant Di Co	D et C 2253	27. 3. 1827	
823	II	63	*Divertissement en forme* usw.	Ant Di Co	D et C 4100	20. 9. 1833	(ohne Verzeichnis)

D	Auflage	Opus	Titel	Verleger	Pl. Nr.	Erwerbsdatum bzw. Vermerk Puschl	Anmerkungen
825	II	64	*Wehmuth* usw.	A Di Co St.	D et C 5215	2. 10. 1851	
360, 649, 753	E	65	*Lied eines Schiffers* usw.	Cap Cz	C u Cz 221	27. 3. 1827	
885	E	66	*Grande Marche héroique* (2h.)	Pen	(A P) 275	12. 6. 1827	
885	II	66	*Grande Marche héroique* (4h.)	A Di Co	S. 2: D et C 5217 S. 3—20: 274 S. 21: D et C 5217	9. 7. 1838	
734	E	67	*Hommage aux belles Viennoises*	Ant Di Co	D et C 2442	24. 2. 1827	
742	E	68	*Der Wachtelschlag*	A Di Co	D et C 2451	12. 6. 1827	
732/8	E	69	*Alfonso und Estrella* Baßarie: „*Tief im Getümmel*“	A Di Co	D et C 4453 Sammlung v. Gesängen für Baßstimme Nr. 42	20. 9. 1833	Qu; in Reihenwerkmappe
732/13	E		Cavatine: „*Wenn ich dich, Holde, sehe*“	A Di Co	D et C 4454 Sammlung v. Gesängen für Baßstimme Nr. 43	—	Qu
895	E	70	*Rondeau brillant*	Art Co	2929	31. 1. 1829	Ho
895	Ü	70	*Rondo brillant* (4h., Geissler)	Kistner	3049	22. 9. 1866	

D	Auflage	Opus	Titel	Verleger	Pl. Nr.	Erwerbsdatum bzw. Vermerk Puschl	Anmerkungen
770	E	71	*Drang in die Ferne*	Ant Di Co	D et C 2486	27. 3. 1827	
774	E	72	*Auf dem Wasser zu singen*	Ant Di Co	D et C 2487	27. 3. 1827	
745	E	73	*Die Rose*	Ant Di Co	D et C 2490	12. 6. 1827	S. 2/3: Werk-Verz.
37	E	74	*Die Advocaten*	A Di Co	D et C 2452	12. 6. 1827	
599	E	75	*IV Polonaisen*	A Di Co	D et C 2650	21. 9. 1827	
796	E	76	*Fierabras* Ouverture (4h., Czerny)	Ant Di Co	D et C 2523 *No XLVIII des Ouvertures à 4 ms*	20. 3. 1830	in Reihenwerkmappe
969	E	77	*Valses nobles* (2h.)	Tob Hasl	T H 4920	24. 2. 1827	
969	Ü	77	*Valses nobles* (4h.)	Carl Hasl	C H 14107 *Neue wohlfeile Ausgabe*	7. 9. 1869	
969	Ü	77	*Valses nobles* für Pfte., V., Vc. (Zellner)	Gotth (1871)	J P G 151	11. 8. 1871	
894	E	78	*Fantaisie* usw. (2h.)	Tob Hasl	T H 5010 ohne Vortitel	12. 6. 1827	
894	Ü	78	*Fantaisie* usw. (4h., Geissler)	Carl Hasl	C H 13372	16. 12. 1865	
870	E	80/1	*Der Wanderer an den Mond*	Tob Hasl	T H 5028	11. 7. 1827	
870	II	80/1	*Der Wanderer an den Mond*	Tob Hasl	T H 5028	1827	Neue Ausgabe
904, 905 903	E	81	*Alinde* usw.	Tob Hasl	T H 5029	12. 8. 1827	
908	E	82	*Variationen* (4h.)	Tob Hasl	T H 5040	20. 3. 1830	
902		83	Drei italienische Gesänge:				
902/1	E	83/1	*Die Macht der Augen*	Tob Hasl	T H 5061	26. 8. 1862	

D	Auflage	Opus	Titel	Verleger	Pl. Nr.	Erwerbsdatum bzw. Vermerk Puschl	Anmerkungen
902/2	E	83/2	*Der getäuschte Verräther*	Tob Hasl	T H 5062	26. 8. 1862	
902/3	E	83/3	*Die Art ein Weib zu nehmen*	Tob Hasl	T H 5063	26. 8. 1862	
823	II	84/1	*Andantino varié*	Ant Di Co	D et C 4101	20. 9. 1833	
823	II	84/2	*Rondeau brillant*	Ant Di Co	D et C 4102	20. 9. 1833	
830, 831	E	85	*Lied der Anne Lyle* usw.	Ant Di Co	D et C 2877	21. 5. 1828	
907	E	86	*Romanze des Richard Löwenherz*	Ant Di Co	D et C 2878	5. 5. 1828	
713, 637, 638	E	87	*Der Unglückliche* usw.	Pen	330	7. 9. 1827	Fehldruck „op. 84“
856, 595, 862, 547	E	88	*Abendlied für die Entfernte* usw.	Weigl	T W 2696	8. 2. 1828	ohne Werk-Verzeichnis
911	Ü	89	*Winterreise* (Pfte. u. Flöte oder V. Jansa)	Tob Hasl	V.: TH 8801 bis 8810 Flöte: TH 8811 bis 8820	—	in Reihenwerkmappe
911/23	Ü	89/23	*Winterreise* *Die Nebensonnen* (Harm. u. Pfte., Lickl)	Karl Hasl	CH 12823 a	24. 5. 1863	in Reihenwerkmappe; Sammlung Helikon.
899/1	II	90/1	*Impromptu No. 1*	Charles Hasl	T H 5071	6. 2. 1858	
899/2	II	90/2	*Impromptu No. 2*	Charles Hasl	T H 5072	6. 2. 1858	
899/3	E	90/3	*Impromptu No. 3*	Charles Hasl	C H 12075	8. 2. 1858	Ho
899/4	E	90/4	*Impromptu No. 4*	Charles Hasl	C H 12076	6. 2. 1858	Ho

D	Auflage	Opus	Titel	Verleger	Pl. Nr.	Erwerbsdatum bzw. Vermerk Puschl	Anmerkungen
899	Ü	90	*Impromtus* (4h.) H. 1—4 (Geissler)	Carl Hasl	C H 13511—13514	9. 2. 1867	
924	E	91	*Graetzer Walzer* (2h.)	Tob Hasl	T H 5151	8. 2. 1828	Qu
924	Ü	91	*Graetzer Walzer* (4h.)	Carl Hasl	C H 14109 *Neue wohlfeile Ausgabe*	7. 9. 1869	
764, 543, 142	E	92	*Der Musenschn* usw.	Ldf	M I L 1014	6. 3. 1828	
834, 853	E	93	*Im Walde* usw.	Kienreich (Graz)	ohne Platt.-Bezeichnung	28. 6. 1828	Fehldruck, „op. 90“
780/1—3	II	94/1	*Momens musicals* H. 1	Ant Di Co	D et C 3544	6. 11. 1859	
780/4—6	II	94/2	*Momens musicals* H. 2	Ant Di Co	D & C 3545	6. 11. 1859	
780/ 2, 4, 6	Ü	94	*Momens musicales* Nr. 2, 4, 6 (V., Harm. u. Pfte., Scyka)	Spi	C S 19386	22. 8. 1869	
866	E	95	*Die Unterscheidung* usw.	Weigl	T W 2794—2797	20. 10. 1828	Werk-Verz. op. 1—95
930, 909, 768, 881	E	96	*Die Sterne* usw.	Lith. Inst. Wien; lithograph.	ohne V. Nr.	15. 4. 1829	Der Druck erschien im Sommer 1828; von Schubert eigenhändig zugesetzt: „*No. 3160, op. 96, Pr. fl. 1.15 × CMz*“

D	Auflage	Opus	Titel	Verleger	Pl. Nr.	Erwerbsdatum bzw. Vermerk Puschl	Anmerkungen
955	E	97	*Glaube, Hoffnung und Liebe*	Ant Di Co	D et C 2905	22. 11. 1828	ohne Umschlag; Philomele No. 240, mit Pfte.-Begl.
497, 498, 573	E	98	*An die Nachtigall* usw.	Ant Di Co	D et C 3315	14. 7. 1829	
498	Ü	98/2	*La jeune Mère* (Wiegenlied, Vc. u. Pfte., Kletzer)	A. Bösendorfer	A B 35	19. 1. 1871	
898	E	99	*Premier grand Trio*	Ant Di Co	D et C 5847	1. 7. 1836	Ho
898	Ü	99	*Premier grand Trio* (4h., Geissler)	Spi	C S 17186	26. 8. 1862	
898	—	99	*Premier grand Trio*	Peters	Pfte. 4668a V. 4668b Vc. 4668c	[Berger, 1870]	Peters-Mappe
929	E	100	*Grand Trio*	H A Probst Leipzig	414	21. 2. 1829	
929	II	100	*Grand Trio*	Fr Kistner Leipzig	414	—	
929	Ü	100	*Grand Trio* (4h., F. L. Schubert)	Fr Kistner Leipzig	1326	24. 8. 1864	
929	—	100	*Grand Trio*	Peters	Pfte. 4669a V. 4669b Vc. 4669c	[Berger, 1870]	Peters-Mappe
833	E	101	*Der blinde Knabe*	Ant Di Co	D et C 3058	15. 4. 1829	
875	E	102	*Mondenschein*	Ant Di Co	D et C 3181 Part. u. St.	17. 3. 1834	

D	Auflage	Opus	Titel	Verleger	Pl. Nr.	Erwerbsdatum bzw. Vermerk Puschl	Anmerkungen
940	E	103	*Fantaisie*	Ant Di Co	D et C 3158	12. 2. 1853	
930	E	104	*Der Hochzeitsbraten*	Ant Di Co Part. Pr. fl. 1.45 × CM St. hs.	D et C 3316	3 Ex. 18. 7. 1829	
865, 867, 878, 879	II	105	*Widerspruch* usw.	Witz	A O W 330 Part. u. St.	12. 8. 1852	
879	Ü	105/4	*Sehnsucht* Transcript. Nr. 8; Vc. u. Pfte. (Stransky, op. 15)	Witz	A O W 3441	—	
922, 926, 927, 891	E	106	*Heimliches Lieben* usw.	Lith. Instit. Wien	ohne V. Nr.	15. 4. 1829	lithograph., von Schubert eigenhändig zugesetzt: „*No 3183, op 96, Pr. 1.15 × CMz*“ S. 3, 9, 11, 13—17 bez.: „*No 2*“
951	E	107	*Grand Rondeau*	Art	2969 ohne Preisangabe	3. 1. 1829	
361	E	109/1	*Am Bach im Frühling*	Ant Di Co	D et C 3317	18. 7. 1829	
594	E	110	*Der Kampf*	Jos Cz	J Cz 334	8. 5. 1829	
189, 395, 391	E	111	*Drey Gedichte*	Jos Cz	J Cz 335	15. 4. 1829	ohne Werkverzeichnis

D	Auflage	Opus	Titel	Verleger	Pl. Nr.	Erwerbsdatum bzw. Vermerk Puschl	Anmerkungen
985	E	112/1	*Gott im Ungewitter*	Jos Cz	J Cz 336 Part. u. St.	15. 4. 1829	
986	E	112/2	*Gott der Weltschöpfer*	Jos Cz	J Cz 337 Part. u. St.	15. 4. 1829	
232	E	112/3	*Hymne an den Unendlichen*	Jos Cz	J Cz 338 Part. u. St.	15. 4. 1829	
696	E	113	*Antiphonen zur Palmweihe*	Ant Di Co	D et C 3261 in St.	17. 3. 1834	
667	E	114	*Grand Quintuor*	Jos Cz	J Cz 2625 alle St.	16. 5. 1829	Forellen-Quintett
667	—	114	*Grand Quintuor*	Litolff	2760 A—E	—	eingereiht bei Litolff
917, 260, 410	E	115	*Das Lied im Grünen* usw.	Ldf	1152	22. 8. 1829	
159	E	116	*Die Erwartung*	Ldf	1153	8. 5. 1829	
149	E	117	*Der Sänger*	Jos Cz	J Cz 340	22. 8. 1829	
233, 221, 234, 135, 270, 247	E	118	*Sechs Gedichte*	Jos Cz	J Cz 341; mit Werk-Verzeichnis op. 33—114: J Cz 335	22. 8. 1829	
943	E	119	*Auf dem Strom*	Ldf	1161 Pfte.-, Corno- u. Vc.-St.	21. 11. 1829	Qu

D	Auflage	Opus	Titel	Verleger	Pl. Nr.	Erwerbsdatum bzw. Vermerk Puschl	Anmerkungen
943	II	119	*Auf dem Strom*	Ant Di Co	Det C 3551 St. fehlen	15. 12. 1851	
664	II	120	*Sonate* (A)	Witz	A O W 2656	2 Ex. 2. 3. 1851 [Berger 1863]	
886	E	121	*Deux Marches caracteristiques*	Ant Di Co	Det C 3552	23. 2. 1862	
786	E	123	*Viola*	Pen	484	3. 1. 1831	
857	E	124	*Zwey Scenen aus Lacrimas*	Pen	453	2. 1. 1830	
87	E	125/1	*Deux Quatuors* (I)	Jos Cz	J Cz 2662	17. 4. 1830	Ho
87	II	125/1	*Deux Quatuors* (I)	Witz	A O W 2662 Titelseite als Umschlag	—	
87	Ü	125/1	*Deux Quatuors* (I, 4h., Czerny)	Witz	A O W 2665 Ed. nouv.	25. 12. 1851	Graben 1144; gelber Umschlag
353	E	125/2	*Deux Quatuors* (II)	Jos Cz	J Cz 2663	17. 4. 1830	Ho
353	II	125/2	*Deux Quatuors* (II)	Witz	A O W 2663	—	
353	Ü	125/2	*Deux Quatuors* (II; 4h., Czerny)	Witz	A O W 2666 Ed. nouv.	25. 12. 1851	Graben 1144; gelber Umschlag
134	E	126	*Ein Fräulein schaut*	Jos Cz	JCz 2664	30. 1. 1830	
146	E	127	*Franz Schubert's letzte Walzer*	Ant Di Co	Det C 3579 ohne Opuszahl	20. 3. 1830	
472	E	128	*Cantate* usw.	Ant Di Co	Det C 3611 Part.	2. 9. 1830	Singst. hs.

D	Auflage	Opus	Titel	Verleger	Pl. Nr.	Erwerbsdatum bzw. Vermerk Puschl	Anmerkungen
868	E	130	*Das Echo*	Weigl	TW 2935 ohne Opuszahl	2. 9. 1830	S. 2, 3, 4: Werkverzeichnis (op. 1—128) bez. TW 2851
141, 148, 23	E	131	*Der Mondabend* usw.	Jos Cz	J Cz 342 ohne Opuszahl	3. 1. 1831	„*Nachgelassenes Werk*“
706	E	132	*Psalm XXIII* (2 Sopr., 2 A.)	A Di Co	D et C 3182 Part. u. St.	17. 3. 1834	
706	II	132	*Psalm XXIII*	Schreiber	FS 3182, St.	—	
706	Ü	zu 132	*Gott meine Zuversicht* (2T., 2B.)	A Di Co	Part: D et C 8777 4 Männer-St.: D & C 8777	1848	
757	E	133	*Gott in der Natur*	Ant Di Co	D & C 6264 Part. u. St.	8. 7. 1839	
892	E	134	*Nachthelle*	Ant Di Co	D & C 6265 Part. u. St.	15. 6. 1840	
921	E	135	*Ständchen*	Ant Di Co	D & C 6266 Part. u. St.	16. 7. 1840	
921	II	135	*Ständchen*	Titelblatt fehlt	St.: 6266, flach	—	
942	E	136	*Mirjams Siegesgesang*	Ant Di Co	D & C 6267 Part. u. St.	16. 7. 1840	
384, 385, 408		137	*Drei Sonatinen* (Pfte. u. V.)				

D	Auflage	Opus	Titel	Verleger	Pl. Nr.	Erwerbsdatum bzw. Vermerk Puschl	Anmerkungen
384	E	137/1	*Drei Sonatinen* I	Ant Di Co	D et C 5848	12. 8. 1852	
385	E	137/2	*Drei Sonatinen* II	Ant Di Co	D et C 5849	12. 8. 1852	
408	E	137/3	*Drei Sonatinen* III	Ant Di Co	D et C 5850	12. 8. 1852	
608	E	138	*Rondeau: Notre amitié* usw.	Ant Di Co	D et C 5419 mit Preisangabe	23. 2. 1862	
913	E	139b	*Nachtgesang im Walde*	Tob Hasl Wwe & S	T H 10.012 Pfte.-, 4 Sing- u. 4 Horn-St.	13. 7. 1846	
812	E	140	*Duo* (Pfte. 4h.)	A Di Co	D & C 6269	2. 2. 1838	farbiger Umschlag fehlt
342	E	141	*Messe in B*	Tob Hasl	T H 7330	27. 11. 1837	
935	E	142/1	*4 Impromptus* (I)	Ant Di Co	D & C 6526	16. 12. 1865	
935	E	142/2	*4 Impromptus* (II)	Ant Di Co	D & C 6527	16. 12. 1865	
947	E	144	*Lebensstürme* (4h.)	Ant Di Co	D & C 6704	15. 6. 1840	
505, 506	E	145	*Adagio und Rondo*	A Di Co	D & C 8719	25. 9. 1848	Gelber Umschlag mit gleichem Titelstich
184	E	150	*Graduale* („*Benedictus es Domine*")	A Di Co	D & C 7973 in St.	„*comparatum 1855*"	
912	E	151	*Schlachtlied*	Ant Di Co	D & C 7974 Part. u. St.	8. 7. 1845	

D	Auflage	Opus	Titel	Verleger	Pl. Nr.	Erwerbsdatum bzw. Vermerk Puschl	Anmerkungen
912	—	151	*Schlachtlied*	B & H	F S 222 Gesamtausgabe 16/28	—	flach
676	E	153	*Drittes Offertorium (Salve Regina)*	A Di Co	D & C 7978	24. 5. 1863	
964	E	154	*Hymne (Herr unser Gott)*	A Di Co	D & C 8778 St. u. Pfte.-Begl.	16. 6. 1849	
847	E	155	*Trinklied aus dem 14. Jahrhundert*	A Di Co	D & C 8849 Part. u. St.	16. 6. 1849	
848	E	156	*Nachtmusik*	A Di Co	D & C 8850 Part. u. St.	16. 6. 1849	
748	E	157	*Constitutionslied*	A Di Co	D & C 8874 Part. u. St.	16. 6. 1874	
748	—	157	*Constitutionslied*	A Di Co	D & C 8873 für 4 Singst. u. Orch.	—	
666	E	158	*Frühlingsmorgen*	A Di Co	D & C 8878 Sopr., T., B. u. Pfte.-Part.	16. 6.1849	
934	E	159	*Fantaisie* (Pfte. u. V.)	A Di Co	D & C 8888	4. 2. 1850	
802	E	160	*Introduction et Variations* (Pfte. u. Flöte)	A Di Co	D & C 8889	4. 2. 1850	
887	E	161	*Grand Quatuor*	A Di Co	D & C 9099	2 Ex. 15. 12. 1851	

D	Auflage	Opus	Titel	Verleger	Pl. Nr.	Erwerbsdatum bzw. Vermerk Puschl	Anmerkungen
574	E	162	*Grand Duo* (Pfte. u. V.)	A Di Co	D & C 9100	26. 8. 1862	
574	Ü	162	*Grand Duo* (4h., Geissler)	Spi	C S 17097	5. 1. 1866	
956	E	163	*Grand Quintuor*	Spi succ. A Di Co	D & C 9101 St.	2 Ex. 10. 2. 1852	
956	Ü	163	*Großes Quintett* (4h., A. Röse)	Spi	C S 17128	23. 2. 1862	
537	E	164	*Siebente Sonate* (a-moll)	Spi	D & C 9106	12. 2. 1853	Ho
673	E	165/1	*Die Liebende schreibt*	A Di Co	D & C 9107 Sopr. oder T.	12. 2. 1853	
673	E	165/1	*Die Liebende schreibt*	A Di Co	D & C 9132 A. od. Bar.	12. 2. 1853	
673, 670, 155, 230, 923		165	Ausgabe *Liederkranz:*				
670	E	165/2	*No. 2 Die Sternennacht*	Spi [1862]	D & C 9108	2 Ex. 5. 12. 1862	
155	E	165/3	*No. 3 Das Bild*	Spi [1862]	D & C 9109	2 Ex. 5. 12. 1862	
230	E	165/4	*No. 4 Die Täuschung*	Spi [1862]	C S 16553	2 Ex. 12. 6. 1863	
923	E	165/5	*Altschottische Ballade*	Spi [1862]	C S 17822	2 Ex. 12. 6. 1863	Ein Ex. hat den Zusatz „*Druck von C. A. Spina in Wien*“ auf der Titelseite unten, das zweite Ex. auf S. 2

D	Auflage	Opus	Titel	Verleger	Pl. Nr.	Erwerbsdatum bzw. Vermerk Puschl	Anmerkungen
803	E	166	*Octett* (ohne Andante und Menuett)	Spi, vorm. A Di Co	D & C 9141	6. 11. 1859	Ho
803	Ü	166	*Octett* (f. 2 V., 2 Va. u. Vc., Durst)	Spi	CS 17939	2 Ex. 24. 8. 1864 5. 1. 1866	
803	Ü	166	*Octett* (4h., S. Leithner)	Spi	CS 17176	26. 8. 1862	
714	E	167	*Gesang der Geister über den Wassern* (4h. Begleitung, Herbeck)	Spi	CS 16373	6. 2. 1858	
714	—	167	*Gesang der Geister über den Wassern*	Spi	CS 16374 Sing- u. Streicher-St.	—	
714	E	167	*Gesang der Geister über den Wassern*	Spi	CS 16509 Part. mit Vignette	9. 7. 1858	
112	E	168	*Quartett* (B-Dur)	Spi [1863]	CS 17707	24. 3. 1863	
591	E	170	*Ouverture im italienischen Style*	Spi [1866]	CS 17976 Part.; gelber Umschlag	24. 12. 1865	Nicht Nr. 5 aus der Reihe *Ouv. u. Entr'actes*
591	Ü	170	*Ouverture im italienischen Style* (4h., Reinecke)	Spi	CS 18811	21. 10. 1866	
591	E	170	*Ouverture im italienischen Style* (4h., Schuberts Setzung)	Gotth [1872]	J P G 251	14. 4. 1872	Zu op. 170 siehe auch B & H S. 230

D	Auf-lage	Opus	Titel	Verleger	Pl. Nr.	Erwerbsdatum bzw. Vermerk Puschl	Anmerkungen
790	E	171	*Zwölf Ländler*	Spi [1864]	CS 18180 grüner Umschlag	30. 10. 1864	Ho
790	Ü	171	*Zwölf Ländler* (4h., Epstein)	Spi [1864]	CS 18278	30. 10. 1864	
	E	172	*Sechs Lieder* (Heftausgabe)	Spi [1866]	V. Nr. 16784	2 Ex. 24. 12. 1865	Ho
213			*No. 1 Der Traum*		CS 16749		
214			*No. 2 Die Laube*		CS 16750		
196			*No. 3 An die Nachtigall*		CS 16751		
231			*No. 4 Das Sehnen*		CS 16758		
283			*No. 5 An den Frühling*		CS 16761		
691			*No. 6 Die Vögel*		CS 16764		
		173	*Sechs Lieder* (Einzelausgaben)				Ho
195	E	173/1	*No. 1 Amalie*	Spi [1867]	CS 19174	17. 9. 1867	
793	E	173/2	*No. 2 Das Geheimnis*	Spi [1867]	CS 19175	17. 9. 1867	
177	E	173/3	*No. 3 Vergebliche Liebe*	Spi [1867]	CS 19176	17. 9. 1867	
731	E	173/4	*No. 4 Der Blumen Schmerz*	Spi [1867]	CS 19177	24. 9. 1867	
519	E	173/5	*No. 5 Die Blumen-Sprache*	Spi [1867]	CS 19178	24. 9. 1867	
627	E	173/6	*No. 6 Das Abendroth*	Spi [1867]	CS 19179	24. 9. 1867	
	E	173	*Sechs Lieder* (Heftausgabe)	Spi [1867]		30. 12. 1867	
195			*No. 1 Amalie*		CS 19174		
793			*No. 2 Das Geheimnis*		CS 19175		
177			*No. 3 Vergebliche Liebe*		CS 19176		
731			*No. 4 Der Blumen Schmerz*		CS 19177		

D	Auflage	Opus	Titel	Verleger	Pl. Nr.	Erwerbsdatum bzw. Vermerk Puschl	Anmerkungen
519		(173)	*No. 5 Die Blumen-Sprache*		CS 19178		
627			*No. 6 Das Abendroth*		CS 19179		

Nachgelassene musikalische Dichtungen für Gesang und Pianoforte. Wien, bei Ant. Diabelli und Comp. 1.—50. Lieferung. Farbig gestochene Umschläge. Lieferung 1—34 Umschlag: Vignette mit 2 Kränzen ohne Girlanden; ab 35 dasselbe mit 3 Girlanden. Titelseite Lieferung 1—7 ohne, ab 8 mit Nachlaßbezeichnung. Plattenbezeichnung 1—28 D et C, ab 29 D & C.

D	Ausgabe	Lieferung	Inhalt	Platten-Bezeichnung	Umschlagstichfarbe	Erwerb P. Puschl	Anmerkungen
			Ossians Gesänge:				
534	E	1	*I Die Nacht*	3631	rostbraun	2. 9. 1830	
521	Ü	zu 1	*Jagdlied*	[Spi CS 16601]		13. 7. 1860	
337	Ü	zu 1	*Lob der Einsamkeit*	[Spi CS 16606]			
282	E	2	*II Cronnan*	3632	rostbraun	2. 9. 1830	
150	E	3	*III Loda's Gespenst*	3633	rostbraun	2. 9. 1830	
293, 278, 281	E	4	*IV Shilric und Vinvela* usw.	3634	rostbraun	2. 9. 1830	
375	E	5	*V Der Tod Oscars*	3635	rostbraun	2. 9. 1830	
584	E	6	*Elysium*	3636	rostbraun	2. 9. 1830	
832, 890, 690, 889	E	7	*Des Sängers Habe* usw.	3704	rostbraun	20. 11. 1830	
246	E	8	*Die Bürgschaft*	3705	rostbraun	20. 11. 1830	

D	Ausgabe	Lieferung	Inhalt	Platten-Bezeichnung	Umschlag-stichfarbe	Erwerb P. Puschl	Anmerkungen
246	E	8	*Die Bürgschaft*	3705	schwarz	27. 11. 1864	
785, 746, 650	E	9	*Der zürnende Barde* usw.	3706	rostbraun	23. 7. 1831	
785, 746, 650	II	9	*Der zürnende Barde* usw.	3706	schwarz	27. 11. 1864	
632, 343, 551	Ü	zu 10	*Drei geistl. Lieder* Nr. 4, 5, 6	Spi C S 16571		29. 4. 1859	Part. u. St.
632, 343, 551	Ü	zu 10	*Drei geistl. Lieder Nr. 4, 5, 6*	Spi C S 16571		10. 5. 1860	Part. u. St.
343	Ü	zu 10	*Litania* (Vc. u. Pfte., Röver)	Charles Hasl C H 12009		—	
548, 699, 540, 700	E	11	*Orest auf Tauris* usw.	3708	rostbraun	23. 7. 1831	
111	E	12	*Der Taucher*	3709	rostbraun	23. 7. 1831	
860, 861	E	13	*An mein Herz* usw.	4013	rostbraun	31. 1. 1832	
716, 450	E	14	*Grenzen der Menschheit* usw.	4014	rostbraun	31. 1. 1832	
949, 698, 869	E	15	*Widerschein* usw.	4015	rostbraun	31. 1. 1832	
708	E	16	*Waldesnacht*	4016	rostbraun	17. 11. 1832	
883, 906, 518, 59	E	17	*Lebensmuth* usw	4017	rostbraun	17. 11. 1832	
789, 614, 526	E	18	*Pilgerweise* usw.	4018	rostbraun	17. 11. 1832	
474, 397	E	19	*Lied des Orpheus* usw.	4267	rostbraun	17. 11. 1832	
799, 126, 321	E	20	*Im Abendroth* usw.	4268	rostbraun	16. 2. 1833	
622, 792	E	21	*Der Blumenbrief* usw.	4269	braun	16. 2. 1833	
805, 585, 669, 806	E	22	*Der Sieg* usw.	4270	braun	31. 8. 1833	
762, 473	E	23	*Schwestergruß* usw.	4271	rostbraun	31. 8. 1833	

D	Ausgabe	Lieferung	Inhalt	Platten-Bezeichnung	Umschlagstichfarbe	Erwerb P. Puschl	Anmerkungen
910, 842	E	24	*Schiffers Scheidelied* usw.	4272	rostbraun	20. 9. 1833	
910, 842	E	24	*Schiffers Scheidelied* usw.	4272	schwarz	27. 11. 1864	
854, 882, 120	E	25	*Fülle der Liebe* usw.	5029	rostbraun	19. 7. 1834	
938	E	26	*Der Winterabend*	5030	rostbraun	31. 7. 1835	
931, 932, 933	E	27	*Der Wallensteiner Lanzknecht* usw.	5031	rostbraun	21. 9. 1835	
322, 286, 280, 445, 290	E	28	*Hermann und Thusnelda* usw.	5032	braun	16. 6. 1837	
412, 788, 564, 578	E	29	*Stimme der Liebe* usw.	5023	rostbraun	14. 12. 1832	
876, 210, 616	E	30	*Tiefes Leid* usw.	5034	rotbraun	14. 12. 1838	
102, 116, 115	E	31	*Die Betende* usw.	6940	braun	15. 6. 1840	
620	E	32	*Der Einsame* usw.	6989	braun	15. 6. 1840	
694, 712	E	33	*Der Schiffer* usw.	7411	blaßbraun	27. 10. 1842	
807, 626	E	34	*Auflösung* usw.	7412	blaßbraun	17. 10. 1842	
182, 822	E	35	*Die erste Liebe, Lied eines Kriegers*	7413	braun	20. 7. 1843	
300, 301, 736	E	36	*Der Jüngling an der Quelle* usw.	7414	braun	17. 10. 1842	
754, 123	E	37	*Heliopolis II* usw.	7415	rotbraun	17. 10. 1842	
393, 508, 715	E	38	*Die Einsiedeley I* usw.	7416	braun	14. 8. 1845	
153, 174, 403	E	39	*Als ich sie erröthen sah* usw.	7417	braun	14. 8. 1845	

D	Ausgabe	Lieferung	Inhalt	Platten-Bezeichnung	Umschlagstichfarbe	Erwerb P. Puschl	Anmerkungen
652, 653, 654	E	40	*Das Mädchen* usw.	7418	braun	14. 8. 1845	
822	E	41	*Lied eines Kriegers*	8818	braun	25. 9. 1848	Inh. Verz. 1—40
442			*Das große Halleluja*				
352	II	41	*Licht und Liebe*	8818	schwarz	4. 2. 1861	ohne Inh. Verz.
442			*Das große Halleluja*				
677, 219, 263, 218, 95	E	42	*Die Götter Griechenlands* usw.	8819	braun-schwarz	25. 9. 1848	Verz. 1—40
710	E	43	*Im Gegenwärtigen Vergangenes*	8820	braun-schwarz	13. 7. 1849	Inh. Verz. 1—40
671, 358, 492, 269	E	44	*Trost* usw.	8821	braun	13. 7. 1849	Inh. Verz. 1—42 (41 = *Lied eines Kriegers*)
520, 75, 140, 264	E	45	*Frohsinn* usw.	8822	braun	4. 2. 1850	ebenso
749	E	46	*Epistel*	8823	braun	4. 2. 1850	ebenso
674, 261, 255, 119, 259	E	47	*Prometheus* usw.	8836	ziegelrot	14. 5. 1850	Inh. Verz. 1—42 (41 = *Licht und Liebe*)
684, 434, 436, 888, 727, 560, 274	E	48	*Die Sterne* usw.	8837	ziegelrot	14. 5. 1850	ebenso
611, 151	E	49	*Auf der Riesenkoppe* usw.	8899	ziegelrot	13. 1. 1851	ebenso
197, 432, 297	E	50	*An die Äpfelbäume* usw.	9000	ziegelrot	13. 1. 1851	ebenso

Werke ohne Opuszahl und nicht enthalten in den *Nachgelassenen musikalischen Dichtungen*

Werke für Orchester

D	Ausgabe	Nottebohm* Seite	Titel	Beschreibung	Verlag	Platt.-bez.	Erwerb P. Puschl
944	Ü	203	*Symphonie* (C Dur)	2h. (Reinecke), 51 Seiten	B & H	11956	—
944	Ü	203	detto	4h., 81 Seiten	B & H	6204	15. 6. 1840
944	Ü	203	detto: daraus einzeln Andante con moto	2h. (Reinecke), S. 18—27	B & H	9498	25. 5. 1866
759	E	204 o	*Zwei Sätze einer unvollendeten Symphonie* [h-moll]	Part.	Spi	CS 19138 [1867]	27. 2. 1867
759	—	204 o	detto	St.	B & H	Orch. Bibl 133	—
759	Ü	204 o	detto	4h.	Spi	CS 19221 [1867]	14. 8. 1867
759	Ü	204 o	detto	Pfte. u. Harm. oder 2 Pfte. (Zellner)	Spi	CS 19347	23. 12. 1868
759	Ü	204 o	detto	Salon-Orch. (270)	Cranz	39915 u. 41353	—

Werke für Streichinstrumente

D	Ausgabe	Nottebohm* Seite	Titel	Beschreibung	Verlag	Platt.-bez.	Erwerb P. Puschl
810	Ü	205	*Grand Quatuor* (d-moll)	4h. (Robert Franz)	Witz	AOW 3130	20. 8. 1858

*o = oben, m = Mitte, u = unten.

D	Ausgabe	Nottebohm* Seite	Titel	Beschreibung	Verlag	Platt.-bez.	Erwerb P. Puschl
810	III	205	*Großes Quartett* (d-moll)	Neue Ausgabe (David)	Senff	584	—
703	E	207 o	*Quartett-Satz* (c-moll)	Part. u. St.	Senff	939	19. 1. 1871
Werke für Pianoforte mit Begleitung							
487	E	207 m	*Adagio und Rondo*	Pfte.-Quartett	Witz	A O W 3877	3. 3. 1867
821	E	207 u	*Sonate* (Arpeggione u. Pfte.)	a = Pfte. b = Vc. c = V.	Gotth [1871]	J P G 142 abc	22. 3. 1871
Werke für Pianoforte zu 4 Händen							
592	E	209 m	*Ouverture* (D-Dur)		Gotth [1872]	J P G 250	14. 4. 1872
928	E	209 u	*Kindermarsch*	ohne V. Nr. ohne Preis	Gotth [1870]	J P G 53	22. 3. 1870
Werke für Pianoforte allein							
840	E	211	*Reliquie* (4 Sätze)	Unvollendete Sonate in C-Dur [1861]	Whistling, Leipzig	857	11. 2. 1862
840	E	211	*Reliquie* (2. Satz)	Beilage zur *Neuen Zeitschrift für Musik* Dezember 1839, *Andante aus einer Sonate*	Robert Friese, Leipzig	—	17. 1. 1840

D	Ausgabe	Nottebohm* Seite	Titel	Beschreibung	Verlag	Platt.-bez.	Erwerb P. Puschl
459	II	212 o	*Fünf Klavierstücke*	(2. Auflage) Nr. 1 (S. 2—7) Nr. 2 (8—12) Nr. 3 (13—16) Nr. 4 (17—21) Nr. 5 (22—29)	Klemm, Leipzig	451 bis 455	26. 7. 1855
459	Ü	212 o	[Fünf Klavierstücke bezeichnet als:] *Große Sonate in fünf Sätzen*	4 h. (Geissler) Nr. 1—5	Klemm, Leipzig	864	20. 11. 1864
946	E	212 u	*Drei Klavierstücke*	Grüne Titelstich-umrahmung	Rieter-Biedermann.		27. 2. 1868
			a) es-moll	lila Umschlag	Lith. Umschlag	564 a	
			b) Es-Dur	lila Umschlag	mit Schnitz-	564 b	
			c) C-Dur	blauer Umschlag	werkleiste	564 c	
612	E	213 o	*Adagio*	Blauer lithogr. Umschlag. Schnitzwerkleisten-Umrahmung. Titelseite gelb getönt, Rückseite Ankündigungen. *Adagio von Schubert. „Lith. An. Fr. Krätschmer, Leipzig“.*	Rieter-Biedermann	616	22. 8. 1869
593	E	213 m	*Zwei Scherzi*		Gotth [1871]	161	9. 8. 1871

D	Aus-gabe	Notte-bohm* Seite	Titel	Beschreibung	Verlag	Platt.-bez.	Erwerb P. Puschl
593	IV	213 m	*Zwei Scherzi* Nr. 1	Pfte.-Werke 2h.	Schlesinger/ Carl Hasl	S 7945 (1)	—
915	E	213 u	*Allegretto*		Gotth [1870]	J P G 99	4. 12. 1870
606	E	214 o	*Marsch samt Trio* (E-Dur)		Art	3142	12. 10. 1840
606	Ü	214 o	*Marsch samt Trio* (E-Dur)	4h. (Geissler)	Fr. Kistner, Leipzig	3055	22. 9. 1866
925	E	214 m	*Grätzer Galoppe*		Tob Hasl	T H 5152	28. 6. 1828
366/ 1—16, 814	E	214 u	*20 Ländler*	Pfte. 4h. Grüner Umschlag	Gotth [1869]	J P G 13	7. 9. 1869
366/ 1—16, 814	E	214 u	*20 Ländler*	Pfte. 4h. Blaugrauer Umschlag	Gotth [1869]	J P G 13	15. 8. 1869
366/ 1—16, 214	E	214 u	*20 Ländler*	Pfte. 2h. Gelber Umschlag	Gotth [1869]	J P G 12	7. 9. 1869
420, 529/ 1—5	E	216	*12 Deutsche Tänze und 5 Ecossaisen*	Pfte. 2h.	Gotth [1871]	J P G 132	2 Ex. 21. 2. 1871
420, 529/ 1—5	Ü	216	*12 Deutsche Tänze und 5 Ecossaisen*	Pfte. 4h.	Gotth [1871]	J P G 133	21. 2. 1871
576	E	217 o	*XIII Variationen*[4] *über ein Thema von Anselm Hüttenbrenner*		Spi [1867]	C S 19304	24. 9. 1867
576	E	217 o	*XIII Variationen über ein Thema von Anselm Hüttenbrenner*		Spi [1867]	CS 19304	— (Berger, 31. 10. 1867, [2 Ex.])

[4] Das Thema stammt aus dem Violinquartett Nr. 1 von A. Hüttenbrenner, das im Sommer 1818 bei A. Steiner & Co in Wien erschienen war (Plattenbez. 2835).

D	Aus- gabe	Notte- bohm* Seite	Titel	Beschreibung	Verlag	Platt.- bez.	Erwerb P. Puschl
Messen, Kantaten, Opern, mehrstimmige Gesänge mit und ohne Begleitung							
105	E	217 u	*Messe in F*		F. Glöggl et Sohn	FG 811	1856, Titelblatt fehlt
167	—	218	[Messe in G]		A. Böhm & Sohn, Augsburg	6178	[ca. 1930] 2 Ex.
950		219	*Große Messe in Es*		Rieter-Biedermann [1865]		
950	E	219		Partitur		424	28. 11. 1865
950	E	219		Kl. A. mit Text		425	28. 11. 1865
950	E	219		Orch. St. Umschlag = Titelseite = 1. V. Auf V. primo ist hs. verzeichnet: 1. Aufführung in Seitenstetten am 1. April 1866, sodann 7 Aufführungen bis 1874; weiters 18. Nov. 1928: 100. Wiederkehr des Sterbetages Franz Schuberts; 26. Mai 1929: Sonntagberg, 200jähr. Jubiläum der Einweihung des Kirchen-Neubaus.		426	30. 1. 1866

D	Ausgabe	Nottebohm* Seite	Titel	Beschreibung	Verlag	Platt.-bez.	Erwerb P. Puschl
950	E	219		Singst. Außerdem: Alle Orch. St., alle Singst., Kl. A. mit Text. Handschriftliche Orch.-u. Singst. unvollständig.	B & H Orch. Bibl. Chor Bibl. VA 1626	427 783/785 360/361	
678	E	220	*Messe in As*	Partitur 203 S. Kl. A. mit Text 83 S.	Friedrich Schreiber	FS 23519 FS 23615	— [1876]
689	E	221	*Lazarus*	Kl. A. mit Text 79 S. St. hs.	Spi [1866]	CS 18544	24. 12. 1865
787	E	223	*Die Verschworenen*	Kl. A. mit Text (E. Schneider). Blauer Umschlag mit lith. Titel, gestochene Titelseite, 105 S.	Spi [1862]	CAS 17331—17341	16. 3. 1862
787	E	223	*Die Verschworenen*	Kl. A. 4h. (Jul. Zellner). Rosa Umschlag mit lith. Titel, gestochene Titelseite, 105 S.	Spi [1862]	CAS 17445—17455	5. 12. 1862
787	—	zu 223	*Die Verschworenen*		alle Singst. in älterer Handschrift, 12 Hefte		

D	Ausgabe	Nottebohm* Seite	Titel	Beschreibung	Verlag	Platt.-bez.	Erwerb P. Puschl
787	II	223	*Der häusliche Krieg*	Kl. A. mit Text	Peters (V. Nr. 1053)	5481	1887
787	—	223	*Der häusliche Krieg*	Kl. A. mit Text	Universal-Edition	3191	—
647	E	225	*Die Zwillingsbrüder*	Kl. A. mit Text	Peters (V. Nr. 1054)	5492	25. 3. 1873
379	E	226	*Salve Regina*	Hymne an die hl. Mutter Gottes („*Sei, Mutter der Barmherzigkeit*“)	Carl Hasl Part., St.		3 Ex. 29. 4. 1859 ohne Datum
379	E	226	*Salve Regina*	nur Titelblatt mit 4 St.	Carl Hasl	C H 12265 C H 12266	
379	III	226	*Salve Regina*	Ein deutsches Marienlied für vierstimmigen gem. Chor und Orgel (V. Goller); Beilage zu *Musica Divina* April 1915; *Meisterwerke kirchlicher Tonkunst* Bd. VII [nach Es-Dur transponiert]	Universal-Edition	U E 4968	3 Ex. mit hs. St.
872	E	227	*Deutsche Messe*	Part., Bläser- und Singst.	Gotth [1870]	J P G 117 J P G 119	2 Ex. 21. 2. 1871
953	E	228 o	*Der 92. Psalm*	Part. u. St.; Bar.-Solo hs.	Gotth [1870]	J P G 47	22. 3. 1870

D	Ausgabe	Nottebohm* Seite	Titel	Beschreibung	Verlag	Platt.-bez.	Erwerb P. Puschl
440	E	229m	*Chor der Engel*	Zulage zur *Neuen Zeitschrift für Musik*, Juni 1839	Robert Friese, Leipzig	—	13. 7. 1839
791	E	229u	*Rüdigers Heimkehr*	Part. (Herbeck); St. hs. Titelblatt fehlt	Spi	CS 19473	—
791	E	229u	*Rüdigers Heimkehr*	Part. (Herbeck); T. Solo fehlt; 2 weitere Part. ohne Titelblätter	Spi	CS 19473 T. II, B. I, B. II: CS 18429	— 10 Ex.
918	E	230o	*Morgengesang im Walde*	Herbecks Orchestrierung. Part., T. I/II, B. I/II	Schreiber	CS 19192	23. 11. 1873
356	E	230m	*Trinklied*	Pfte.-Part., St. hs.	Mechetti	PM 3946	2. 10. 1851
Neueste Folge nachgelassener mehrstimmiger Gesänge usw.							
					Gotth. [1872]	316—324	18. 10. 1872
796	E	231	*No. 1 Chor der Mauren* [aus *Fierabras*]			JPG 316	2 Ex.
267	E	231	*No. 2 Trinklied*			JPG 317	2 Ex.
572	E	231	*No. 3 Lied im Freien*			JPG 318	2 Ex.
268	E	231	*No. 4 Bergknappenlied*			JPG 319	2 Ex.
377	E	231	*No. 5 Das Grab*			JPG 320	St. doppelt
439	E	231	*No. 6 An die Sonne*			JPG 321	2 Ex.
609	E	231	*No. 7 Wer Lebenslust fühlet*			JPG 322	2 Ex.

D	Ausgabe	Nottebohm* Seite	Titel	Beschreibung	Verlag	Platt.-bez.	Erwerb P. Puschl
168	E	231	*No. 8 Laßt uns den Leib begraben*			J P G 323	2 Ex.
987	E	232	*No. 9 Jesus Christus*			J P G 324	2 Ex.
893	E	232	*Grab und Mond*	4 Männerst. *Die deutschen Minnesänger No. 1*	Tob Hasl	T H 3551	—
901	E	232o	*Wein und Liebe*	4 Männerst., *Die deutschen Minnesänger No. 4*	Tob Hasl	T H 3554	—
494	E	233m	*Der Geistertanz*	Part. u. St.	Gotth [1871]	J P G 160	9. 8. 1871
657	E	233u	*Ruhe, schönstes Glück*	Part. u. St.	Gotth [1871]	J P G 131	21. 2. 1871
Lieder für eine Singstimme mit Begleitung des Pianoforte							
957	E	234	*Schwanengesang*	I. Abth. (1—6)	Tob Hasl	T H 5371—5376	fehlt
				II. Abth. (7—14)	Tob Hasl	T H 5377—5384	fehlt
				Obwohl P. Puschl in dem diesem Heft vorgebundenen „*Verzeichnis der Prämeranten*" unter Nr. 105 aufscheint (Deutsch, Dok. S. 577), sind die beiden Hefte in Seitenstetten unauffindbar.			

D	Ausgabe	Nottebohm* Seite	Titel	Beschreibung	Verlag	Platt.-bez.	Erwerb P. Puschl
52, 73, 296, 765, 114, 495	E	242u	*6 bisher ungedruckte Lieder*		Wilh. Müller, Berlin [1868]	13	22. 10. 1870
296, 765, 114, 495	E	242u	*4 Lieder ohne Worte* nach „*bisher ungedruckten Liedern*“	Nr. 3—6 der *6 bisher ungedruckten Lieder* (2h., Rob. Schaab)	Wilh. Müller, Berlin	W M 114	22. 3. 1870
726	E	243	*Mignon*	Sopr. oder T.	Gotth [1870]	J P G 59	22. 3. 1870

40 Lieder für eine Singstimme mit Begleitung des Pianoforte (Band zu 40 Liedern, Gotthard [1872]; J P G 325—361), 2 Bände, Eingangsvermerke 15. 10. 1872, 16. 11. 1872

D	Ausgabe	Nottebohm* Seite	Titel	Beschreibung	Verlag	Platt.-bez.	Erwerb P. Puschl
855	E	244	*Nr. 1 Wiederseh'n*			J P G 325	
808	E		*Nr. 2 Gondelfahrer*			J P G 326	
766	E		*Nr. 3 Am Flusse*			J P G 327	
768	E		*Nr. 4 Nachthymne*			J P G 328	
561	E		*Nr. 5 Nach einem Gewitter*			J P G 329	
454	E	245	*Nr. 6 Grablied an einen Soldaten*			J P G 330	
449	E		*Nr. 7 Der gute Hirt*			J P G 331	
309	E		*Nr. 8 Das gestörte Glück*			J P G 332	
272	E		*Nr. 9 An die Sonne*			J P G 333	
237	E		*Nr. 10 Abends unter der Linde*			J P G 334	
206	E		*Nr. 11 Liebeständelei*			J P G 335	
122	E		*Nr. 12 Ammenlied*			J P G 336	
359	E		*Nr. 13 Sehnsucht*			J P G 337	

D	Ausgabe	Nottebohm* Seite	Titel	Beschreibung	Verlag	Platt.-bez.	Erwerb P. Puschl
295	E	246	*Nr. 14 Hoffnung*			J P G 338	
476	E		*Nr. 15 Rückweg*			J P G 339	
579	E		*Nr. 16 Der Knabe in der Wiege*			J P G 340	
937	E		*Nr. 17 Lebensmuth*			J P G 341	
545	E		*Nr. 18 Der Jüngling und der Tod*			J P G 342	
528	E		*Nr. 19 La Pastorella*			J P G 343	
752	E		*Nr. 20 Nachtviolenlied*			J P G 344	
371	E	247	*Nr. 21 Klage*			J P G 345	
692	E		*Nr. 22 Der Knabe*			J P G 346	
251	E		*Nr. 23 Hoffnung*			J P G 347	
502	E		*Nr. 24 Herbstlied*			J P G 348	
458	E		*Nr. 25 Aus „Diego Manzanares"*			J P G 349	
409	E		*Nr. 26 Die verfehlte Stunde*			J P G 350	
693	E		*Nr. 27 Der Fluß*			J P G 351	
250	E	248	*Nr. 28 Das Geheimnis*			J P G 352	
179	E		*Nr. 29 Liebesrausch*			J P G 353	
176	E		*Nr. 30 Die Sterne*			J P G 354	
466	E		*Nr. 31 Die Perle*			J P G 355	
509	E		*Nr. 32 Leiden der Trennung*			J P G 356	
264	E		*Nr. 33 Der Morgenkuß*			J P G 357	
210	E		*Nr. 34 Clärchen's Lied*			J P G 358	
165	E		*Nr. 35 Sänger's Morgenlied*			J P G 359	
402	E	249	*Nr. 36 Der Flüchtling*			J P G 360	
659	E		*Nr. 37 Hymne I (Novalis)*			J P G 361	
660	E		*Nr. 38 Hymne II (Novalis)*			J P G 361	

D	Ausgabe	Nottebohm* Seite	Titel	Beschreibung	Verlag	Platt.-bez.	Erwerb P. Puschl
661	E		*Nr. 39 Hymne III (Novalis)*			JPG 361	
662	E		*Nr. 40 Hymne IV (Novalis)*			JPG 361	
688, 76	E	250	*5 Canti für eine Singstimme*		Gotth [1871]	JPG 129	3 Ex. 21. 2. 1871

Sonstige Ausgaben

Zweifelhafte Kompositionen

Die bei Nott 253u irrig als zweifelhafte Komposition verzeichnete *Große Sonate* für 4h. Kl. wurde als *Fantasie in c-Moll* aus 1813, D 48, erkannt. Der Druck von Gotthard [1871] scheint daher S. 231 auf.

Adieu — Lebe wohl! Nott 254, Spi V. Nr. 17145/4, CS 17143, stammt nicht von Schubert, sondern von August Heinrich Weyrauch. Von Puschl unterm 23. 2. 1862 verzeichnet.

Mein Frieden („*Ferne, ferne flammenhelle Sterne ...*"), „*Gedicht von C Heine, comp. von Franz Schubert*", Singstimme mit Pfte.-Begl., Es, 6/8, Andante, gestochener Notendruck, stärkeres, weiches Papier, Rückseite leer. Von Puschl unterm 25. 9. 1848 verzeichnet. Ohne jede weitere Angabe.

Aria In D [„*Confirma hoc Deus quod operatus est*"], für Violino und Basso solo, Violino I^{mo} et 2do Viola et Organo, „*Auth. Schubert*", Andante, D, c. Alte Handschrift (ca. 1840). Hs. Zusatz auf Titelseite: „*offenbar unterschoben, miserables Flickwerk*". Unter „*Handschriften*" eingeordnet.

Ältere Ausgaben

Umfangreichere Sammlungen von Kompositionen Franz Schuberts bei verschiedenen Verlegern

Bei L. Holle in Wolfenbüttel: [Nottebohm S. 255] *Franz Schubert's sämtliche Compositionen für eine Singstimme mit Pianofortebegleitung. Erste vollständige und rechtmäßige Gesamtausgabe.* Band I bis V: *Lieder, Gesänge und Balladen.*

Band	Hefte	Opus	Heft-Serie
I	1— 26	1— 37	638—663
II	27— 53	38— 89	664—690
III	54— 75	92—131	691—712
IV	76— 87	Nachl. 1—24	748—759
V	88—101	Nachl. 25—50 und: *Trost im Liede*, *Schwanengesang*	760—773

Bei H. Litolff in Braunschweig: [Nottebohm S. 255]

D	Band	Inhalt	Opus	Platten-Bezeichnung
667	191	*Klavierquintett*	114	2760 (A—E)
810	211	*Streichquartett*, d-moll	(Nott 205)	2815 (A—D)
956	—	*Streichquintett*	163	10178 (A—E)
795	237	*Die schöne Müllerin* (4h.)	25	3339
911	238	*Winterreise* (4h.)	89	3355
957	239	*Schwanengesang* (4h.)	(Nott 234)	3450
783	1082	*Dances allemandes* (Violin et Piano)	33	11131 (A)
—	1215	*24 berühmte Stücke* (Violoncell und Piano)	—	1213—1215
899	—	*Quatre Impromptus*	90	3199 (Titelseite fehlt)
—	140	*50 Mélodies choisies*	—	No 140

Bei H. Litolff in Braunschweig: [Nottebohm S. 255] *Franz Schubert's sämmtliche Lieder, Gesänge und Balladen für eine Singstimme mit Pianofortebegleitung. Braunschweig. Henry Litolff's Verlag* [lithographiert]

a) Schwarze Original Leder-[Doppel-]bände. Besitzvermerk: „[*P.*] *Robert Weißenhofer*"[5].

Band		Inhalt	Seitenzahl
I/II	I	op. 1—24	159
	II	op. 25—43	154
III/IV	III	op. 44—80	154
	IV	op. 81—92	150
V/VI	V	op. 93—115	151
	VI	op. 116—Lieferung 4/3	159
VII/VIII	VII	Lieferung 5—12	149
	VIII	Lieferung 13—22	144
IX/X	IX	Lieferung 23—38	168
	X	Lieferung 39—50	168
		Nott 234/1 — Nott 236/14	
			(insgesamt 1556)

b) Rotbraune Original Halbleder-[Doppel-]Bände. Besitzvermerk: „*Johañ Puschl*[6] *Ludimagister in Wolfsbach*". Dieser Vermerk ist durchgestrichen und zugesetzt: „*P. Leopold Puschl, director gymnasii*"[7]. [Bände, Inhalt und Seitenzahl wie vorhin unter a)]

Band I/II (fehlt) — Band VII/VIII (4. 2. 1872)
Band III/IV (4. 2. 1872) — Band IX/X (4. 2 1872)
Band V/VI (4. 2. 1872)

[5] P. Robert Weißenhofer, 1843—1900 († Seitenstetten).
[6] Johann Nepomuk Puschl, 1766—1856, Vater Pater Puschls.
[7] P. Leopold Puschl scheint kurz nach 1850 als „*director gymnasii*" auf.

Bei C. F. Peters in Leipzig [Nottebohm S. 256]

D	Band	Inhalt	Werke	Platten-Bezeichnung	Erwerb P. Puschl	Anmerkungen
	—	*Ausgewählte Lieder* (4h., Wittmann)	diverse	4682	[1871]	
	—	[10] *Sonaten*, Originalband	op. 42— op. posth. (B)	4958		
944	—	*Symphonie* C, (2h., Ulrich)	Nott 203	4980		
	—	*Sämtliche Tänze* (Ulrich)	diverse	4997	18. 2. 1872	
	—	*Compositionen pour Piano*	diverse	5400	17. 2. 1872	
	718	*Compositionen* (2h., Supplement)	diverse	5400		
760, 894, 899, 780, 935	—	*Berühmte Klavier-Compositionen*	op. 15, 78, 90 94, 142	6260	2 Ex.	
	150	*Tänze* (2h.)	Walzer (op. 9—127)	6696	[ca. 1889]	
	155d	*Compositions originales* (4h., Supplement, blauer Umschlag)	diverse	5401	17. 2. 1872	
	I	*Schubert-Album, Band I, für tiefe Stimme* (Friedlaender)	diverse	6824	[1890 oder früher]	Unvollständig [nur 134 S.]
	2173	*Schubert-Album, Varianten und Revisionsbericht zum 1. Band der Lieder* (Friedlaender)	diverse	[1884]		
	I	*Chor-Gesangwerke, Gemischte Chöre* (Dörffel)	diverse	5416 (5783)		
	II	*Chor-Gesangwerke, Männer-Chöre* (Dörffel)	diverse	5414		

D	Band	Inhalt	Werke	Platten-Bezeichnung	Erwerb P. Puschl	Anmerkungen
	III	*Chor-Gesangswerke, Frauen-Chöre* (Dörffel)	diverse	5415		Zu op. 135 liegen Stimmen [A. R. 6784] (Robitschek) bei
384, 385, 408	I	*Duos, Piano et Violon* (David)	op. 134 (1—3)	4777		Pfte.-Teil fehlt
895, 848, 802, 574	II	*Duos, Piano et Violon* (David)	op. 70, 159, 160, 162	5777		
898, 929	—	*Klavier-Trios*	op. 99, 100	4868 (a—c)	[1870]	
898, 929	—	*Klavier-Trios*	op. 99, 100	7127 (a, b, c)		Vc.-St. teilweise im Sopr. Schlüssel
804, 87, 353, 810	I	*Streichquartette*	op. 29, 125/1, 2, op. posth. d-moll	4671 (1—d)		
887, 112, 173	II 168b	*Streichquartette*	op. 161, 168, op. posth. g, D, c	4671 (a—d)		
887, 112, 173	II	*Quatuors*	op. 161, 168 op. posth. g, D, c	4671 (a—d)	17. 2. 1872	
804, 87, 353, 810	I 168a	*Streichquartette*	op. 29, 125/1, 2, op. posth. d-moll	7245		
887, 112, 173	II	*Streichquartette*	161, 168 op. posth. g, c	7246		

D	Band	Inhalt	Werke	Platten-Bezeichnung	Erwerb P. Puschl	Anmerkungen
667	169	*Quintour*	op. 114	4667 (a—e)		nur Kl. St.; (b—e fehlen)
667	169	*Quintett*	op. 114	8429 (a—e)		(c, d fehlen)

Bei Breitkopf & Härtel in Leipzig (Nottebohm S. 255)

D	Ausgabe	Inhalt	Werknummer	Beschreibung	Platten-Bez.	Anmerkung
667	Ü	*Quintett*	op. 114		K. M. 875/877	
591	Ü	*Ouverture im italienischen Stil* (komp. 1817)	op. 170	2h. (Busoni) Ouverturen für 2h. Klavier	18162	
591	Ü	*Ouverture im italienischen Stil* (komp. 1817)	op. 170	4h. (Grimm) Ouverturen für 4h. Klavier	17491	
417	Ü	*Tragische Symphonie*	Nott. 204 u	4h. (Horn)		ca. 1910

Universal-Edition, Wien

D	Ausgabe	Band	Inhalt	Werknummer	Beschreibung	Platten-Bez.
797	Ü	909	*Rosamunden-Musik*	op. 26	4h. (A. Schönberg)	U E
			Ouverture			154.
			Entr'actes			443.
			Ballettmusik I/II			909.
	Ü	925	*Symphonien 1—4*		2h. (Brandts—Buys)	U E 925
	Ü	926	*Symphonien 5—8*		2h. (Brandts—Buys)	U E 926
	Ü	33	*Tänze*		2h. (Sturm)	U E 33
	Ü	154	[22] *Ausgewählte Lieder*		2h. (Horn)	6875

Weitere Werke (nach D-Nummern)

Ausgabe	D	Werk	Verlag	nähere Bezeichnung	Platt-Bezeich.	Erwerb P. Puschl	Anmerkungen
E	48	*Fantasie in c-moll* (4h.)	Gotth [1871]	Gelber Umschlag. War ehemals unter „*Unterschobene Werke*“ bei Nottebohm 253 u verzeichnet	J P G 130	21. 2. 1871	
Ü	90	*5 Deutsche mit Coda und 7 Trios*	B & H	Orch. Bibl.	317	—	
E	175	*Stabat mater* (lateinisch)	B & H	Gesamt-Ausgabe 14/12, gestochen, ausgegeben 1888	F S 169	—	
III	258	*Bundeslied*	B & H	Gesamt-Ausgabe, Deutscher Liederverlag	D. L.-V. 3183	—	
E	621	*Deutsche Trauermesse*	von Ferdinand Schubert; *Kirchenlieder und Meßgesänge.* Wien 1853, Mechitaristen-Buchdruckerei, 12.			—	richtig von Franz Schubert!
II	872	*Deutsche Messe* (Nottebohm 227)	unter dem richtigen Autornamen: „*Franz Schubert*“, ebendort 19			—	
E	730	*Tantum ergo* (in B)	Ant. Böhm & Sohn *3 Tantum ergo*, Nr. 2, hg. v. A. Schnerich.		6573	—	

Ausgabe	D	Werk	Verlag nähere Bezeichnung	Platt-Bezeich.	Erwerb P. Puschl	Anmerkungen
II	750	*Tantum ergo* (in D)	Ant Böhm & Sohn *3 Tantum ergo*, Nr. 3 [1926]	6573	—	Eingeordnet bei D 730
—	750	*Tantum ergo* (in D)	Hs. Part. in Qu, bezeichnet „*Copie*“ und Zusatz: „*C. A. Spina Preis 54 x Ö. W.*“ Deutsch verzeichnet als 1. Ausgabe: „*1888 Gesamtausgabe*“		15. 9. 1862	Unter Handschriften eingeordnet
E	990	*Der Graf von Habsburg*	Ferdinand Schubert, Liederheft *Der kleine Sänger*[8]. Wien 1853, Schweiger, 41; Deutsch verzeichnet das Lied irrig als „*ungedruckt*“.			Richtig von Franz Schubert
E	900 a	*Kaiser Maximilian auf der Martinswand*	Ferdinand Schubert, ebendort 49; Deutsch bezeichnet das richtig von Franz Schubert stammende Lied irrig als „*Pianofortekomposition* (*ungedruckt*)“.			

[8] Das von Ferdinand Schubert herausgegebene Liederheft *Der kleine Sänger* enthält außerdem noch auf S. 32 Franz Schuberts op. 3/3 (*Das Heidenröslein*) und auf S. 34 op. 24/2 (*Schlummerlied*).

Reihenausgaben

Original-Kompositionen

Rahmen-Ausgaben (Diabelli)

D	Opus	Inhalt	Platten-Bez.	Farbe des lith. Rahmens	Bezeichnung „Grube“	Anmerkung	Erwerb Puschl
Rahmen mit Wassermuschel [1835—1845]							
771, 772	22	*Der Zwerg* usw.	3522	grau	ohne		27. 9. 1853
767	56/1	*Willkommen und Abschied*	5214	braun	ohne		10. 6. 1853
844, 758, 229	108	*Uiber Wildemann* usw.	3547	braun	ohne		1855?
Rahmen mit Enzianblüten [ab 1848]							
751, 743, 744, 761	23	*Die Liebe hat gelogen* usw.	3523	braun	ohne		27. 9. 1853
795	25	*Die schöne Müllerin*	3525—3529	grau-braun	ohne	im Heft 5 auf Rückseite Inhaltsverz. 1—20	25. 9. 1848
Rahmen als Schnitzwerkleiste (um 1852)							
720, 719	14	*Suleika und Geheimes*	1163	grau-braun	ohne		26. 8. 1862
369, 161, 544	19	*An Schwager Kronos* usw.	1800	blau	mit		27. 9. 1853
741, 686, 552	20	*Sey mir gegrüßt* usw.	3520	braun	ohne		26. 8. 1862
583, 527	24	*Gruppe aus dem Tartarus* usw.	3524	braun	mit	S. 8 leer	20. 2. 1860
717	31	*Suleika's 2ter Gesang*	5207	braun	ohne		26. 8. 1862
550	32	*Die Forelle* (Sopr. u. T.)	3321	braun	ohne		30. 10. 1864

D	Opus	Inhalt	Platten-Bez.	Farbe des lith. Rahmens	Bezeichnung „Grube“	Anmerkung	Erwerb Puschl
550	32	*Die Forelle* (A. u. Bar.)	3322	braun	ohne		30. 10. 1864
636	39	*Die Sehnsucht*	5208	blau	mit		12. 8. 1852
800	41	*Der Einsame*	2251	braun	ohne		26. 8. 1862
828, 827	43	*Die junge Nonne* usw.	5210	braun	ohne		20. 2. 1860
756, 775, 776, 777	59	*Du liebst mich nicht* usw.	3541	braun	ohne		30. 10. 1864
770	71	*Drang in die Ferne*	2486	braun	ohne		26. 8. 1862
713, 637, 638	87	*Der Unglückliche* usw.	5218	braun	ohne		20. 2. 1860
856, 595, 862, 547	88	*Abendlied an die Entfernte* usw.	4103	braun	mit		1858
764, 543, 142	92	*Der Musensohn* usw.	3543	grau-braun	ohne		20. 2. 1860
922, 926, 927, 891	106	*Heimliches Lieben* usw.	3183	braun	ohne		27. 11. 1864
884, 758, 229	108	*Ueber Wildemann* usw.	3547	blau	mit		19. 8. 1858
943	119	*Auf dem Strom* (Horn)	3550	braun	ohne		24. 12. 1865

Lieder, Gesänge und Balladen von Franz Schubert. A. O. Witzendorf, Wien.

D	Aus-gabe	Opus	Reihe Nr.	Inhalt	Platten-Bezeichnung	Anmerkung	Erwerb Puschl
794	V	37/1	3	*Der Pilgrim*	A O W 71		20. 2. 1860
588	V	37/2	4	*Der Alpenjäger*	A O W 71		20. 2. 1860

Immortellen. Gesänge für Contra-Alt oder Baß. Nr. 1—30. A. Diabelli et Comp. Zierlinien-Umrahmung.

422	—	16	12	*Naturgenuß*	D et C 8946	[op. 9, Nr. 2]	15. 12. 1851

Franz Schubert. Sonaten für das Pianoforte allein. Spina. Ziertitel, oben mit Lyra.

D	Ausgabe	Opus	Reihe Nr.	Inhalt	Platten-Bezeichnung	Bezeichnung „Grube“	Anmerkung	Erwerb Puschl
845	IV	42	1	1. *Sonate* (a)	D & C 5209	mit	mit Angabe der 3. Sonate im Titel	14. 4. 1870
850	IV	53	2	2. *Sonate* (D)	D & C 4596	ohne	ohne Angabe der 3. Sonate im Titel	26. 8. 1862
664	—	120	3	3. *Sonate* (A)			[fehlt]	
568	III	122	4	4. *Sonate* (Es)	D et C 5219	mit	ohne Angabe der 3. Sonate im Titel	26. 8. 1862
784	II	143	5	5. *Sonate* (a)	D & C 6566	mit	ohne Angabe der 3. Sonate im Titel	6. 11. 1862
575	II	147	6	6. *Sonate* (H)	D & C 7970	mit	ohne Angaben der 3. Sonate im Titel	6. 11. 1862
537	II	164	7	7. *Sonate* (a)	D & C 9106	mit	ohne Angabe der 3. Sonate im Titel	16. 2. 1865
Allerletzte Compositionen								
958	II	Nott 210		1. *Sonate* (c)	D & C 3847	mit	ohne Angabe der 3. Sonate im Titel	26. 8. 1862
959	II	Nott 210		2. *Sonate* (A)	D & C 3848	mit	ohne Angabe der 3. Sonate im Titel	26. 8. 1862
960	II	Nott 210		3. *Sonate* (B)	D & C 3849	mit	ohne Angabe der 3. Sonate im Titel	26. 8. 1862

Auserlesene Sammlung von Gesängen für eine Baßstimme mit Begleitung des Pianoforte. Wien, bey A. Diabelli et Comp. — Verlagsnummer 207. Qu.

D	Opus	Reihe	Inhalt	Platten-Bez.	Anmerkung	Erwerb Puschl
732/8	69	42	„*Tief im Getümmel*“ [*Alfonso und Estrella*]	D et C 4453	—	20. 9. 1833
732/13	69	43	„*Wenn ich dich, Holde*“ [*Alfonso und Estrella*]	D et C 4454	—	20. 9. 1833

Gesänge für eine Baßstimme (*aus Schubert's Nachlaß*). Wien bei C. A. Spina. Ornamentaler Rahmen mit Liedillustrationen. Ho.

D	Nachlaß	Reihe	Inhalt	Platten-Bez.	Anmerkung	Erwerb Puschl
521	1	1	*Jagdlied aus Ossian's Gesängen*	C. S. 10285	Lith. Anstalt Toma	27. 5. 1857
278	4/2	2	*Ossians Lied nach dem Fall von Nathos*	C. S. 10286	Lith. Anstalt Toma	27. 5. 1857

Chöre von Franz Schubert mit und ohne Begleitung. Neue, einzig rechtmäßige ... Ausgabe von Joh. Herbeck. Gedruckte Titelseite mit Reihenverzeichnis. Wien, C. A. Spina. I. Abtheilung. Part., St.

D	Werk-Nr.	Reihe	Inhalt	Platten-Bez.	Anmerkung	Erwerb Puschl
872	Nott 227	1	*Deutsches Hochamt*	CS 18400	Part. u. St.	17. 9. 1867
331	Nott 232u	5	*Der Entfernten*	CS 18404 [1866]	Part. u. St.	24. 8. 1867
797/4	op. 26/3	9	*Geisterchor aus Rosamunde*	CS 18408 [1866]	Part. u. St.	17. 9. 1867

656	Nott 230u	34	*Nur wer die Sehnsucht kennt*	CS 18447 [1867]	Part. u. St.	21.4.1870
791	Nott 229u	—	*Rüdigers Heimkehr*	CS 18429 [1867]	4 St.	21.4.1870

Gesänge für eine Singstimme mit Begleitung des Pianoforte. Für Sopran oder Tenor / Für Bariton oder Mezzo-Sopran. Gedruckte Titelseite mit Reihenverzeichnis (Drucktitel-Ausgabe). Wien, C. A. Spina

497	op. 98b	130	*Wiegenlied*	D & C 3315	Sopr. oder T. [1869] Druck Jacob & Holzhausen	17.1.1871
797/3b	op. 26/1	70	*Rosamunde*, Romanze	CS 18480	Bar. oder Mezzo-Sopr. [1865] Druck Jacob & Holzhausen	[1876]
932	Nachlaß 27/2	160	*Der Kreuzzug*	CS 18481	Bar. oder Mezzo-Sopr. [1865] Druck A. Holzhausen	[1876]

Sammlung von Musik-Stücken alter und neuer Zeit als Beilage zur *Neuen Zeitschrift für Musik*. Leipzig, bei Robert Friese.

D	Heft	Ausgegeben	Werk-nummer	Inhalt	Umschlag-farbe	Anmerkung	Erwerb Puschl
592	E	6. Juni 1839	Nott 209m	*Chor der Engel aus Goethe's Faust* (Sopr., A., T., B.)	grün	St. in alter Abschrift liegen bei	13.7.1839
840	E	8. Dezember 1839	Nott 211	*Reliquie* Unvollendete Sonate, 2. Satz	gelb		17.1.1840

Übertragungen in Reihenausgaben

Wiener Salon-Musik. Periodisches Werk für Physharmonica und Pianoforte oder für 2 Pianoforte eingerichtet von C. Georg Lickl, Op. 51. Wien bei Ant. Diabelli u. Co.

D	Heft	Nr.	Inhalt	Opus	Platten-Bezeichnung	Erwerb Puschl
	3		*Lieder von Franz Schubert ohne Worte*			
493		1.	*Der Wanderer*	4/1	D et C 6287	15. 11. 1858
943		2.	*Auf dem Strom*	119		
328		3.	*Erlkönig*	1		
854		4.	*Fülle der Liebe*	Nachl. 25/1		
889		5.	*Das Ständchen* [*„Horch ...“*]	Nachl. 7/4		
839		6.	*Hymne an die Jungfrau*	52/6		
686		7.	*Frühlingsglaube*	20/2		
	8	Seiten:	*Lieder von Lickl, Schubert* usw.		D & C 7342	15. 11. 1858
776		8/10	*Du bist die Ruh*	59/3		
741		11/15	*Sey mir gegrüßt*	20/1		
711		13/17	*Lob der Thränen*	13/2		
956	18		*Adagio aus dem Quintett*	163	D & C 9196	9. 7. 1858
	24	Nr.	*Sieben Lieder von Franz Schubert*		C S 16959	16. 8. 1862
547		1.	*An die Musik*	88/4		
595		2.	*Thalia*	88/2		
833		3.	*Der blinde Knabe*	101		
226		4.	*Erster Verlust*	5/4		
138		5.	*Rastlose Liebe*	5/1		
827		6.	*Nacht und Träume*	43/2		
118		7.	*Gretchen am Spinnrade*	2		

Den Manen Mozart's, Beethoven's und Schubert's. Adagio's, Larghetto's und Andante's aus den gefeierten Werken für Physharmonica mit Begleitung des Pianoforte übertragen von C. Georg Lickl. Wien, bei Tobias Haslinger.

D	Heft	Inhalt	Werknummer	Platten-Bezeichnung	Erwerb Puschl	
	4	*Drey Schubert'sche Gesänge*		TH 9144	7. 10. 1858	in Reihenwerkmappe
957/4		*Ständchen*	Nott 234/4			
965		*Der Hirt auf dem Felsen*	op. 129			
957/10		*Das Fischermädchen*	Nott 234/10			
	9	*Drey Schubert'sche Gesänge*		TH 9149	7. 10. 1858	in Reihenwerkmappe
957/1		*Liebesbotschaft*	Nott 234/1			
957/9		*Ihr Bild*	Nott 234/9			
957/14		*Die Taubenpost*	Nott 234/14			
	10	*Drey Schubert'sche Gesänge*		TH 9150	7. 10. 1858	in Reihenwerkmappe
871		*Das Zügenglöcklein*	op. 80/2			
911/6		*Wasserfluth*	op. 89/6			
911/1		*Gute Nacht*	op. 89/1			

Beliebte Gesänge mit Begleitung der Guitarre. Johann Kaspar Mertz, op. 18, Nr. 1—6. Wien, Tobias Haslinger's Witwe & Sohn.

D	Nr.	Inhalt	Werknummer	Platten-Bezeichnung
957/4	1	*Ständchen* [„*Leise* ...“]	Nott 234/4	TH 10261
911/13	2	*Die Post*	op. 89/13	TH 10262
957/10	3	*Das Fischermädchen*	Nott 234/10	TH 10263
957/5	4	*Aufenthalt*	Nott 234/5	TH 10264
957/1	5	*Liebesbothschaft*	Nott 234/1	TH 10265
957/14	6	*Taubenpost*	Nott 234/14	TH 10266
	[7—14	Andere Komponisten]		

Apollo am Damentoilette. Leichte und angenehme Melodien für eine Guitarre, herausgegeben von Anton Diabelli. Wien, bey Cappi & Diabelli [Ant. Diabelli & Comp.].

D	Heft	Verlag	Titel	Opus	Platten-Bezeichnung	Anmerkung
365/2	5/4	Ant Di Co	*Trauerwalzer*	9/2	D et C 580	

Philomele, eine Sammlung der beliebtesten Gesänge mit Begleitung der Guitarre, eingerichtet und herausgegeben von Anton Diabelli. Wien, bei Cappi u. Diabelli [Ant. Diabelli & Comp.].

328	106	Cap Di	*Erlkönig*	1	C et D 676	
795/7	282	A Di Co	*Ungeduld*	25/7	D et C 4287	
524	335	Ant Di Co	*Der Alpenjäger*	13/3	D & C 6849	

Die Hefte 108, 109 und 110 sind in Abschrift vorhanden und im Konvolut V, *Philomele*, eingeordnet.

Franz Schubert's Winterreise nach Franz Liszt's Bearbeitung für Flöte [bzw. *Violine*] *und Pianoforte, übersetzt von Leop. Jansa. 62. Werk.* Wien, bei Tobias Haslinger. Bandausgabe.

Nr.	Inhalt	Op. 89, D 911 Nr.	Plattenbezeichnung Flöte u. Pfte.	Plattenbezeichnung V. u. Pfte.
1	*Gute Nacht*	1	TH 8811	TH 8801
2	*Die Post*	13	TH 8812	TH 8802
3	*Muth*	22	TH 8813	TH 8803
4	*Der stürmische Morgen*	18	TH 8814	TH 8804
5	*Der Leyermann. Täuschung*	24, 19	TH 8815	TH 8805
6	*Erstarrung*	4	TH 8816	TH 8806
7	*Wasserfluth*	6	TH 8817	TH 8807
8	*Der Lindenbaum*	5	TH 8818	TH 8808
9	*Das Wirtshaus*	21	TH 8819	TH 8809
10	*Die Nebensonnen*	23	TH 8820	TH 8810

Franz Schubert's Schwanengesang nach Franz Liszt's Bearbeitung für Flöte [bzw. *Violine*] *und Pianoforte, übersetzt von Leop. Jansa. 63. Werk.* Wien, bei Tobias Haslinger. Einzelausgabe.

Nr.	Inhalt	Nott 234, D 957 Nr.	Plattenbezeichnung Flöte u. Pfte.	Plattenbezeichnung V. u. Pfte.
2	*Das Fischermädchen*	10	TH 8912	TH 8902
3	*Ständchen* [„*Leise* ...“]	4	TH 8913	TH 8903
4	*Liebesbothschaft*	1	TH 8914	TH 8904
5	*Abschied*	7	TH 8915	TH 8905
7	*In der Ferne*	6	TH 8917	TH 8907
9	*Die Taubenpost*	14	TH 8919	TH 8909
10	*Der Atlas*	8	TH 8920	TH 8910

Franz Schuberts Schwanengesang. Nach Franz Liszt's Bearbeitung für Violine und Pianoforte, übersetzt von Leop. Jansa. 63. Werk. Wien, bei Tobias Haslinger. Einzelausgabe.

D	Nr.	Inhalt	Werknummer	Platten-Bezeichnung	Erwerb Puschl	Anmerkung
957/4	3	*Ständchen* [„*Leise* ...“]	Nott 234/4	TH 8903	—	nur Pfte.-St.

Ouverturen und Entr'actes für Pianoforte und Harmonium oder 2 Pianoforte von L. A. Zellner. Wien, C. A. Spina [1867]

D	Nr.	Inhalt	Werknummer	Platten-Bezeichnung	Erwerb Puschl	Anmerkung
644, Ouverture	1	*Rosamunde, Ouverture*	26	CS 19328	22. 8. 1869	2 Ex.
797/1, 5	2	*Rosamunde, 2 Entr'actes*	26	CS 19144	22. 8. 1869	2 Ex.
773	3	*Alfonso und Estrella. Ouverture*	69	CS 19139	22. 8. 1869	
796, Ouverture	4	*Fierrabras, Ouverture*	76	CS 19140	22. 8. 1869	

Helikon. Sammlung auserlesener Melodien für Harmonium & Pianoforte. Carl Haslinger

D	Inhalt	Werknummer	Plattenbez.	Erwerb Puschl
911/23	*Die Nebensonnen*	op. 89/23	CH 12822(a)	24. 5. 1863
957/5	*Aufenthalt*	Nott 234/5	CH 12822(a)	

Sonstige Übertragungen

D	Werknummer	Inhalt	Besetzung	Verlag	Platten-Bezeichnung	Erwerb Puschl
Karl Czerny						
365	op. 9/2	*Variationen über den beliebten Trauerwalzer von Schubert*	Pfte. 2h. Vierte rechtmäßige Originalausgabe [op. 12]	Tob Hasl	TH 3377	—

796, Ouverture	op. 76	*Fierabras, Ouverture*	Pfte. 4h. *No XLVIII des Ouvertures à 4 mains*	Ant Di Co	D et C 2523	20. 3. 1830
	Diverse	*3 brillante Fantasien über Motive aus F. Schuberts Werken*	Pfte. u. Waldhorn (oder V., Vc.). [op. 339]. 3 Hefte.	Ant Di Co	1) D et C 5178 2) D et C 5179 3) D et C 5180	25. 9. 1848

Franz Liszt, *Lieder von Franz Schubert, für das Pianoforte übertragen.*

957	Nott 234	11 *Die Stadt*		Tob Hasl	1) T H 7751	
		10 *Das Fischermädchen*		Tob Hasl	2) T H 7752	1854
		5 *Aufenthalt*		Tob Hasl	3) T H 7753	
		4 *Ständchen* [„*Leise* ...“]	[rosa Umschlag]	Tob Hasl	7) T H 7757	
911	op. 89	21 *Der Lindenbaum*		Tob Hasl	Nr. 21 T H 7771	

L. A. Zellner

	Diverse	*Deutsche Tänze*	Harmonium u. Harfe	Spi	C S 21695	14. 4. 1870

M. v. Weinzierl, *Lieder für Männerchor mit Beibehaltung der Begleitung eingerichtet.* Verlag Buchholz & Diebel, Wien/Troppau.

D	Heft	Opus	Inhalt	Weitere Angaben	Platten-Bezeichnung	Anmerkung
686	1	20/2	*Frühlingsglaube*		B & D 156	Umschlag grau
776		59/3	*Du bist die Ruh'*			
911/21		89/21	*Das Wirtshaus*			

D	Heft	Opus	Inhalt	Weitere Angaben	Platten-Bezeichnung	Anmerkung
686	1	20/2	*Frühlingsglaube*	auch in: *Neun Gesänge ... für*	B & D 156	Umschlag lila
776		59/3	*Du bist die Ruh'*	*Männerchor eingerichtet von*		
911/21		89/21	*Das Wirtshaus*	*M. v. Weinzierl.* Wien, Rebay & Robitschek, innen: Buchholz & Diebel		
795/13	2	25/13	*Mit dem grünen Lautenband*		B & D 157	Umschlag blau
911/21		89/11	*Frühlingstraum*			
550		32	*Die Forelle*			
911/3	3	89/3	*Gefrorne Tränen*		B & D 158	Umschlag fehlt
795/16		25/16	*Die liebe Farbe*			
795/18		25/18	*Trockne Blumen*			

Beilage zur *Neuen Musikzeitung*. Stuttgart, Grüninger.

D	Opus	Titel	Besetzung	Jahrgang	Heft
	Diverse	*Schubertiana 1*	V., Vc., Kl. (Abert)	32 (1911)	1303
	Diverse	*Schubertiana 2*	V., Vc., Kl. (Abert)	33 (1912)	1341
803	aus op. 166	*Gebet* [i. e. Adagio aus Oktett op. 166]	T., V., Kl. (Schmidt)	34 (1913)	1369
602	aus op. 27	*Marsch*	V., Vc., Kl. (Abert)	34 (1913)	1400
944	aus Nott 203	Aus dem Andante der C-Dur-Symphonie	V., Vc., Kl. (Abert)	36 (1915)	1438

Verschiedene Einzel-Übertragungen

D	Opus	Titel	Inhalt	Verlag	Platten-Bezeichnung	Erwerb Puschl
328	1	*Erlkönig*	dreistimmiger Frauenchor mit Pfte.-Begl. (G. Schapper)	Gebr. Hug, Zürich Part. u. St.	G H 939	
216	3/2	*Meeres Stille*	Männerchor unis., Streicher u. Harfe (Mair)	Rebay & Robitschek nur Part.	R & R 1437	
644, Ouverture	26	*Rosamunde*, Ouv.	für kleines Orchester, Odeon 165	Cranz/Spina	C 25176	
672	36/2	*Nachtstück*	Vc. u. Pfte. (J. Stransky, op. 15/7)	Witz	AOW 3437	
828	43/1	*La Jeune Religieuse*	V., Vc., Org. (Ch. Gounod)	Spi	C S 16118	29. 4. 1859
827	43/2	*Nacht und Träume*	*Harm., Piano u. V. oder Vc.* (L. Köhler), Trios No 4	Herf & Wolff	112	
739	45	*Tantum ergo*	Gem. Chor mit deutschem Text [„*Christen, laßt uns tief verehren*"]	hs.		
733	51	*Trios marches militaires*	Pfte., Vc., Org.	Paris Heugel et Cie	H 5564/24	
839	52/6	*Ave Maria*	Pfte., Vc., Org.	Paris Heugel et Cie	H 5564/24	
852	79/2	*Die Allmacht*	Harm. u. Kl. (Landskron) Class. u Mod. Nr. 4	Buchholz & Diebel, Troppau	165 a, b	
498	98/2	*Wiegenlied* [„*Schlaf* . . ."]	Gem. Chor (Schultz)	Bote & Bock	14006	[1894]
879	105/4	*Sehnsucht*	Vc. u. Pfte. (J. Stransky, op. 15/8)	Witz	AOW 3441	

D	Opus	Titel	Inhalt	Verlag	Platten-Bezeichnung	Erwerb Puschl
892	134	*Nachthelle*	Sopr. u. gem. Chor (J. Schaeffer)	F. E. C. Leuckart	FECL 3219	
384	137/1	*Drei Sonatinen* (Nr. 1)	Piano u. Vc. (Goltermann)	J. André Offenbach/M	André 14089	
408	137/3	*Drei Sonatinen* (Nr. 3)	Piano u. Vc. (Goltermann)	J. André Offenbach/M	André 14089	
343	Nachl 10/5	*Litania*	Vc., oder Violin, Physh. ad lib. (Röver)	Charles Hasl	CH 12009	
716	Nachl 14/1	*Grenzen der Menschheit*	Männerchor unisono und Orchester (Heuberger)	Rebay & Robitschek Wien nur Part.	R & R 1388	
957/4	Nott 234/4	*Schwanengesang, Ständchen* [„*Leise* ...“]	Männerchor (C. Kuntze), Deutsche Liedertafel Nr. 116	C. F. W Siegel Part. u. St.	12963	
957/4	Nott 234/4	*Schwanengesang Ständchen* [„*Leise* ...“]	Harm. u. Pfte. (Rivetta)	Ricordi	41829 b	
957	Nott 234 4, 12	*2 Lieder Schwanengesang, Ständchen* [„*Leise* ...“], *Am Meer*	Großes Orchester (Edm. Neumann)	B. Schott's Söhne St. (gestochen)	20889	
		Chansons de Schubert	Harm. u. Piano (F. Lux)	Fils de B. Schott	21366	
957/10	Nott 234/10	*Das Fischermädchen*				
774	op. 72	*Auf dem Wasser zu singen*				
719	op. 14/2	*Geheimnis*				
957/10	Nott 234/10	*Am Meer*	Harm., Piano u. V. oder Vc. (L. Köhler) Trio Nr. 3	Herf & Wolff	111	

Singspiele u. dgl. mit Verwendung von Schuberts Werken

Schubert-Berté	*Das Dreimäderlhaus. Großes Potpourri* für Pfte. 2h. mit unterlegtem Text	Ludwig Doblinger Wien	D 5646	[1916]
Schubert-Berté	*Das Dreimäderlhaus. Großes Potpourri für Klavier zu vier Händen* (G. Blasser)	Ludwig Doblinger Wien	D 5676	[1916]
Schubert-Lehnert	*Jahreszeiten der Liebe.* Kl. A. 2h.	Universal-Edition Wien	U. E. 6096	

Werke von Freunden und Zeitgenossen

Name	Titel	Verlag	Platten-Bezeichnung	Erwerb Puschl
Joseph Merk	op. 11. *20 Exercises pour le Violoncell composés et dediés à son ami François Schubert par Jos. Merk.*	Tob Hasl	T H 6596	26. 3. 1835
Benedikt Randhartinger	*In's stille Land* (Salis). *Für 4 Singstimmen mit Begleitung des Pianoforte in Musik gesetzt und dem Andenken seines Freundes Franz Schubert gewidmet.*	A Pen	414	3. 4. 1835
Ferdinand Schubert	(Siehe D 990 u. 990 a, S. 232)			

DIE ABSCHRIFTEN

Überblick

Von nicht geringer Bedeutung für die Forschung ist die den Beständen der Notendrucke angegliederte Sammlung alter Abschriften von Werken Schuberts. Puschl war nicht nur persönlich an der Herstellung solcher Abschriften maßgeblich beteiligt, sondern sammelte auch alle ihm erreichbaren handschriftlichen Kopien. Wie aus der Darstellung von P. Puschls Briefwechsel (282—298) hervorgeht, stand er mit den benachbarten Klöstern in regem Austausch von Notenmaterial zu Kopierzwecken. So nimmt es daher auch nicht wunder, daß eine erkleckliche Anzahl solcher Abschriften noch aus der Zeit vor der Drucklegung der Werke selbst stammt und daher für die Forschung zu Vergleichszwecken von besonderem Interesse ist.

Bei Sichtung dieser handschriftlichen Kopien stellte es sich heraus, daß sich unter ihnen die Abschrift eines bis jetzt noch unbekannten Schubertwerkes, des gemischten Chores a capella *Das Grab* (Text von Salis) aus dem Jahre 1819, befand. Dieser Chor, der das Werk Schuberts nun neuerlich bereichert, wurde 1972 gedruckt (D 643 A).

Personen-Verzeichnis zum Abschnitt „Abschriften“

Josef Aufreither, 1846—?; Sohn des Schullehrers in St. Leonhard am Forst (bei Wieselburg, N.Ö.). Schüler P. Puschls; studierte bis 1862 am Gymnasium Seitenstetten (Gymnasialarchiv — Matricula Gymnasii Seitenstadiensis 1835—1868).

P. Placidus Bachinger, 1844—1917; eingetreten 1863, Priesterweihe 1868. Stiftsschaffer (Wirtschaftsführer).

P. Gottfried Berger, 1853—1907; maturierte in Seitenstetten. Gymnasialarchiv (Matricula Gymnasii Seitenstadiensis 1835/68 und 1869/84 — Alphabetisches Verzeichnis der Schüler des Stiftsgymnasiums 1866—1938, S. 6 — Stiftsarchiv, Kasten XV, 2v).

P. Gregor Berger, 1865—1839; Sohn des Lehrers Leopold Berger in Seitenstetten, Gymnasialprofessor, Regens chori 1922—1926 (Profeßbuch 19. Jhdt).

Leopold Berger, 1834—1875; Lehrer und Leiter der Volksschule in Seitenstetten, von 1859—1875 Organist an der Stiftskirche (Stiftsarchiv, Karton 45 C, Faszikel Schule B).

K. L. Cybul, Verfasser von Orchesterbegleitungen zu mehreren Schubert-Liedern (1890).

Matthias Hirschmann, Lehrer, Tenorist 1829—1837, Lehrer in Ybbsitz 1848—1854 (Stiftsarchiv Karton 49 D, Faszikel Schule).

P. Altman Just, geb. 1902; 1921—1951 Ordenspriester, ab 1926 Regens chori, Musikprofessor; Domorganist in St. Pölten, dz. im Ruhestand (Stiftsarchiv, Profeßbuch 20. Jhdt).

Matthias Mörwald, 1797—1846; Schullehrer am Sonntagberg ab 1841.

Johann Tippel, 1847—?; 1865—1871 Lehrer in Seitenstetten, dann in Steyr, 1873 Oberlehrer in Haag (Stiftsarchiv, Manuskript des P. Georg Berger, Karton 45 C, Faszikel Schule B).

P. Robert Weißenhofer, 1843—1900; Ordenspriester in Seitenstetten. O. E. Deutsch schrieb im *Thematic Catalogue* 150 zu D 342: „*Im Jahre 1872 war entweder ein Autograph oder eine Kopie bei Pater Robert Weißenhofer des Klosters Seitenstetten (Ober-Österreich), betitelt ‚Seraphine an ihr Klavier‘ (das ist der richtige Titel des Gedichtes) in der Tonart A Dur mit vier Strophen*“.

Zur Anlage des Verzeichnisses[9]

Die im nun folgenden Verzeichnis beschriebene Abschriftensammlung ist in 3 Mappen eingeordnet, Mappe 1 ist überdies noch in 5 Konvolute unterteilt, so daß sich folgende Einteilung ergibt:

Mappe 1:

Konvolut I: Gebundenes Album, 84 Seiten, Liedabschriften.

Konvolut II: Gleichartige Faszikel (Doppelbogen), durchwegs mittels Rotstift mit „*II*“ bezeichnet. Liedabschriften.

Konvolut III: Lose Notenblätter, mittels Rotstift mit „*III*“, bezeichnet, Abschriften von Liedern.

Konvolut IV: 6 Notenhefte mit Partituren von Schubert-Liedern mit Orchesterbegleitung von K. L. Cybul. Stimmen liegen bei.

[9] Walther Dürr, Die Abschriftensammlung des Paters Leopold Puschl im Stift Seitenstetten. *Franz Schuberts Werke in Abschriften: Liederalben und Sammlungen.* Kassel 1975 (Neue Schubert-Ausgabe 8, Suppl. 8, Quellen II), 130—140.

Konvolut V: Abschriften von 3 Schubert-Liedern aus den bei Cappi und Diabelli am 12. September 1821 erschienenen Nummern der Reihe *Philomele — eine Sammlung der beliebtesten Gesänge mit Begleitung der Guitarre.*

Mappe 2:

Abschriften von 14 verschiedenen Werken auf Einzelblättern.

Mappe 3:

Abschriften von weiteren 26 verschiedenen Werken auf einzelnen Blättern, Abschrift einer unterschobenen Komposition.

Die Abschriften sind in beschrifteten Mappen und eigenen Umschlägen in der Reihenfolge ihrer ursprünglichen Anordnung aufbewahrt.

Das Verzeichnis der Abschriften enthält folgende Angaben:

Werk: D-Nummer
Op.-Nummer bzw. Nott-S.
Titel
Kompositionszeit
Standort des Autographs (nach Deutsch mit Berücksichtigung inzwischen bekannt gewordener Änderungen).

Erstdruck: Erscheinungszeit
Verlag
Plattennummer

Abschrift: Format
Papier
Datierung
Schreiber
besondere Kennzeichnung der vor dem Erstdruck hergestellten Abschriften.

Verzeichnis der Abschriften

Mappe 1

Konvolut 1

Album mit Liedabschriften. Braun-marmor gebunden, Querformat, 84 Seiten. Altes, starkes, leicht bräunlich verfärbtes Notenpapier, Notenlinien braun getönt, braunfarbene Tintenschrift. Die Innenseite des vorderen Einbanddeckels trägt den (erst nach dem Einbinden des

Albums angebrachten) Vermerk: „*P. Leop. Puschl, 9. Jän[n]er 1827*“. Aus diesem Vermerk geht eindeutig hervor, daß die Abschriften der Lieder noch vor dem Jahr 1827 hergestellt worden sind. Das gesamte Konvolut ist von Puschl geschrieben.

S. 1
D 118, op. 2, *Gretchen am Spinnrade*. Komp. 19. 10. 1814. Aut. A Wst. Erstdr. 30. 4. 1821 Cap Di, Pl. Nr. [767].

S. 8
D 216, op. 3/4, *Meeres Stille*. Komp. 20./21. 6. 1815. Aut. unbekannt. Erstdr. 22. 5. 1821 Cap Di, Pl. Nr. [768].

S. 9
D 493, op. 4/1, *Der Wanderer*. Komp. nach X 1816. Aut. verschollen. Erstdr. 29. 5. 1821 Cap Di, Pl. Nr. [773].
Siehe hiezu auch Mappe 3/D 493 und *Philomele* H. 108.

S. 13
D 685, op. 4/2, *Morgenlied*. Komp. — 1820. Aut. A Wgm. Erstdr. 29. 5. 1821 Cap Di, Pl. Nr. [773].

S. 17
D 224, op. 4/3, *Wanderers Nachtlied*. Komp. 5. 7. 1815. Aut. GB Lbm. Erstdr. 29. 5. 1821 Cap Di, Pl. Nr. [773].
Siehe auch Konvolut III/9.

S. 18
D 702, op. 8/1, *Der Jüngling auf dem Hügel*. Komp. XI 1820. Aut. A Wgm. Erstdr. 9. 5. 1822 Cap Di, Pl. Nr. 872.

S. 23
D 516, op. 8/2, *Sehnsucht*. Komp. 1817 (?). Aut. (Skizze) A Wst. Erstdr. 9. 5. 1822 Cap Di, Pl. Nr. 872.

S. 26
D 539, op. 8/4, *Am Strome*. Komp. III 1817. Aut. (Fragment) A Wst. Erstdr. 9. 5. 1822 Cap Di, Pl. Nr. 872

S. 28
D 531, op. 7/3, *Der Tod und das Mädchen*. Komp. II 1817. Aut. (Teil) A Wgm. Erstdr. 27. 11. 1821 Cap Di, Pl. Nr. [855].

S. 29
D 515, op. 7/2, *Der Flug der Zeit*. Komp. 1817 (?). Aut. verschollen. Erstdr. 27. 11. 1821 Cap Di, Pl. Nr. [855].

S. 33
D 542, op. 6/2, *Antigone und Oedip*. Komp. III 1817. Aut. F Pc. Erstdr. 23. 8. 1821 Cap Di, Pl. Nr. [790].

S. 37
D 162b, op. 5/2, *Nähe des Geliebten*. Komp. 27. 2. 1815. Aut. D-ddr Bds. Erstdr. 9. 7. 1821 Cap Di, Pl. Nr. [789].

S. 38
D 504, op. 6/3, *Am Grabe Anselmo's*. Komp. 4. 11. 1816. Aut. Dr. Wilhelm, Bottmingen, CH. Erstdr. 23. 8. 1821 Cap Di, Pl. Nr. [790].

S. 41
D 541, op. 6/1, *Memnon*. Komp. III 1817. Aut. A Wst. Erstdr. 23. 8. 1821 Cap Di, Pl. Nr. [790].

S. 45
D 514, op. 7/1, *Die abgeblühte Linde*. Komp. 1817 (?). Aut. verschollen. Erstdr. 27. 11. 1821 Cap Di, Pl. Nr. [855].

S. 49
D 517, op. 13/1, *Der Schaefer und der Reiter*. Komp.—1817. Aut. verschollen. Erstdr. 13. 12. 1822 Cap Di, Pl. Nr. 1162.

S. 54
D 711, op. 13/2, *Lob der Thränen*. Komp. 1821 (?). Aut. unbekannt. Erstdr. 13. 12. 1822 Cap Di, Pl. Nr. 1162.

S. 56
D 524a, op. 13/3, *Der Alpenjäger* (2. Version). Komp. I 1817. Aut. verschollen. Erstdr. 13. 12. 1822 Cap Di, Pl. Nr. 1162.
In F. Siehe Konvolut II/49.

S. 60
D 195, op. 173/1, *Amalia*. Komp. 19. 5. 1815. Aut. unbekannt. Erstdr. 1867 Spi, Pl. Nr. 19174.
Vor Erstdr.

S. 65
D 192, *Der Jüngling am Bache* (2. Version), Komp. 15. 5. 1815. Aut. A Wst. Erstdr. 1887 Pet, *Schubert-Album* 7, Nr. 40, Pl. Nr. 6896.
Vor Erstdr.

S. 66
D 191a, *Des Mädchens Klage*. Komp. 15. 5. 1815. Aut. A Wst. Erstdr. 1894, GA XX/67a, Pl. Nr. II/378.
Vor Erstdr.

S. 67
D 227, *Idens Nachtgesang*. Komp. 7. 7. 1815. Aut. GB Lbm. Erstdr. 1885 Pet, *20 Nachgelassene Lieder* Nr. 8, Pl. Nr.6895.
Vor Erstdr.

S. 68
D 226, op. 5/4, *Erster Verlust*. Komp. 5. 7. 1815. Aut. unbekannt. Erstdr. 9. 7. 1821 Cap Di, Pl. Nr. [789].

S. 69
D 121 b, op. 3/1, *Schäfer's Klagelied*. Komp. 30. 11. 1814. Aut. A Wn. Erstdr. 22. 5. 1821 Cap Di, Pl. Nr. [768].

S. 72
D 170, *Schwertlied*. Komp. 12. 3. 1815. Aut. unbekannt. Erstdr. 1873 Reißmann, Guttentag (Anhang I).
Vor Erstdr.

S. 73
[Nicht Schubert] Friedrich Schneider, *Der Jüngling*.

S. 75
[Nicht Schubert] Anonym, *Der Genius*.

S. 76—78
D 479b, op. 12/3, *Ein Lied des Harfners* [II] *aus Wilhelm Meister von Goethe*. Komp. IX 1816. Aut. verschollen. Erstdr. 13. 12. 1822 Cap Di, Pl. Nr. 1161.

S. 77
D 434, *Erntelied*. Komp. V 1816. Aut. unbekannt. Erstdr. Frühling 1850 Diabelli Nachlaß 48/2.
Vor Erstdr. — Abschrift ohne die zweifelhafte Pfte.-Einleitung des Erstdr.

S. 79—81
D 478b, op. 12/1 *Ein Gesang des Harfners* [I] *aus Wilhelm Meister von Goethe*. Komp. IX 1816. Aut. verschollen. Erstdr. 13. 12. 1822 Cap Di Pl. Nr. 1161.

S. 81—84
D 480/3, op. 12/2. *Gesang des Harfners* [III] (Nr. 2: „*Wer nie sein Brot*"). Komp. IX 1816. Aut. verschollen. Erstdr. 13. 12. 1822 Cap Di, Pl. Nr. 1161.

Konvolut II

Die Abschriften liegen in losen, gleichartigen Bogen, die durchwegs als Bezeichnung die Ziffer „*II*" in Rotstift tragen; die Seiten sind fortlaufend numeriert. Hochformat. Einheitliches, sehr starkes graugrünes Notenpapier, bräunlich liniert; schwarze Tintenschrift. Die Abschriften gehen zum Teil auf eines der von Pater Benedikt in Kremsmünster erhalten gebliebenen zwei Liederhefte zurück. Da die Bogen des Konvolutes II jedoch eine einheitliche Schrift aufweisen, besteht die Möglichkeit, daß auch der restliche Teil der Abschrift nach verschollenen Vorlagen aus Kremsmünster angefertigt ist. Das gesamte Konvolut ist von Puschl vermutlich in den Jahren 1835/45 geschrieben.

S. 1
D 107, *Lied aus der Ferne*. Komp. VII 1814 (?). Aut. Dr. Wilhelm, Bottmingen, CH. Erstdr. 1894, GA XX/21, Pl. Nr. I/325. Siehe Kreißle S. 343, 348.

S. 4
D 23, op. 131/3, *Klagelied*. Komp.—1812. Aut. A Wst. Erstdr. 9. 11. 1830 Jos Cz, Pl. Nr. 342.

S. 6
D 180, *Sehnsucht der Liebe* (2. Version). Komp. 8. 4. 1815. Aut. verschollen. Erstdr. 1894, GA XX/60, Pl. Nr. II/371.
Vor Erstdr.

S. 9
D 95, *Adelaide*. Komp.—1814. Aut. verschollen. Erstdr. ca. 1848, Diabelli Nachlaß 42/5, Pl. Nr. 8819.

S. 13
D 219, *Das Finden*. Komp. 25. 6. 1815. Aut. unbekannt. Erstdr. ca. 1848, Diabelli Nachlaß 42/2, Pl. Nr. 8819.

S. 14
D 240, *Huldigung*. Komp. 27. 7. 1815. Aut. D-ddr Bds. Erstdr. 1894, GA XX/103, Pl. Nr. II/415.
Vor Erstdr.

S. 15
D 316b, *An Rosa* II. Komp. 19. 10. 1815. Aut. unbekannt. Erstdr. 1895, GA XX/163b, Pl. Nr. II/485.
Vor Erstdr.

S. 16
D 289b, *Die Sommernacht.* Komp. 14. 9. 1815. Aut. verschollen. Erstdr. 1895, GA XX/143b, Pl. Nr. III/460.
Vor Erstdr.

S. 18
D 404, *Die Herbstnacht* (*Wehmuth*). Komp. III/IV 1816. Aut. A Wst. Erstdr. ca. 1860 Spi, Pl. Nr. 16760. „*Langsam*".
Abschrift: „*Ruhig*".

S. 20
D 736, *Ihr Grab.* Komp. 1822 (?). Aut. ehemals Emma von Spaun, Wien. Erstdr. 23. 6. 1842 Diabelli Nachlaß 36/3, Pl. Nr. 7414.

S. 23
D 409/I, *Die verfehlte Stunde.* Komp. IV 1816. Aut. D-ddr Bds. Erstdr. 1872 Gotth, *40 Gesänge* Nr. 26.
Vor Erstdr.

S. 25
D 694, *Der Schiffer.* Komp. III 1820. Aut. unbekannt. Erstdr. 23. 6. 1842 Di, Nachlaß 33/1, Pl. Nr. 7411.

S. 29
D 677, *Fragment aus Schiller's „Die Götter Griechenlands".* Komp. XI 1819. Aut. A Wst. Erstdr. ca. 1848 Di, Nachlaß 42/1, Pl. Nr. 8819.

S. 32
D 406, *Abschied von der Harfe.* Komp. IV 1816. Aut. A Wst. Erstdr. ca. 1860 Spi, Pl. Nr. 16760. „*Etwas bewegt*".
Vor Erstdr. — Abschrift: „*Etwas langsam*".

S. 33
D 649, op. 65/2, *Der Wanderer.* Komp. II 1819. Aut. verschollen. Erstdr. 24. 11. 1826 Cap Cz, Pl. Nr. 221.

S. 35
D 611, *Auf der Riesenkoppe.* Komp. III 1818. Aut. Rud. Hydal, Stockholm. Erstdr. ca. 1850 Di, Nachlaß 49/1, Pl. Nr. 8999.

S. 41
D 474a, *Orpheus.* Komp. IX 1816. Aut. A Wst. Erstdr. 29. 10. 1832 Di, Nachlaß 19/1, Pl. Nr. 4267.

S. 49
D 524 Ib, op. 13/3, *Der Alpenjäger*. Komp. I 1817. Aut. verschollen. Erstdr. 1895, GA XX/295b, Pl. Nr. V/634. In F-Dur. Siehe I/56.
Vor Erstdr. - In E-Dur.

S. 53
D 559, *Schweizerlied*. Komp. V 1817. Aut. F Pc. Erstdr. 1885 Pet, *20 Nachgelassene Lieder* Nr. 16, Pl. Nr. 6896.
Vor Erstdr.

S. 68
D 483, *Lied* („*Ferne von*"). Komp. IX 1816. Aut. unbekannt. Erstdr. 1895, GA XX/265, Pl. Nr. IV/603.
Vor Erstdr.

S. 69
D 405, *Der Herbstabend*. Komp. III/IV 1816. Aut. Dr. Wilhelm, Bottmingen, CH. Erstdr. 1895, GA XX/202, Pl. Nr. IV/534.
Vor Erstdr.

S. 71
D 403b, *Lied* („*In's stille Land!*"). Komp. III/IV 1816. Aut. Dr. Wilhelm, Bottmingen, CH. Erstdr. 1895, GA XX/201b, Pl. Nr. IV 533.
Vor Erstdr.

S. 73
D 659, Nott 249, *Hymne I* („*Wenige wissen*"). Komp. V 1819. Aut. Dr. Bodmer, Cologny, CH. Erstdr. 1872 Gotth, *40 Gesänge* Nr. 37/VII, Pl. Nr. 361.
Vor Erstdr. — Die zugehörige Singst. ist unter *Einzelblätter* (*D 659—662*) eingeordnet.

S. 82
D 660, Nott 249, *Hymne II* („*Wenn ich ihn*"). Komp. V 1819. Aut. Dr. Bodmer, Cologny, CH. Erstdr. 1872 Gotth, *40 Gesänge* Nr. 38/V, Pl. Nr. 361.
Wie beim vorigen.

S. 83
D 661, Nott 249, *Hymne III* („*Wenn alle*"). Komp. V 1819. Aut. Dr. Bodmer, Cologny, CH. Erstdr. 1872 Gotth, *40 Gesänge* Nr. 39/VI, Pl. Nr. 361.
Wie S. 73.

S. 84
D 662, Nott 249, *Hymne IV* („*Ich sag' es*"). Komp. V 1819. Aut Dr. Bodmer, Cologny, CH. Erstdr. 1872 Gotth, *40 Gesänge* Nr. 40/IX. Pl. Nr. 361.
Wie S. 73.

S. 54
D 141, op. 131/1, *Der Mondabend*. Komp.—1815. Aut. verschollen. Erstdr. 9. 11. 1830 Cz, Pl. Nr. 342.

S. 55
D 213, op. 172/1, *Der Traum*. Komp. 17. 6. 1815. Aut. verschollen. Erstdr. 2. 12. 1865 Spi, Pl. Nr. 16749.
Vor Erstdr.

S. 57
D 254, *Der Gott und die Bajadere*. Komp. 18. 8. 1815. Aut. unbekannt. Erstdr. 1887 Weinberger & Hofbauer, Heft II/2, Pl. Nr. 30.
Vor Erstdr.

S. 59
D 310b, *Sehnsucht*. Komp. 18. 10. 1815. Aut. englischer Privatbesitz. Erstdr. 1895, GA XX/158b, Pl. Nr. III/478.
Vor Erstdr.

S. 61
D 119, *Nachtgesang*. Komp. 30. 11. 1814. Aut. unbekannt. Erstdr. ca. 1848 Di, Nachlaß 47/4, Pl. Nr. 8836.
Abschrift ohne die zweifelhafte Einleitung des Erstdr.

S. 62
D 120, *Trost in Thraenen*. Komp. 30. 11. 1814. Aut. unbekannt. Erstdr. 9. 10. 1835 Di, Nachlaß 25/3, Pl. Nr. 5029.
Abschrift ohne die zweifelhafte Einleitung des Erstdr.

S. 64
D 499, *Abendlied*. Komp. XI 1816. Aut. unbekannt. Erstdr. 1885 Pet, *20 Nachgelassene Lieder* Nr. 13, Pl. Nr. 6896.
Vor Erstdr.

S. 65
D 631, *Das Mädchen*. Komp. XII 1818. Aut. Leopold v. Cornaro, Wien. Erstdr. 1876 Kratochwill, *12 Nachgelassene Lieder* Nr. 6, Pl. Nr. 252.
Vor Erstdr.

S. 66
D 482, *Der Sänger am Felsen*. Komp. IX 1816. Aut. unbekannt. Erstdr. GA II/264, Pl. Nr. IV/602.
Vor Erstdr.

Konvolut III

Lose Notenblätter, verschieden in Format, Papierstärke und Farbe, welche durchwegs die Bezeichnung „*III*“ in Rotstift tragen. Neben dieser Bezeichnung ist jeweils die fortlaufende Blattnummer vermerkt. Schreiber soweit nicht anders vermerkt Puschl.

S. 1
D 756a, op. 59/1, *Du liebst mich nicht*. Komp. VII 1822. Aut. A-KR. Erstdr. 1895, GA XX/409a, Pl. Nr. VII/763 (gedr. 1826 in a-Moll). Ho, Pap. bläulich-weiß. In gis-Moll; Singst. liegt bei.
Vor Erstdr.

S. 2
D 545b, *Der Jüngling und der Tod*. Komp. 1817. Aut. Anahid Iskian, New York. Erstdr. 1872 Gotth, 40 Gesänge Nr. 18, Pl. Nr. 342. „*Sehr langsam*“.
Ho, Pap. altweiß, ca. 1840. Tempovorschrift im 2. Teil „*Langsam feierlich*“.
Vor Erstdr.

S. 2
D 342, *An mein Clavier*. Komp. ca. 1816. Aut. verschollen. Erstdr. 1876 Kratochwill, 6 Nachgelassene Lieder Nr. 4, Pl. Nr. 253.
Ho, Pap. altweiß. Deutsch, *Them. Cat.*: „*Im Jahre 1872 war entweder ein Autograph oder eine Abschrift bei Pater Robert Weissenhofer im Kloster Seitenstetten (N.Ö) — betitelt: ‚Seraphine an ihr Klavier‘ (das ist der richtige Titel des Gedichtes), in der Tonart A-Dur mit 4 Strophen*“. Siehe auch Einzelblätter, D 342.
Vor Erstdr.

S. 3
D 770, op. 71, *Drang in die Ferne*. Komp. 1823 (?). Aut. verschollen. Erstdr. 25. 3. 1823 *Wiener Zeitschrift*, 2. 3. 1827 Di, Pl. Nr. 2486. Typendruck.
Qu, Pap. gelblich-weiß, nicht nach 1830 (?).

S. 4
D 494, *Der Geistertanz*. Komp. XI 1816. Aut. A Wst. Erstdr. 1871 Gotth, Pl. Nr. 160. 4st.
Ho, Pap. grünlich. 5st. 2 T., 3 B. (nur St.).
Vor Erstdr.

S. 5
D 761 b, op. 23/4, *Schatzgräbers Begehr*. Komp. XI 1822. Aut. R. Grumbacher, Basel. Erstdr. 1895, GA XX/412b S. 187—189, Pl. Nr. VII/67.
Qu, Pap. gelblich-weiß. Schreiber unbekannt, zusätzliche Eintragungen Puschls.
Vor Erstdr.

S. 6
D 210, *Die Liebe*. Komp. 3. 6. 1815. Aut. A Wgm. Erstdr. 1838 Di, Nachlaß 30/2, Pl. Nr. 5034.
Ho, Pap. altweiß. Schreiber unbekannt, mehrere Eintragungen Puschls.

S. 7
D [643 A], *Das Grab*. Komp. 1819. Abschrift im Musikarchiv Seitenstetten. Erstdr. Doblinger, Wien, Pl. Nr. 14229.
Ho, Pap. grau. Ca. 1840. Zusätzlich angefertigte Part. von P. Georg Berger, 19. 12. 1919.
Bisher unbekanntes Werk. Besetzung: Sopr., A., T., B. Text: „*Das Grab ist tief und stille und schauderhaft sein Rand*" (Salis). Vermerk Puschls: „*Compon. im J. 1819*". Siehe S. 268.

S. 8
[Nicht von Schubert] Ignaz von Mosel, *Dorotheas Lied*. 1 r.

S. 8
D 731, op. 173/4, *Der Blumen Schmerz*. Komp. IX 1821. Aut. Maria Floersheim, CH. Erstdr. 8. 12. 1821 *Wiener Zeitschrift für Kunst, Literatur* usw.; 1867 Spi, Pl. Nr. 19177, Typendruck.
Qu, Pap. altweiß. Vor 1827 (?). 1v—2v. Vor dem Spina-Druck.

S. 9
D 224, op. 4/3, *Wand(e)rers Nachtlied*. Komp. 5. 7. 1815. Aut. GB Lbm. Erstdr. 29. 5. 1821 Cap Di, Pl. Nr. [773].
Qu, Pap. altweiß, einseitig handrastriert. Um 1835. Nicht von Puschl geschrieben. Siehe auch Konvolut I/17.

Konvolut IV

Von K. L. Cybul für eine Singst. und Orch. gesetzte Schubertlieder. 6 gleichartige Notenhefte mit Part. Hochformat. Notenpapier aus der Jahrhundertwende, einheitliche Handschrift. Die Notenhefte sind in eine gemeinsame Mappe aus braunem Steifpapier eingeordnet. Seiten 1—30. Singst. und Orch. St. liegen bei. Modernes Papier, Schreiber unbekannt. Alle 6 Stücke datiert 26. 8. 1890.

S. 1
D 795/8, op. 25/8, *Morgengruß*. Komp. V—XI 1823. Aut. verschollen. LEm (Musikbibliothek Peters). Erstdr. 17. 2. 1824 Sa & Ldf, Pl. Nr. 503.

S. 5
D 257, op. 3/2, *Heidenröslein*. Komp. 19. 8. 1815. Aut. D-ddr LEm (Musikbibliothek Peters). Erstdr. 22. 5. 1821 Cap Di, Pl. Nr. [768].

S. 8
D 911/5, op. 89/5, *Der Lindenbaum*. Komp. II 1827. Aut. Pierpont Morgan-Library, New York, Sammlung Mary Flagler Cary. Erstdr. 14. 1. 1828 Tob Hasl, Pl. Nr. 5105.

S. 20
D 889, Nachl 7/4, *Ständchen* („*Horch*"). komp. VII 1826. Aut. A Wst. Erstdr. 26. 10. 1830 Di, Nachlaß 7/4, Pl. Nr. 3704.

S. 28
D 911/23, op. 89/23, *Die Nebensonnen*. Komp. II—X 1827. Aut. A Wgm. Erstdr. 30. 12. 1828 Tob Hasl, Pl. Nr. 5123.

Beilage
D 795/13, op. 25/13, *Mit dem grünen Lautenbande*. Komp. V—X 1823. Aut. verschollen. Erstdr. 12. 8. 1824 Sa & Ldf, Pl. Nr. 653.

Konvolut V

Abschriften der bei Cappi & Diabelli am 12. September 1821 in der Sammlung *Philomele, eine Sam[m]lung der beliebtesten Gesänge mit Guitarre-Begleitung* erschienenen Lieder. Starkes, altweißes/gelbliches Papier, Hochformat. Von Puschl um 1830 geschrieben (die vorhandenen gedruckten Exemplare siehe unter *Übertragungen in Reihenwerken* S. 240).

1
D 493, op. 4/1, *Philomele* 108, *Der Wanderer*. Komp. nach X 1816. Aut. verschollen. Erstdr. 12. 9. 1821 Cap Di, Pl. Nr. 678. cis-Moll. Abschrift in e-Moll.

2
D 685, op. 4/2, *Philomele* 109, *Morgenlied*. Komp.—1820. Aut. A Wgm. Erstdr. 12. 9. 1821 Cap Di, Pl. Nr. 679.

3
D 121/I, op. 3/1, *Philomele* 110, *Schäfers Klagelied*. Komp. 30. 11. 1814. Aut. A Wn. Erstdr. 12. 9. 1821 Cap Di, Pl. Nr. 680. e-Moll. Abschrift in d-Moll.

Mappe 2

Einzelblätter

4
D 365, op. 9/1—18, aus: *Erste Walzer*. Komp. 1816—1821. Diverse Autographe. Erstdr. 29. 11. 1821 Cap Di, Pl. Nr. 873, 874.
Qu, Pap. altweiß. 1825. Elisabeth Zegenberger gewidmet.

5
D 666, op. 158, *Der Frühlingsmorgen*, Kantate (Vogl). Komp. VIII 1819. Aut. A Wst. Erstdr. 1849 A Di Co, Pl. Nr. 8878.
Ho, Pap. stark graublau. 20. 2. 1839. Schreiber Puschl. Part., Kl., Singst. Auf einem Doppelblatt, 8°, liegt ein von Puschl geschriebener Text bei („*Sänger, der von Herzen*").
Vor Erstdr.

6
D 408, op. 137/3, *Sonatine 3 in g*. Komp. IV 1816. Aut. Karl Ruhmann, Wien. Erstdr. 1836 A Di Co, Pl. Nr. 5850.
Qu, Pap. dunkelgrau. 1842, Schreiber Matth. Mörwald; dieser Vermerk durchgestrichen und Besitzvermerk in Anton Huemer geändert.

7
D 384, op. 137/1, *Sonatine 1 in D*. Komp. III 1816. Verschiedene Aut. Erstdr. 1836 A Di Co, Pl. Nr. 5848.
Ho, Pap. hellgrau. 1843. Schreiber Anton Huemer.

8

D 811, op. 149, *Salve Regina.* Komp. III 1824. Aut. Erstdr. 24. 10. 1850 A Di Co, Pl. Nr. 7972 (C-Dur).
Ho, Pap. altweiß. 1852. 4 St. geschrieben von Matthias Hirschmann.
Siehe Mappe 3, D 811.

9

D 659—662, Nott 249, *4 Hymnen.* Komp. V 1819. Aut. Dr. Bodmer, Cologny, CH. Erstdr. 1872 Gotth, Pl. Nr. 361.
Ho, Pap. weiß. Um 1850, Schreiber Puschl. Singst., die richtig zu Konvolut II/73, 82—84 gehört.
Vor Erstdr.

10

D 342, *An mein Clavier.* Komp. ca. 1816. Aut. verschollen. Erstdr. 1876 Kratochwill, *6 Nachgelassene Lieder* Nr. 4.
Qu, Pap. weiß. 7. 2. 1861 Wien. Schreiber Puschl. Siehe auch Konvolut III/2, D 342.
Vor Erstdr.

11

D 750, *Tantum ergo* (D). Komp. 20. 3. 1822. Aut. F Pc. Erstdr. 1888 GA XIV/8, Pl. Nr. 165.
Qu, Pap. altweiß, 8 Seiten. 15. 9.—19. 10. 1862. St.: Puschl „*sibi comparavit*". Part. von Spina. Auf der Titelseite der Abschrift, die mit *Copie* bezeichnet ist, befindet sich am unteren Rand bereits der Vermerk „*Spina — K. k. Hof = und ... Preis 54xr ÖW*" sowie die für den Druck vorbereiteten, rot geschriebenen Einzeichnungen für den Stecher. Druckvorlage? — 1. Aufführung Seitenstetten 19. 10. 1862.
Vor Erstdruck. Siehe S. 267f.

12

D 821, Nott 207u, *Sonate für Pianoforte und Arpeggione.* Komp. XI 1824. Aut F Pc. Erstdr. I 1871 Gotth, Pl. Nr. 142.
Qu, Pap.: Part. Marmorheft mit altweißem Pap., St. altweiß mit blauen Notenlinien. Part. 5. 3. 1865, Schreiber Aufreither, St. 17. 3. 1865, Schreiber Puschl. Besitzvermerk „*Puschl 17. 3. 1865 suis sumtibus comparavit*".
Vor Erstdr. Siehe auch Mappe 3, D 821.

13
D 826, *Der Tanz*. Komp. 1825 (?). Aut. A Wst. Erstdr. 1892, GA XVII/14, Pl. Nr. 254. Für Sopr., A., T., B.
Qu, neueres Pap., altweiß. 28. 3. 1865. Part. geschrieben von Aufreither, St. unbekannt. Mit 4 Takten Pfte.-Einleitung, die sowohl bei Deutsch, *Them. Cat.* als im Aut. und Erstdr. fehlen. Ohne Besitzvermerk Puschls. 4 neuere St. liegen bei.
Vor Erstdr.

14
D 486, *Magnificat in C*. Komp. 15 oder 25. 9. 1816. Aut. unbekannt. Erstdr. 1888, GA XIV/11, Pl. Nr. 168.
Part. Qu, altweiß, Spina, St. Ho, altweiß, Schreiber Puschl. 15. 9. 1862. Vor Erstdr. Siehe S. 267.

Mappe 3

1
D 953, Nott 2290, *Der 92. Psalm*. Komp. VII 1828. Aut. unbekannt. Erstdr. 1841 Sulzer, *Schir Zion*, Pl. Nr. I/6; 1870 Gotth, Pl. Nr. 47.
Qu, neueres Pap. altweiß. 29. 3. 1865. Part. geschrieben von Aufreither. Kein Besitzvermerk Puschls.
Vor Erstdr.

2
D 983/4, op. 17/4, *Die Nacht*. Komp. 1823 oder früher. Aut. verschollen. Erstdr. 9. 10. 1823 Cap Di, Pl. Nr. 1176.
Ho, Pap. weiß, blaue Notenlinien. Um 1865, Schreiber Leop. Berger.

3
D 872, Nott 227, *Das deutsche Hochamt*. Komp. 1826/27. Aut. A Wst. Erstdr. 1870 Gotth, Pl. Nr. 117 und 119.
Ho, Pap. altweiß. Um 1865. Schreiber Leop. Berger. Für Sopr., A., T., B.

4
D 797/2, op. 26/2, *Rosamunde*, Ballettmusik II arrangiert 4h. Kl. Komp. Herbst 1823. Aut. A Wst. Erstdr. 1868 Spi, Pl. Nr. 19407.
Ho, neueres Pap. weiß. Um 1867, Schreiber Leop. Berger.

5
D 797/1, op. 26/1, *Rosamunde*, Entr'acte Nr. 1, arrangiert 4h. Kl. Komp. Herbst 1823. Aut. A Wn. Erstdr. 1867 Spi, Pl. Nr. 18800.
Ho, neueres Pap. weiß. Um 1867. Schreiber Leop. Berger.

6

D 797/5, op. 26/5, *Rosamunde*, Entr'Acte Nr. 2, arrangiert 4h. Kl. Komp. Herbst 1823. Aut. A Wn. Erstdr. 1867 Spi, Pl. Nr. 18800.
Ho, neueres Pap. weiß. 1866. Schreiber Leop. Berger.

7

D 872, Nott 227, *Meßgesang* [Deutsche Messe]. Komp. 1826/27. Aut. A Wst. Erstdr. um 1830 Anton Strauß, Wien.
Ho, Pap. altweiß. Mai 1867, Schreiber Gottfried Berger. Dreist. (Sopr., A., B.), Ferdinand Schuberts Satz. Eine Sopr.-St. (IIa) von Leopold Berger (Studenten-Abschriften).

8

D 759, Nott 204o, *Zwei Sätze der unvollendeten Symphonie in H-Moll*, arrangiert 4h. Kl. (Reinecke). Komp. Ende 1822. Aut. A Wgm. Erstdr. um 1867 Spi, Pl. Nr. 19221.
Ho, Pap. weiß, stark. März 1867, Schreiber Johann Tippel. Besitzvermerk: „*Puschl, 10. 3. 1867 — suis sumtibus describendum curavit*".

8a

D 957/4, Nott 234/4, *Ständchen* („*Leise flehen*"), arrangiert für Streichquartett. Komp. VII 1828. Aut. unbekannt. Erstdr. 4. 5. 1829 Tob Hasl, Pl. Nr. 5374.
Ho, Pap. altweiß. 1869. Schreiber Leopold Berger.

9

D 493, op. 4/1, *Der Wanderer*, arrangiert für Streichquartett. Komp. nach X 1816. Aut. verschollen. Erstdr. 29. 5. 1821 Cap Di, Pl. Nr. [773].
Ho, Pap. altweiß, 1869. Schreiber Leopold Berger.

10

D 819/5, op. 40/5, *Marcia funebre*. Komp. X 1824. Aut. verschollen. Erstdr. 21. 9. 1825 Sa & Ldf, Pl. Nr. 846.
Ho, Pap. altweiß. Ca. 1870. Die Abschrift enthält nur die Secondo-St.

11

D 983/1 und 4, op. 17/1 und 4, *Jünglingswonne* und *Die Nacht*. Komp. 1823 oder früher. Aut. verschollen. Erstdr. 9. 10. 1823 Cap Di, Pl. Nr. 1176.
Ho, Pap. altweiß. Ca. 1870.

12a
D 803, op. 166, *Oktett*, arrangiert für Pfte. und Physharmonica. Komp. II 1824. Aut. A Wst. Erstdr. III 1853 Spi, Pl. Nr. 9141. Ohne IV (*Andante*) und V (*Allegretto*).
Ho, 2 Hefte, Marmorbraun gebunden, Pap. weiß. Schreiber Leopold Berger, Titel von Puschl. Ohne IV und V.

12b
D 803, op. 166, *Oktett*, Part.
Qu, braun-marmor gebundenes Heft, Pap. weiß. 1873 oder früher. Schreiber Leopold Berger, Titel von Puschl. Ohne IV und V.

12c
D 803, op. 166, *Oktett*, arrangiert für Pfte. und Physharmonica.
Ho, Pap. weiß. Schreiber unbekannt. Ohne IV und V.

13
D 872, Nott 227, *Deutsche Messe*. Komp. 1826/27. Aut. A Wst. Erstdr. 1870 Gotth, Pl. Nr. 117 und 119.
Ho/Qu, modernes Pap. weiß. I—X 1880. Schülerabschriften. Männerchor 2 T., 2 B.

14
D 797/4, op. 26/4 *Rosamunde*, Geisterchor. Komp. 1823. Aut. verschollen. Erstdr. 1828 Ldf, Pl. Nr. 1098, 1099.
Ho, neueres Pap. altweiß. Signiert „*Placidus*", d. i. P. Placidus Bachinger.

15
D 872, Nott 227, *Singmesse* [Deutsche Messe]. Komp. 1826/27. Aut. A Wst. Erstdr. 12. 5. 1866 Spi, Pl. Nr. 18.400.
Ho, Pap. altweiß. Ca. 1890. Männerchor, 4 st. Part. und St. I, II, III, IV.

16
D 821, Nott 207 u, *Sonate für Pianoforte und Arpeggione*. Komp. XI 1824. Aut. F Pc. Erstdr. I 1871 Gotth, Pl. Nr. 142.
Ho, modernes Pap. weiß. Ca. 1890. Nur Arpeggione-St. Siehe Mappe 2, D 821.

17
D 175, Nott 258, *Stabat mater* (lateinisch) g-moll. Komp. 4.—6. 4. 1815. Aut. A Wst. Erstdr. 1888 GA XIV/12, Pl. Nr. 169. Ohne Vorspiel.
Ho, modernes Pap. weiß. Ca. 1900—1920. Nur 1 Seite Skizze. Mit 4 Takten Vorspiel.

18

D 811, op. 149, *Salve Regina*. Komp. IV 1824. Aut. D-ddr. Bds. Erstdr. 24.10.1850 A Di Co, Pl. Nr. 7972. C-Dur, 2 T., 2 B.
Ho, modernes Pap. weiß. 1900—1920. Schreiber Gregor Berger (Org.- und 2 A.-St.). Part., Org., Singst. Arrangiert für 2 A., T., B. Transponiert nach F-Dur. Siehe Mappe 2, D 811.

19

D 739, op. 45, *Tantum ergo* [in C]. Komp. 1822. Aut. verschollen. Erstdr. 23.6.1825 A Di Co, Pl. Nr. 1899. Chor, Orch., Org.
Ho, modernes Pap. weiß. Um 1945. Schreiber P. Just. Vierst. Sopr., A., T., B. Mit deutschem Text („*Christen laßt uns tief verehren*").

20a

D 730, *Tantum ergo* [in B]. Komp. 16.8.1821. Aut. A Wst. Erstdr. 1926 Böhm & Sohn, Pl. Nr. 6573. Soli, Chor, Orch.
Ho, modernes Pap. weiß. Um 1945. Schreiber P. Just.

20b

D 547b, op. 88/4, *An die Musik*. Komp. III 1817. Aut. unbekannt. Erstdr. 12.12.1827 Weigl, Pl. Nr. 2696. D-Dur.
Ho, modernes Pap. weiß. Um 1910. Nach C-Dur transponiert. Mit geändertem Titel (*Gebet*) und abgeändertem Text („*Allmächt'ger Gott*").

20c

D 839, op. 52/6, *Ave Maria* (Ellens Gesang III), arrangiert für Vc. und Pfte. Komp. 1825. Aut. verschollen. Erstdr. 5.4.1826 M Art, Pl. Nr. 814.
Ho, modernes Pap. weiß. Um 1900. Abschrift der bei Spina am 16.3.1856 erschienenen Übertragung des Liedes von Alexander Batta (*6 Lieder* Nr. 3, C. S. 10347).

21

[Vermutlich unterschobene Komposition] *Aria in D: Confirma hoc Deus quod operatus est*. Andante, D, c. Für B. Solo, V. Solo, V. 1, V. 2, Va. Hr. 1 und 2 in D, Org.
Ho, Pap. blaugrau. Um 1835. Schreiber unbekannt, Eintragungen Puschls. Vermerk auf der Titelseite „*offenbar unterschoben, miserables Flikwerk*". Siehe Verzeichnis S. 225.

Besonders bemerkenswerte Abschriften

1. *Magnificat in C, für Soli, Chor, Orchester und Orgel* D 486, komp. (15. ? oder) 25. September 1816.

Puschl verzeichnet hiezu: „*componirt am* [zwei Worte durchgestrichen] *25. September 1816*", was vermuten läßt, daß er die undeutlich geschriebenen Ziffern des Tagesdatums der Vorlage nicht als „*15*" sondern als „*25*" gelesen hat und daher wahrscheinlich die Handschrift Schuberts in Händen hatte, die diese schlechte Lesbarkeit des Datums aufweist.

Ms.: Dr. Cranz, Wien/Dr. Roehn, Los Angeles.

Part.: Zwölfliniges, altweißes Notenpapier mit braunen Notenlinien, Querformat. Diese Partitur ist von der gleichen Hand geschrieben wie das nachstehend angeführte *Tantum ergo*, D 750, was auf eine Abschrift durch einen Kopisten Spinas schließen läßt. — Die Partitur langte am gleichen Tag wie jene des *Tantum ergo* in Seitenstetten ein [15. September 1862].
St.: Hochformat, zehn- bzw. zwölfliniges, starkes, altweißes Notenpapier mit braunen Notenlinien. Geschrieben von Puschl (vermutlich September 1862).

Erstdr.: GA XIV/11, 1888, Pl. Nr. F. S. 168. Laut Revisionsbericht waren die Vorlagen hiezu die Partiturabschriften der Spaun-Witteczek-Sammlung im Archiv der Gesellschaft der Musikfreunde in Wien.

Die erste Aufführung des *Magnificat* in der Stiftskirche Seitenstetten fand bereits am 1. Oktober 1862 statt.

2. *Tantum ergo in D, für Chor, Orchester und Orgel* D 750, komp. 20. März 1822.

Ms.: F Pc. — Eine alte Abschrift aus den Notenbeständen der Wiener Peterskirche auch A Wn.

Part.: 14-liniges, altweißes Notenpapier mit braunen Notenlinien, Querformat. Diese Partitur ist von der gleichen Hand geschrieben wie das vorstehend angeführte *Magnificat*, D 486; der Schreiber ist höchstwahrscheinlich ein Kopist Spinas. Am unteren Rand der Titelseite ist bereits „*Spina — k. k. Hof= ...*" und „*Preis 54 xr Ö. W*" angegeben. Die Textseiten sind schon mit den für den Stecher vorbereiteten Einzeichnungen versehen, was auf eine fertige Stichvorlage schließen läßt. Die Partitur langte am gleichen Tag wie jene des *Magnificats* in Seitenstetten ein [15. September 1862].

St.: Hochformat, zehnliniges, starkes, altweißes Notenpapier mit braunen Notenlinien. Geschrieben von Puschl (vermutlich September 1862).

Erstdr.: GA XIV/8, 1888, Pl. Nr. F. S. 165. Rev. Bericht: Die autographe Partitur — 20. III. 1822 — war später im Besitz von Dr. Max Friedlaender in Berlin. Im Autograph ist die Orgelstimme von fremder Hand beziffert.

Die erste Aufführung des *Tantum ergo* in der Stiftskirche Seitenstetten fand am 19. Oktober 1862 statt, die nächsten folgten am 1. November, am 8. und 25. Dezember 1862 sowie am 1. Jänner 1863.

3. *Das Grab* („*Das Grab ist tief und stille, Und schauderhaft sein Rand*"; Worte von Johann Gaudenz Freiherr von Salis-Seewis, 1762—1834).

D 330, D 330 A, D 347, D 569, D 643 A

Zu Schuberts Vertonungen von Salis' *Das Grab*: Franz Schubert begann zwischen 1815 und 1817 das Gedicht nicht weniger als viermal zu vertonen; alle diese Kompositionen blieben entweder unvollendet oder wurden nur skizzenhaft ausgeführt, denn Schubert hatte — wie aus den erhalten gebliebenen Manuskripten (Kopien) dieses Werkes hervorgeht — von Haus aus eine Vertonung des Gedichtes in Form eines Chores im Auge gehabt.

Zu den einzelnen Vertonungen ist zu bemerken:

D 330

1. Fassung: g-moll, ₵, „*Langsam*", überschrieben *Chorus*. Komp. 28. Dezember 1815.

Ms.: Kopie von Witteczek, in Konsul Otto Taussigs Schubert-Foundation, Universitätsbibliothek Lund, Schweden.

Erstdr.: GA XX/182, 3. Band, 1895, Pl. Nr. F. S. 511. Das Werk ist hier auf 2 Notenliniensystemen als vierstimmiger gemischter Chor gedruckt und daneben als Bezeichnung angebracht: „*Singstimmen und Pianoforte*". — Franz Schubert setzt dem Beginn der Kompositionsniederschrift die deutliche Bezeichnung *Chorus* voraus, was darauf hinweist, daß Schubert vorhatte, einen Chor zu schreiben. — Der Revisionsbericht GA XX/S. 42 bemerkt zu dem Werk: „*Dieses Stück ist bloß in der Vorstellung des Componisten ein ‚Chor'. So wie Schubert es aufgeschrieben hat, ist es zunächst ein Strophenlied am Clavier und wurde daher in diese Serie aufgenommen. Es bleibt dahin gestellt, ob Schubert sich dabei einen Männerchor oder einen tiefliegenden gemischten Chor vorgestellt hat*".

Nottebohm verzeichnet (1874) das Werk auf S. 259 unter „*Ungedruckte Compositionen*".

D 330 A

2. Fassung: c-moll, ₵ „*Langsam*", Fragment in Kanonform, gleichfalls als *Chorus* überschrieben und deutlich als gemischter Chor (Sopr., A., T., B.) bezeichnet. Komp. 28. Dezember 1815.

Ms.: Rückseite der unter D 330 angeführten Kopie (Taussigs Schubert-Foundation).

In der GA ist dieses Werk nicht erschienen; von Nottebohm wird es nicht erwähnt. O. E. Deutsch gibt an, daß sich auf der Rückseite der Handschrift der ersten Fassung der durchstrichene Anfang einer früheren, undatierten Version für gemischten Chor in Kanonform ohne Begleitung befinde. Im Gegensatz hiezu stellt Reinhard Van Hoorickx[10] fest, daß diese Fassung am selben Tag wie die erste Version, am 28. Dezember 1815, geschrieben worden sei. Hoorickx hat auch das 12 Takte umfassende Fragment als „*Versuch einer Ergänzung für den praktischen Gebrauch*" weiter ausgeführt und durch Hinzufügung von vier Takten vollendet.

D 377

3. Fassung (bisher zweite): c-moll, ₵, „*Langsam*", als *Chorus* überschrieben. Komp. am 11. Februar 1816.

Ms.: Der Standort der Skizze und der undatierten Reinschrift ist unbekannt.

Erstdr.: a) Gotth. 1872, als Nr. 5 der *Neuesten Folge mehrstimmiger Gesänge*, Pl. Nr. J. P. G 320; b) GA XX/Nr. 186, 4. Band 1895, Pl. Nr. F. S. 516. Hier auf 2 Notenliniensystemen als vierstimmiger gemischter *Chor* mit der danebenstehenden Bezeichnung „*Singstimmen und Pianoforte*". Der bezügliche Revisionsbericht GA XX/S. 42 ergänzt: „*Auch hier gilt das bei 182 Gesagte*". O. E. Deutsch (*Them. Cat.*) führt hiezu noch an: „*Der Gesang hätte bei Tobias Haslinger herausgegeben werden sollen, erschien aber erst 1872 bei J. P. Gotthard in Wien. Er war — wie die Gesamtausgabe angibt — von Schubert ebenfalls als Männer- oder gemischter Chor gedacht gewesen*". Nottebohm führt den 1872 bei Gotthard erschienenen Notendruck auf S. 231 an.

---

[10] REINHARD VAN HOORICKX, *Franz Schubert „List of his songs"*. Mschr. Aleppo (Syrien) 1967, 44, Note zu D 330.

D 569

4. Fassung (bisher dritte): cis-moll, C, „*Sehr langsam*". Überschrieben *Männerchor*. Komp. Juni 1817.

Ms.: A Wst, Signatur: MH 57.

Erstdr.: GA XX/323, 5. Band, 1895, Pl. Nr. F. S. 666.

In einer Systemzeile Männerchor („*unisono*" im Baßschlüssel), darunter in zwei weiteren Systemen die Pfte.-St. Im *Them. Cat.* schreibt O. E. Deutsch hiezu: „*Obwohl das Manuskript auf Männerchor hinweist, besteht er in dieser Form nur in Schuberts Vorstellung*". Nottebohm führt das Werk, bereits mit Datierung „*Juni 1817*", unter den unveröffentlichten Kompositionen auf Seite 159 an.

Unter den Musikalien der Schubert-Sammlung in Seitenstetten fand sich 1971 schließlich die Abschrift einer weiteren, bisher unbekannten Vertonung dieses Gedichtes in Form eines vollständig ausgeführten gemischten Chores. Der Chor ist nicht nur verschieden von den bisher bekannten Kompositionen des Textes, sondern schließt mit dem Entstehungsjahr 1819 auch zeitlich richtig an Schuberts vorangegangene Vertonungen dieses Gedichtes an:

D 643 A

5. Fassung: Es-Dur, C, „*Sehr langsam*". Gemischter Chor a capella (Sopr., A., T., B.). Nach einem Vermerk Puschls auf der Sopran-Stimme „*Comp. im Jahre 1816* [verbessert auf:] *1819*".

Ms.: A Seit, Schubert-Sammlung.

St.: Ho, zehnliniges, starkes, graues Notenpapier. *Soprano*, *Alto*, *Tenore*, *Basso*. Jede Stimme mit 5 Text-Strophen. Geschrieben von Puschl um 1840.

Part.: Den St. liegt eine von Pater Gregor Berger am 19. Dezember 1919 nachgefertigte Partitur bei.

Erstdr.: Verlag Ludwig Doblinger, Wien 1972, Pl. Nr. D. 14229.

Erstaufführung: Die öffentliche Erstaufführung fand am 1. April 1972 (Karsamstag) im Österreichischen Rundfunk unter der Leitung von Gottfried Preinfalk statt.

Interessant ist die Beharrlichkeit sondergleichen, mit der Schubert vier Jahre hindurch die Vertonung dieses Gedichtes sich immer wieder angelegen sein ließ und sich erst nach vier vergeblichen Versuchen mit der Es-Dur-Fassung, seiner fünften und letzten Komposition dieses Chores, zufrieden zeigte.

BÜCHER UND SCHRIFTEN

Nott 263, *Thematisches Verzeichnis im Druck erschienener Compositionen von Franz Schubert.* Wien, A. Diabelli & Comp., D et C 8932. Dieses Verzeichnis erschien 1851. Nottebohm verzeichnet das Erscheinen mit „*um 1852*“. Eingangsvermerk Puschls 22. 9. 1851. Dem Verzeichnis liegt eine handschriftliche Ergänzung bis op. 173 von Puschl bei.

Nott 263, Heinrich KREISSLE V. HELLBORN, *Franz Schubert. Eine biographische Skizze.* Wien 1861, Typogr.-liter.-artist. Anstalt (Zamarski u. Dittmarsch).

Nott 263, Heinrich KREISSLE V. HELLBORN, *Franz Schubert.* Wien 1865, Gerold's Sohn. Mit einem Portrait nach L. Kupelwiesers Zeichnung. Eingangsvermerk Puschls 18. 12. 1864 (!). Auf der Titelseite hs.: „*Der Verfasser der vorliegenden Biographie Schubert's starb plötzlich in Wien am 6. April 1861, 45 Jahre alt*“. — Beigelegt in zeitgenössischer Handschrift: *Joseph Freiherrn von SPAUN'S Bemerkungen zu der von Dr. Kreißle von Hellborn herausgegebenen Biographie Franz Schubert's*“. Jetzt in Mappe *Verschiedene Schubertiana* eingeordnet.

Nott 263, Heinrich KREISSLE V. HELLBORN, *Franz Schubert.* Wien 1865, Gerold's Sohn (zweites Ex.). Eingangsvermerk 17. 1. 1865.

Gustav NOTTEBOHM, *Thematisches Verzeichnis der im Druck erschienenen Werke von Franz Schubert.* Wien 1874, Friedrich Schreiber. Auf dem Vorsatzblatt Prägestempel „*Schnürer*“.

Ferner: Rudolf Hans BARTSCH, *Schwammerl. Ein Schubert-Roman.* Leipzig 1912, L. Staackmann. — Albert BENEDIKT, *Schubert-Legenden.* Leipzig 1928, Erich Eberhard. — Otto Erich DEUTSCH, Schubert und die Königin Hortense. *Österreichische Musikzeitschrift* 28 (1973) 115ff. — Walther DÜRR, Franz Schuberts Werke in Abschriften: Liederalben und Sammlungen. FRANZ SCHUBERT. *Neue Ausgabe sämtlicher Werke.* Serie VIII: Supplement, Band 8, Quellen II. Kassel 1975, Bärenreiter-Verlag (Auszug). — Dominik HÖNIGL, *D. D. Foederati maxime Colendi!* In lateinischer Sprache abgefaßter Nachruf „*A. R. D. Leopoldum Puschl*“. Seitenstetten 1874. — Ottokar JANETSCHEK, *Schuberts Lebensroman.* 2. Aufl. Wien 1946, Amalthea Verlag. — Adalbert JUNGWIRTH, *Beziehungen Schuberts zu*

St. Pölten. St. Pölten 1912, Männergesangverein St. Pölten. — Karl KOBALD, *Franz Schubert. Aus dem Leben eines österreichischen Genies.* Wien 1922, Österreichischer Schulbücherverlag. — Egon v. KOMORZYNSKI, *Genius zwischen zwei Welten. Ein Schubertroman.* Wien 1947, Johann Günther Verlag. — *Allgemeine Wiener Musik-Zeitung*, Jahrgänge 1 und 2, Wien 1841—1842, Anton Strauß' sel. Witwe (und Sommer). — *Schubert-Ausstellung der Stadt Wien.* Wien 1897, Künstlerhaus [Nur Teilstück: S. 1—32, Nr. 1—105]. — Paul STEFAN, *Franz Schubert.* Berlin 1928, Wegweiser Verlag. — Felix WEINGARTNER, *Franz Schubert und sein Kreis.* Zürich 1928, Orell Füssli. — Alexander WEINMANN, Zwei Briefe mit posthumer Beziehung zu Mozart und Schubert. *Wiener Figaro* 40 (1972) 23ff. — DERS., Zwei neue Schubertfunde. *Österreichische Musikzeitschrift* 27 (1972) 75ff. — DERS., „Das Grab" — ein literarisch-musikalischer Bestseller. Ebendort 28 (1973) 125ff. — DERS., Etwas zu: Beethoven und die Steiermark [betrifft Pater Puschl]. *Mitteilungen des steirischen Tonkünstlerbundes* Nr. 64 (Graz 1975) 6ff. — Ignaz WEINMANN, *Zu Schuberts op. 158.* Vervielfältigtes Ms. — DERS., *Verzeichnis der Schubert-Sammlung im Musikarchiv des Benediktiner-Stiftes Seitenstetten, N.Ö.* Seitenstetten 1971 (Xeroxband 133 S.). — *Neue Zeitschrift für Musik* 1—19. Leipzig 1834—1843, J. A. Barth/R. Friese.

BILDNISSE

Franz Schubert 1828—1928. Ein Lebensbild nach Originalgemälden des akad. Malers Otto Nowak. Bildwerk (6 Farbdrucke). Inhalt: Schule und Elternhaus — Auf der Wanderschaft — Beim Biersack in Währing — Schubert und Therese Grob — Vision Erlkönig — Hausquartett im Krebsenhaus. Bildwerk der Wohlfahrtsaktion des Österreichischen Offiziersverbandes, gewidmet (hs.) „*Seiner Gnaden dem hochwürdigsten Herrn Abt Dr. Theodor Springer*".

Stift Seitenstetten, 1827

Pater Leopold Puschl,
1802—1874

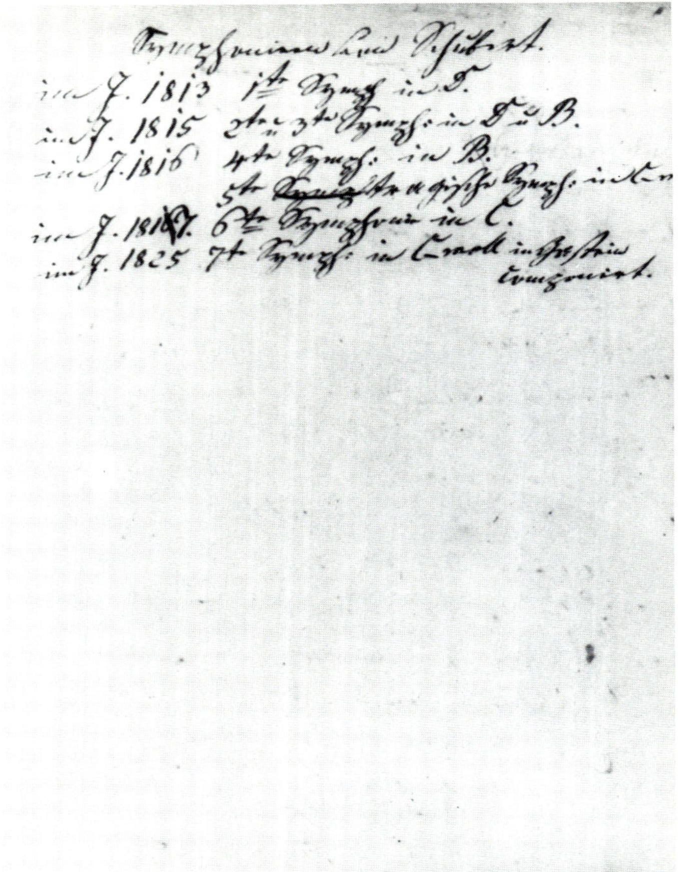
Symphonien von Schubert.
im J. 1813 1te Symph. in D.
im J. 1815 2te u. 3te Symph. in D u. B.
im J. 1816 4te Symph. in B.
5te tragische Symph. in C-m
im J. 1817 6te Symphonie in C.
im J. 1825 7te Symph. in C-dur in Gastein componirt.

Einlegezettel P. Puschls
mit Bemerkung über die Gasteiner Symphonie

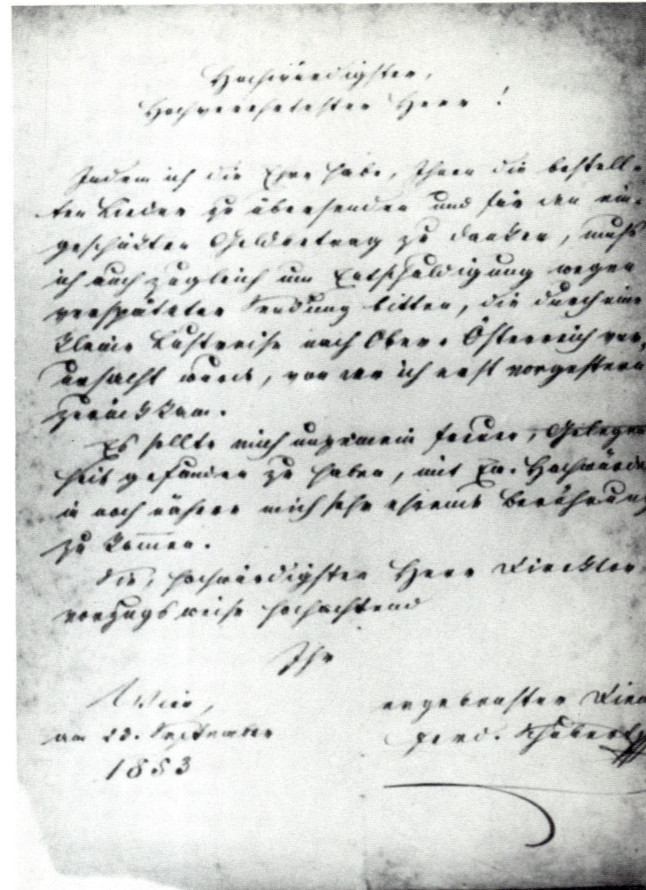

Brief Ferdinand Schuberts vom 23. September 1853
an P. Puschl

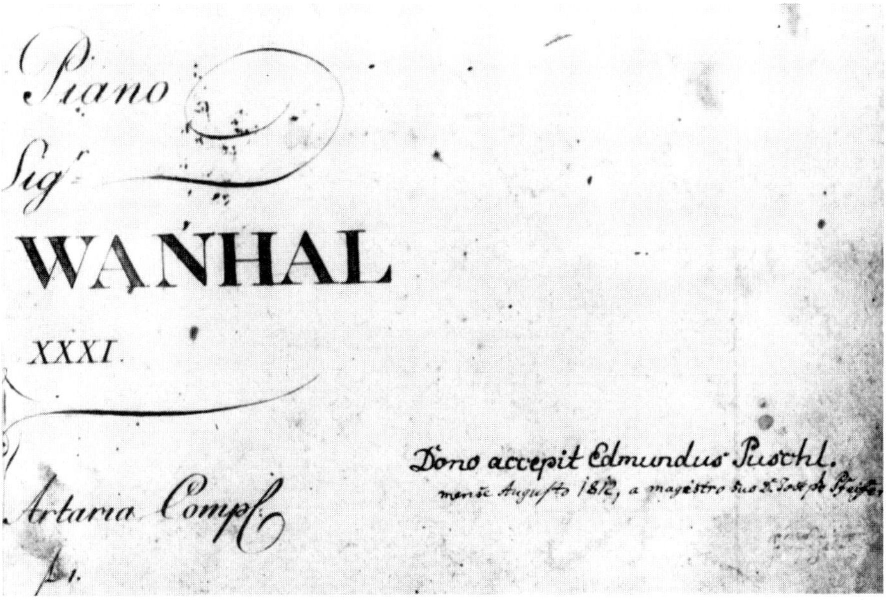

Aus der Titelseite des Notendruckes von J. B. Wanhal, op. 31,
mit Bemerkung und Besitzvermerk von Edmund Puschl, 1812

Titelseite des Erstdruckes von Schuberts op. 56 (recte: 58)
auf dem Pater Puschl, wie auf allen alten Notendrucken der Schubert-Sammlung,
seinen Namen und das Datum des Erwerbs vermerkte

Titelseite der Rahmenausgabe
mit Schnitzwerkleiste bei Diabelli

Chor „Das Grab“ (D 643 A) Sopranstimme,
Abschrift Pater Puschl

PATER LEOPOLD PUSCHL OSB, DER GRÜNDER DER SCHUBERT-SAMMLUNG

Leben und Wirken

In dem unweit von Seitenstetten gelegenen alten Pfarrdorf Wolfsbach erblickte Edmund Puschl am 13. Oktober 1802 das Licht der Welt[11]. Sein Vater, Johann Nepomuk Buschel — so die alte Schreibweise des Familiennamens — (1766—1856), ein Sohn des Matthias Buschl aus Göstling, war in Wolfsbach bereits seit 1788 als Schulgehilfe tätig[12] und bewarb sich am 3. März 1800 bei der Stiftsherrschaft Seitenstetten um die erledigte Stelle des Schulmeisters in Wolfsbach[13], *„wo er ohnehin bereits durch volle 12 Jahre Schulgehülfe gewesen sei“*. Schon am nächsten Tag, dem 4. März 1800, verlieh ihm der Abt des Stiftes Seitenstetten, Ambros Rixner[14], die angestrebte Schulmeisterstelle. Kurze Zeit darauf, am 6. Mai 1800, ehelichte er in Wolfsbach Maria Magdalena Anselgruber (1773—1822). Dieser Ehe entsproß zu Beginn des Jahres 1801 ein Sohn Johann Nepomuk, dem aber nur eine kurze Lebenszeit von 25 Tagen beschieden war. Als zweiter Sohn kam 1802 Edmund Puschl — dessen weiteres Leben und Wirken hier beschrieben werden soll — zur Welt. Solange er im Vaterhaus verblieb, hatte er, abgesehen von seinem Bruder Michael, der bereits 1809 einjährig starb, keine Geschwister. Erst zwischen 1813 und 1817 war den Eltern dreifacher Kindersegen beschieden. 1822 starb Puschls Mutter und hinterließ drei unmündige Kinder.

---

[11] Taufschein Edmund Puschl; ausgestellt vom Wolfsbacher Pfarrer P. Ambros Neidhart am 20. Feber 1820, beim Eintritt Puschls in das Kloster Seitenstetten: *„Geb. am 13. X. 1802. — Edmund, ein ehelich erzeugter Sohn des Herrn Johann Nep. Buschel, Schulmeisters und Meßners allhier, Hausnummer 6 und der Frau Magdalena gebohrner Anselgruber“*. Stiftsarchiv Seitenstetten, Karton 2 E, Fasz. Nr. 420/II.

[12] Schreiben des Hofrichters von Seitenstetten an das *„Löbliche Kreißamt“* vom 22. Dezember 1787: *„Die Stiftsherrschaft habe zu Beförderung des Unterrichts den Johann Buschl ausfindig gemacht. Er habe ein Befähigungszeugnis als ‚Lehr Gehülfe für die Schule zu Wolfsbach‘.“* Stiftsarchiv, Karton 48 C, Fasz. Schule B.

[13] Stiftsarchiv, Karton 48 C, Fasz. Schule B.

[14] Ambros Rixner, 1735—1812, Abt von 1777—1812.

Vater Buschl vermählte sich noch im gleichen Jahr in Engstetten[15] mit der aus Nennersdorf gebürtigen Anna Maria Schlager (geb. 1792), die ihm innerhalb der nächsten 15 Jahre noch 9 Kinder schenkte. Unter den 15 Kindern seiner beiden Ehen mußte er den frühzeitigen Tod von 6 Kindern beklagen. 1846 starb auch seine zweite Gattin, der er dann zehn Jahre später, als neunzigjähriger Greis, 1856 ins Jenseits folgte.

Der älteste Sohn, Edmund, dessen vorzügliche Geistesanlagen sich unter der sorgsamen Pflege seines Vaters rasch entwickelten, machte namentlich in der Musik, die der Vater mit großem Eifer betrieb, derartige Fortschritte, daß er durch seine Fertigkeit, vornehmlich im Klavierspiel, allgemeine Bewunderung erregte. Er kam 1812 zehnjährig als Sängerknabe in das Stift Seitenstetten. Im Musikarchiv der Abtei liegt heute noch ein Notendruck[16] — Cembalo-Variationen von Wanhal — mit dem Besitzvermerk *„Dono accepit Edmundus Puschl, mense Augusto 1812, a magistro suo D. Josepho Pfeiffer“*[17].

Puschl besuchte 6 Jahre hindurch das Stiftsgymnasium mit vorzüglichem Erfolg und oblag hierauf von 1818 bis 1820 im Stift Kremsmünster den philosophischen Studien. Frommer Sinn und Liebe zu den Wissenschaften führten ihn nach Seitenstetten zurück, wo er sich für den Priesterberuf entschied. Am 20. Oktober 1820 wurde er als Benediktinernovize eingekleidet. Nach vollendetem Noviziat absolvierte er die theologischen Studien teils im Stift Melk, teils in Linz. Am 1. Oktober 1823 legte er die feierlichen Ordensgelübde ab und feierte, nachdem er Ende 1825 die Priesterweihe als Pater Leopold empfangen hatte, am 1. Jänner 1826 sein erstes heiliges Meßopfer.

Erster Ort seines geistlichen Berufes war die Tätigkeit als Kooperator in der zum Stift gehörenden Pfarre Ybbsitz, N.Ö. In seinem neuen Wirkungskreis zeichnete er sich durch hervorragende Liebe zur Jugend und großen Eifer im Studium der Wissenschaften aus. Schon im folgenden Jahr 1827 wurde er zum Lehramt an das Stiftsgymnasium nach Seitenstetten berufen. P. Leopold war ein tüchtiger Philologe und genauer Geschichtskenner, vor allem aber ein ausgezeichneter Naturforscher, der auf Ausflügen in die nähere und fernere Umgebung rege

---

15 St. Johann in Engstetten, N.Ö. (unweit von Seitenstetten).

16 Johann Baptist Wanhal (1739—1813), op. XXXI, *Arietta con dodeci Variazioni per il Cembalo*, Artaria & Co (Musikarchiv Z 324).

17 Joseph Anton Pfeiffer (1776—1859), ein Bruder des Kapitulars P. Pius Pfeiffer, war Leiter der Volksschule Seitenstetten, Komponist und von 1804 bis 1859 Organist an der Stiftskirche. Stiftsarchiv, Karton 45 C, Fasz. Schule, auch Fasz. *Familie Pfeiffer* im Nachlaß P. Gregor Bergers.

Sammeltätigkeit entfaltete und so in jahrelanger Arbeit den Grundstein zu einem umfassenden Herbarium und einer reichen Insekten- und Mineralien-Sammlung legte, die noch heute eine Zierde des naturhistorischen Kabinettes des Gymnasiums bilden. Unterrichtete er vorerst als Grammatiklehrer, so scheint er 1834 als Leiter des Naturalienkabinetts auf und wird 1835 bereits Professor humanitatis genannt. Trotz seines gelegentlich etwas heftigen Temperaments und einer vielleicht rauhen Außenseite konnte er nie das edle Herz verleugnen; er scheute auch keine Opfer, um das Wohl der Studenten zu fördern, die für ihn daher auch nur Liebe und Ehrfurcht empfanden.

Obgleich Pater Puschl seinem Beruf als Schulmann mit außerordentlichem Eifer oblag, blieb er auf Grund seiner schon erwähnten musikalischen Fähigkeiten auch der ausübenden Musik bis an sein Lebensende treu. Er war vorzüglich im Klavier- und Violinspiel sowie in Gesang bewandert und galt schon als junger Priester als die tüchtigste musikalische Kraft des Stiftes. Als der damalige Musikdirektor der Abtei, P. Amand Neckham[18], 1834 eine Pfarre übernahm, wurde P. Leopold zur Leitung des Musikchores berufen und war — lediglich mit einer Unterbrechung von 1848 bis 1853 — bis 1871 in diesem Amte tätig; er versah solcherart neben seiner Lehrtätigkeit 32 Jahre hindurch das Amt des Regens chori an der Stiftskirche. Erforderte diese Tätigkeit eine bedeutende Mehrarbeit, wie Unterrichten der Sängerknaben, Orchesterproben u. dgl. m., so fand Pater Puschl, namentlich im Winter, immer wieder Zeit zu musizieren. So manche von ihm veranstalteten Streichquartett-Abende wurden erst beendet, bis alle Mitwirkenden völlig erschöpft waren. Stoff für solche Abende gab es hinlänglich; besaß er doch eine große Musiksammlung, wie man sie selten bei einem Privatmann findet. Sein musikalischer Leitstern war Franz Schubert.

Außer den angeführten Ämtern hatte P. Puschl noch vom Jahre 1839 an bis zu seinem Tode (1874) die Stelle des Musikbibliothekars inne. Er selbst besaß eine Privatbibliothek von mehreren hundert Bänden, deren Bücher er nicht nur an die Studierenden, sondern auch gerne an die Bewohner des Marktes und an Landleute der nächsten Umgebung verlieh. Von 1848 bis 1850 war Pater Puschl als *Praefectus Gymnasii* tätig und wurde kurz darauf zum *Director Gymnasii* ernannt. Sein unermüdliches vielseitiges Wirken für das Stift und namentlich für das

18 P. Amand Neckham, geb. 1797, Priester 1820, 1830—1834 Regens chori in Seitenstetten, gest. 25. 12. 1852 (*Catalogus Religiosorum Mon[asterii] N[ostri] 1112ff*, Stiftsarchiv: 3 Sch H 19).

Gymnasium fand neben der allgemeinen Wertschätzung, deren er sich bei Kollegen und Vorgesetzten erfreute, auch in öffentlicher Anerkennung seiner Verdienste ihren Ausdruck. So zeichnete ihn Kaiser Franz Joseph in Anbetracht seines verdienstvollen Wirkens als Schulmann 1860 mit dem goldenen Verdienstkreuz mit der Krone aus. Bischof Ignaz Feigerle von St. Pölten, der ihm diese Auszeichnung feierlich überreichte, verlieh ihm den Titel eines bischöflichen Konsistorialrates. Nachdem er 1861 zum Subprior der Abtei ernannt worden war, wurde ihm 1873 eine weitere Auszeichnung zuteil, als ihm der Kaiser aus Anlaß seines 25jährigen Jubiläums als Gymnasialdirektor den Titel eines k. k. Schulrates verlieh. Pater Puschl konnte sich dieser neuerlichen Anerkennung seines verdienstvollen Wirkens nicht mehr recht erfreuen, da seine Gesundheit seit 1871 infolge eines Lungenexsudates ungemein geschwächt war. So mußte er bereits 1871 das Lehramt aufgeben, behielt aber die Gymnasialdirektion sowie die Leitung der Stiftsbibliothek bei. Die Last der Geschäfte drückte ihn hart, obwohl die Professoren — manche waren seine ehemaligen Schüler — ihn in jeder Weise unterstützten, was er meist nicht widerspruchslos annehmen wollte, um nur ja niemandem zur Last zu fallen. Im Februar 1874 warf ihn eine zuerst wenig beachtete Bronchitis neuerlich aufs Krankenlager, von dem er sich nicht wieder erheben sollte. Er erwartete nach den Tröstungen der Religion mit größter Ruhe das nahe Ende. Am 6. März 1874 um 1 Uhr früh schied er aus dem irdischen Leben.

Nicht ohne Anteilnahme liest man heute auf der im Musikarchiv verwahrten Orgelschule von Rink[19] den Besitzvermerk: „*Vom Hochw. Hrn. P. Leopold Puschl. Gymnasialdirektor emer. Chor-Regent etc. zur Erinnerung erhalten am 3. März 1874; derselbe starb am 6. März 1874. L. Berger*[20].“ Abt Dominikus Hönigl schließt 1874 den für Pater Leopold Puschl 1874 lateinisch abgefaßten Nachruf der Abtei mit den Worten eines Freundes des Verstorbenen: „*Pater Leopold war wirklich das Musterbild eines Gymnasial-Directors, gewissenhaft, unermüdlich, Tag und Nacht auf das Wohl der ihm anvertrauten Jugend bedacht, wohlthätig bis zur Selbstvergessenheit — kurz ein goldenes Herz.*“ Im *Verzeichnis der*

---

[19] Musikarchiv, Sign U 344: *Praktische Orgelschule von Ch. H. Rink, II. Theil, Bonn und Cöln bei Simrock*, Vorbesitz: „*P. Leopold Puschl, 1829*“.

[20] Leopold Berger (1834—1875), Lehrer und Leiter der Volksschule in Seitenstetten, war von 1859 bis zu seinem Tode Organist an der Stiftskirche (Stiftsarchiv, Karton 45 C, Fasz. Schule B).

Ordensmitglieder unseres Stiftes ab dem Jahre 1112 ...[21] sind die Lebensdaten Pater Puschls auf Seite 99 folgendermaßen verzeichnet:

Nomen:	*Leopoldus Buschel*
Patria:	*Austriac. Wolfsbacensis*
Aetas:	*13. Oct. 1802*
Profeß:	*1. Nov. 1823*
Ingressus:	*22. Oct. 1820*
Sacerdos:	*Ima Januari 1826, Prof. Jubil* [erlebte die goldene Profeß]
Obitus:	*6. Martii 1874, Sep. in Crypta el.*
Officium:	*Coop in Ybbsitz 1826, 1827: Prof. class. grammat. 1835:* [*Prof.*] *class. humanit. 1848: Director C. R. Gymnasii et Bibliothecarius, 1861: simul. Subprior.*

Pater Puschl wurde am 9. März 1874 in der neuen Krypta der Stiftskirche beigesetzt. Auf der Marmortafel besagt die Inschrift: „*P. Leopold Puschl 13. 10. 1802 6. 3. 1874.*"

Auch ein Stiefbruder Puschls, Josef, geb. 7. Februar 1825 in Wolfsbach, trat in das Stift Seitenstetten ein und war dort als P. Karl Puschl lange Zeit als tüchtiger Physikprofessor tätig. Er starb als 87jähriger Greis am 19. März 1912 und ist gleichfalls in der neuen Krypta der Stiftskirche bestattet[22].

Schubert und Seitenstetten

Im Zusammenhang mit den Notendrucken, die Pater Puschl noch zu Lebzeiten Schuberts erwarb, zu welchem Zweck er auch mit Verlegern und Musikalienhandlungen in Wien nähere Verbindung aufgenommen haben muß, drängt sich unwillkürlich auch die Frage auf, ob nicht eine persönliche Begegnung Puschls mit Franz Schubert nachzuweisen sei. Otto Erich Deutsch schloß eine persönliche Begegnung Schuberts mit dem Stifte Seitenstetten aus[23].

Wie erwähnt widmete sich Puschl von 1818 bis 1820 in Kremsmünster den philosophischen Studien. Gerade in dieser Zeit, am 26. August 1819, kamen Schubert und Vogl von Linz aus auf Besuch nach

---

[21] *Catalogus Religiosorum Mon*[*asterii*] *N*[*ostri*] *1112ff.* Stiftsarchiv: 3 Sch H 19.

[22] *Catalogus Religiosorum* ..., S. 103. Stiftsarchiv: 3 Sch H 19.

[23] Otto Erich Deutsch, *Schubert. Die Erinnerungen seiner Freunde.* Leipzig 1957, 75: „... *Zum Stift Seitenstetten hatte Schubert keine Beziehungen*".

Kremsmünster, wo Vogl seinerzeit studiert hatte[24]. Da die damaligen Schulferien in den Monaten September und Oktober gehalten wurden, am 27. und 29. August sowie am 2. September im dortigen Stift bedeutende musikalische Aufführungen stattfanden, an denen die der Musik verpflichteten Studenten teilzunehmen hatten, ist es als sicher anzunehmen, daß Puschl als 17jähriger Student und begabter Musiker den Vorträgen Schuberts und Vogls im Stift gelauscht hat. Vielleicht nahm gerade an jenem Tag des persönlichen Zusammentreffens mit dem Tondichter seine besondere Verehrung für Schubert ihren Anfang.

Jedoch auch eine andere Möglichkeit einer Begegnung Puschls mit Franz Schubert wäre nicht auszuschließen. Einerseits liegt Seitenstetten am unmittelbaren Zugang zu den bekannten Schubert-Stätten wie Steyr[25], Kremsmünster, Gmunden, Altmünster, St. Florian und Linz aus der Richtung von Wien. Andererseits ist Puschls Name in den Kreisen der Wiener Musikalienverleger bestimmt bekannt geworden, wenn ab 1825 fortlaufend alle Schubertdrucke — unmittelbar nach ihrem Erscheinen — immer von der gleichen Stelle aus bezogen wurden; möglicherweise hätte auch Schubert hievon zu hören bekommen können. Da jedoch die frühesten der in der Seitenstettener Sammlung befindlichen Schubertdrucke mit 1825 bezeichnet sind (op. 10, 14, 31, 43, 50), ist die Wahrscheinlichkeit, daß Schubert von dem regelmäßigen Notenbezug aus Seitenstetten erfahren haben könnte, ziemlich gering.

In den Archivbeständen des Stiftes über P. Puschls Leben und Wirken ist nirgends ein Hinweis auf einen Besuch Schuberts in Seitenstetten zu finden. Desungeachtet hat sich jedoch bei alten Angehörigen des Klosters folgende — bis jetzt leider in keiner Weise erhärtbare — Überlieferung erhalten: Franz Schubert sei auf der Durchreise im Stifte zugekehrt und hätte nach einem Pater (Puschl?) gefragt. Es wäre ihm aber bedeutet worden, daß der Gesuchte gerade nicht im Stifte anwesend sei, sondern sich eben auswärts — unbekannt

---

24 Walther Dürr, Franz Schuberts Werke in Abschriften: Liederalben und Sammlungen. Franz Schubert, *Neue Ausgabe sämtlicher Werke* 8/8, Quellen II. Kassel 1875.

25 Anton v. Doblhoff berichtet an Franz Schober — beide waren Freunde Schuberts — am 12. November 1823 über seine Reise: „... *Von Amstetten lenkte ich über Seitenstätten nach Steyr ein, um unseren lieben Schwämmelein zu besuchen* ...“ (Otto Erich Deutsch, *Schubert. Die Dokumente seines Lebens.* Leipzig 1964, 204). „*Schwämmelein*“ (Schwammerl) war ein Spitzname Schuberts in seinem Freundeskreis. Die Route nach Steyr aus der Richtung von Wien über St. Pölten führte zu jener Zeit also oftmals über Seitenstetten.

wo — aufhalte. Schubert hätte sich daraufhin sofort wieder empfohlen und seine Reise fortgesetzt[26]. Diesem frommen Bericht wäre aber entgegenzuhalten, daß Puschl, würde er nachträglich von dem unerwarteten Besuch erfahren haben, dies sicherlich in seinen Schriften auch freudig erwähnt hätte, sofern ihm der Name des Besuchers überhaupt bekannt geworden wäre. So bleibt demnach lediglich die Kunde von einem versäumten Zusammentreffen der beiden, knapp dreieinhalb Wegstunden vor Steyr, weiter bestehen. Dagegen schreibt der bekannte Literaturhistoriker Pater Anselm Salzer — der beim Tode Puschls immerhin bereits 18 Jahre alt war — 1838 in seinem Aufsatze *50 Jahre Musikpflege in Seitenstetten*[27] folgende Erinnerung: „... *Unter den Musikern des Hauses im letzten Saeculum verdienen ehrende Erwähnung ... Leopold Puschl, ein glühender Verehrer Schuberts; der begnadete Liederfürst hat unseren P. Leopold einmal persönlich aufgesucht* ...“. Das Kapitel „Schubert und Seitenstetten“ wird wohl weiterhin — bis zum Auftauchen eines einwandfreien Nachweises — ungeklärt bleiben ...

Schubertiana

Zu den bereits erwähnten fortlaufenden Anschaffungen von Musiknoten, hauptsächlich von Werken Franz Schuberts, gesellten sich auch die Abschriften von Schubert betreffenden Zeitungsartikeln und in der Folge auch die Pränumeration der Leipziger *Neuen Zeitschrift für Musik*, von der die ersten 10 Jahrgänge vorhanden sind. Bei den Schubert berührenden Aufsätzen in dieser Zeitschrift sind mehrfach Anmerkungen Puschls zu finden, Zettel mit verschiedenen Notizen liegen den einzelnen Bänden bei. Auch im Stiftsarchiv finden sich mehrere Schubert betreffende Notizen und Aufzeichnungen Pater Puschls. Diese sind nun gesammelt, entsprechend geordnet und unter genauer Angabe des ehemaligen Aufbewahrungsortes in einer eigenen Mappe *Verschiedene Schubertiana* deponiert. Da sich darunter mehrere sehr interessante

[26] Als Zeitpunkt dieses Besuches während einer Durchreise käme der 19. oder 20. Mai 1825 in Betracht, da Schubert am 20. Mai in Steyr eintraf. Ein späterer Ausflug — von Steyr (Gmunden, Linz) aus — nach Seitenstetten wäre immerhin auch möglich.

[27] Hofrat Dr. phil. P. Anselm Salzer OSB (1856–1938), der Verfasser der bekannten großen dreibändigen deutschen Literaturgeschichte, veröffentlichte diesen Aufsatz in der Zeitschrift *Bote aus Seitenstetten* 12. Folge, August 1938 (Selbstverlag des Stiftes Seitenstetten).

Stücke befinden, sei hier eine kurzgefaßte Übersicht über diese Notizen und Anzeigen mit entsprechendem Kommentar gegeben:

Neue Zeitschrift für Musik, Leipzig.

Eingelegt im 9. Band, 1838/II:

Zettel (Hs. Puschl): „*Schuberts nachgelassene musikalische Dichtungen 41s Heft enthält: Licht und Liebe*". — Lieferung 41 erschien in zwei Auflagen. Die erste Auflage enthielt als erstes Lied *Das Lied eines Kriegers*, die zweite Auflage aber an dessen Stelle das Lied *Licht und Liebe*. Die erste Auflage erwarb P. Puschl 1840, die zweite 1861. — Auf der Rückseite verschiedene Notizen über Lieder.

Zettel (Hs. Puschl): Vermerke über mehrere Lieder.

Brief von Ferdinand Luib an Puschl vom 11. Februar 1858 um Material für eine Schubert-Biographie.

Eingelegt im 10. Band, 1839/I.

Zettel (Hs. Puschl): Auf diesem Zettel, der vermutlich aus dem Jahr 1839 stammt, befindet sich vorerst die Aufzählung der bereits durch die Veröffentlichung Ferdinand Schuberts in der *Neuen Zeitschrift für Musik* vom 3.8.1835 bekanntgemachten 6 Symphonien Franz Schuberts. Als Schlußsatz vermerkt Puschl: „*im J. 1825 7. Symph. in C moll in Gastein componirt*". Hier wird — ein einziges Mal in der Schubert-Literatur — die Tonart der verschollenen Gmunden-Gasteiner-Symphonie genannt. Siehe hiezu auch Otto Erich Deutsch, *Schubert, Die Erinnerungen seiner Freunde*, Leipzig 1957, 341. — Auf der Rückseite „*Franz Schuberts noch im Manuskript existirende Streichquartette/Clavier-Sonaten*" [11].

Zettel (Hs. Puschl): „*Schubert Frz Salve Regina's*" [5].

Zettel (Hs. Puschl): „*Folgende Compositionen Franz Schubert's sind bei Spina (Diabelli) käuflich zu erwerben*" [7].

Heft (Hs. Puschl): „*Uiber Schubert*". [Jos. v. Spaun] Abschrift aus dem *Linzer Bürger-Blatt* vom 27. März 1829, 16 S., bez. „*15. Juni 1829*". Die Abschrift weicht von dem Nachdruck bei Deutsch a. O. 13f. geringfügig ab.

Heft (Hs. Puschl): *Erinnerungen an Franz Schubert. Von* J. Mayrhofer. Abschrift aus *Neues Archiv für Geschichte, Staatenkunde, Literatur und Kunst*, Wien 23. II. 1829. 5 S. Die Abschrift weicht von dem Nachdruck bei Deutsch a. O. 8f. etwas ab.

Sonderdruck: *Franz Schubert's Todtenfeyer, Gedichte von* C. A. Kaltenbrunner. Linz 1828. Gedruckt bei F. Eurich, 4 S. Fehlt bei Deutsch,

Schubert. Die Dokumente seines Lebens, Leipzig 1964, 583. In diesem Sonderdruck ist das Datum des Gedächtniskonzertes bei Tomazolli in Linz mit „*25. Dezember 1828*“ angegeben, bei Deutsch jedoch, aus der *Allgemeinen Theaterzeitung* zitiert, mit „*27. Dezember*“.

Blatt: *Wiener Wochenblatt* S. 801/802. *Musikalische Saison. Erstes Konzert des Männergesangvereines* (4 Schubert-Chöre).

Aus dem Musikarchiv.

Zettel (Hs. Puschl): „*Schubert, op. 165, Liederkranz 405*“.

Zettel (Hs. Puschl): „*Verzeichnis der Franz Schubert'schen Sonaten für Pfte zu 2 Händen*“ (op. 42 bis 164). Ausgabe bei Spina in Hochformat mit Ziertitel (oben Lyra).

Rechnung: Originalrechnung von C. A. Spina vom 10. Februar 1853 über 7 Notendrucke von Werken Franz Schuberts und je einem von Beethoven und Czerny, mit der Unterschrift von Spina und dem eigenhändigen Zusatz: „*Von Schubert nachgelassene Dichtungen habe den Ciclus mit Heft 50 geschlossen was noch von Manuscripten vorräthig ist wird in Werks No erscheinen, op. 165*“. Spina gewährte — wie aus der Rechnung hervorgeht — einen Preisnachlaß von „*1/3*“.

Anzeige: Pränumerations-Anzeige auf Franz Schuberts *Schwanengesang*, Tobias Haslinger, Wien, im Jänner 1829. Pater Puschl hat auf Grund dieser Anzeige die Hefte *Schwanengesang* bei Haslinger vorausbestellt. In der dann dem Druck beigehefteten Pränumerantenliste ist unter Nr. 105 angeführt: „*Hr. Puschl (Leopold, Professor und Präfekt im Konvikte Seitenstetten)*“ (Deutsch, *Dokumente* 577 [28]). Auf der Rückseite Anzeige der *Winterreise* und verschiedener anderer Werke Schuberts.

Anzeige: Vierseitige Anzeige auf gelbem Papier: 1865/1866 *Fest-Geschenk*. Neueste Musikalien im Verlage von C. A. Spina. Darin insgesamt 2 Seiten über Schubert-Werke.

Kreißle von Hellborn: Franz Schubert. Wien 1865, Carl Gerold's Sohn. P. Puschl verzeichnet in der Schubert-Biographie von Kreißle den Erwerb des Buches bereits mit „*20. Dezember 1864*“. In dem Buch war nachstehendes Heft eingelegt.

[28] Es ist bedauerlich, daß gerade die überaus schön ausgestatteten Drucke des *Schwanengesanges* — und auch der *Winterreise* — in der Schubertsammlung fehlen. Es wäre wohl denkbar, daß P. Puschl diese Hefte — vielleicht auch noch andere besondere Notendrucke — etwa in seiner (Direktions-)Kanzlei aufbewahrt hatte und die Drucke nach seinem Hinscheiden anderswo hinterlegt wurden, wo sie in Vergessenheit gerieten und nur durch Zufall wiederzufinden wären.

Heft (Hs. Puschl): *Joseph Freiherrn von Spaun's Bemerkungen zu der von Dr. Kreißle von Hellbrun* [!] *herausgegebenen Biographie Franz Schubert's.* Die am 29. Dezember 1864 — unmittelbar nach Erscheinen von Kreißle's Schubert-Biographie — von Spaun niedergeschriebenen *Bemerkungen* waren später im Besitz von Spauns Sohn, Admiral Hermann von Spaun in Görz; jetzt ist der Wiener Schubertbund Eigentümer der Handschrift. Erstmals dürfte sie Ludwig Speidel 1884 benützt haben. Die von Deutsch (*Erinnerungen* 311 ff.) benützte „*Abschrift*" der *Bemerkungen* stammt aus dem Jahre 1912 (siehe die dortige Anmerkung S. 312). In welcher Weise Puschl zu seiner Abschrift (etwa um 1868) gekommen ist, ließ sich nicht feststellen. Die Abschrift Puschls weicht von der durch Deutsch veröffentlichten Fassung stellenweise geringfügig ab.

Diese, wenn auch nur in spärlichem Umfang erhalten gebliebenen Schubertiana geben trotz allem einen Einblick, wie sich Puschl — als Einzelgänger — in der abseits vom Weltgetriebe gelegenen Abtei mit der ihm einmal lieb gewordenen Materie auseinandersetzte, u. zw. bereits in den dreißiger bis fünfziger Jahren des 19. Jahrhunderts, also in einer Zeit, in der noch nicht allzuviel über Schubert geschrieben wurde und von dem, was heute unter Schubertforschung verstanden wird, sich erst die frühesten Anzeichen zeigten.

Briefwechsel

Puschls Amt als Regens chori und sein unermüdliches Wirken um die Erwerbung von Werken Franz Schuberts brachten ihn, wie schon vorhin angedeutet, mit den damaligen, in gleicher Weise schaffenden Mitbrüdern anderer Klöster in Berührung, weiters auch mit mehreren Musikalienverlegern und sonstigen Persönlichkeiten des Musiklebens, vor allem auch mit einem der älteren Brüder Franz Schuberts, mit Ferdinand Schubert (1794—1859), dem Direktor der k. k. Normalhauptschule in der Annagasse in Wien. Von dieser Zusammenarbeit zeugen mehrere Briefe, die nun in zeitlicher Reihenfolge mitgeteilt werden. Der von Puschl geführte Briefwechsel gewährt einen genauen Einblick in seine ständige Sorge um das Musikarchiv und in seine ununterbrochene Arbeit an der von ihm geschaffenen Schubert-Sammlung. Zu bedauern ist nur, daß der die musikalischen Angelegenheiten betreffende Briefwechsel Puschls sich mit wenigen Ausnahmen erst aus verhältnismäßig später Zeit erhalten hat.

Am 1. Mai 1837 schreibt Pater Amand Carl Polster[29] aus Stift Melk an Pater Puschl einen Brief[30] wegen eines Notentausches zu Abschreibzwecken.

Aus dem darauffolgenden Jahr 1838 hat sich im Musikarchiv des Stiftes Kremsmünster ein Brief Pater Puschls erhalten[31], der vermutlich an den damaligen Stiftsphysikus in Kremsmünster, Ferdinand Wagner, gerichtet war:

19. Dez. 1838

„*Hochverehrtester Herr!*

Es gereicht mir zum wahren Vergnügen, Ihnen durch Uebersendung der Preindl'schen Vesper einen Beweis zu geben, wie sehr Sie mich durch Besorgung u Mittheilung der Schubert'schen Lieder u Gesänge verpflichteten. Mit aufrichtigem Danke schicke ich Ihnen zurück No 5 — 8, wo aber das 4te Blatt fehlt, wie ich schon neulich bemerkte; dan[n] pag: 13 — 34, auf dessen letzter Seite der Anfang des Clavierauszuges zum Stabat mater sich findet; endlich pag: 57 — 64, welche nicht, wie Sie glauben, mank sind; den[n] die letzte Seite wird durch die erste ergänzt u vervollständigt. Die in diesem Hefte befindlichen Lieder sind alle schon gestochen. Sehr muß ich bedauern, daß Sie vom Stabat mater nur Sopran u Alto besitzen. Indessen behalte ich mit Ihrer Erlaubniß diese beiden Stim[m]en, vielleicht finden sich die übrigen; in Melk und Lilienfeld habe ich mich schon ungefragt, aber noch keine Antwort. Mit der Abschrift des gebundenen Heftes bin ich noch nicht fertig; den[n] in diesem fand ich noch die meisten mir unbekan[n]ten. Nur der Unglückliche, Du liebst mich nicht, Wachtelschlag, Ellen's Gesang sind davon erschienen. Ich hoffe aber über 8 Tagen damit fertig zu werden u Ihnen dan[n] selbe überschicken zu können. — Die Advokaten besaß ich schon, eben weil schon im Stich erschienen. — Sollten Sie unter Herrn P. Georg's Musikalien noch einige Manuskripte von Schubert'schen Tondichtungen antreffen, so bitte ich, mir selbe durch den

---

29 Pater A. C. Polster, 1800—1887, Regens chori, dann Gymnasialprofessor und Musikdirektor in Melk. Stiftsarchiv, Totenrotel, Karton 30 M, Fasz. Melk X.

30 Sammlung von Briefen der Musiker an Seitenstettener Chorregenten. Stiftsarchiv, Lade A 56.

31 Original im Musikarchiv Kremsmünster. Adressat war nach Meinung P. Altman Kellners der Kremsmünsterer Stiftsphysikus Ferdinand Wagner. Vgl. P. Altman Kellners Brief im Karton 34 A (7. III. 1973).

gewöhnlichen Boten auf meine Kosten über 8 Tagen gütigst mittheilen zu wollen, da ich in dieser Ferienzeit am bequemsten Zeit zum Abschreiben habe.

Mit ausgezeichneter Hochachtung
Ihr
ergebenster
P. Leopold mpia"

Die Advokaten waren am 16. Mai 1827 bei Diabelli in Wien im Druck erschienen. Bereits am 12. Juni 1827 verzeichnete Puschl den Erwerb dieses Notendruckes.

Erst aus 1853 stammt der nächste Brief um Pater Puschls Schubert-Sammlung. Er rührt von keinem Geringeren als von Schuberts Lieblingsbruder FERDINAND SCHUBERT her, der Puschl über die Besorgung von Notendrucken berichtet[32]:

„*Hochwürdigster,*
Hochverehrtester Herr!

Indem ich die Ehre habe, Ihnen die bestellten Lieder zu übersenden und für den eingeschickten Geldbetrag zu danken, muß ich auch zugleich um Entschuldigung wegen verspäteter Sendung bitten, die durch eine kleine Lustreise nach Ober-Österreich verursacht wurde, von der ich erst vorgestern zurückkam.

Es sollte mich ungemein freuen, Gelegenheit gefunden zu haben, mit Ew. Hochwürden in noch nähere mich sehr ehrende Berührung zu kom[m]en.

Sie, Hochwürdigster Herr Direktor! vorzugsweise hochachtend

Ihr
Wien, ergebenster Diener
am 23. September 1853. Ferd. Schubert mp."

Ferdinand Schubert hatte eine Reise nach Ebensee am Traunsee im Salzkammergut unternommen, unweit von Gmunden und Ebenzweyer bei Altmünster, wo auch Franz Schubert Mitte 1825 mehrmals bei Bekannten zu Gast war.

Am 24. März 1856 teilte der Rentmeister und Regens chori des Stiftes Kremsmünster in Oberösterreich, P. MAXIMILIAN KERSCHBAUM, in einem Schreiben P. Puschl mit:

---

[32] Stiftsarchiv, Lade A 61.

„... *Es sind ... 2 Nummern von Salieri, u. 1 Meße von Schubert, von welchen allen ich Abschriften genom[m]en ...*

Ebenso so sehr bin ich Ihnen für Schuberts: ‚Salve regina' verbunden, sed quid retribuam Domino pro omnibus, quae retribuit mihi?"

Ein weiterer Brief Kerschbaums ist am 1. Februar 1858 aus Kremsmünster an Ferdinand Luib in Wien gerichtet[33]. Luib, der Material für eine Schubert-Biographie sammelte, war zu jener Zeit in Wien Direktionsadjunkt im Ministerium für Handel und Gewerbe.

„... *Mehreres, glaubt der Gefertigte, möchte im Stift Seitenstetten zu erfragen sein, indem der dortige Regenschori, P. Leopold Puschl, ein warmer Verehrer Schuberts, seit Jahren dessen Kompositionen fleißig sammelt, und vielleicht im Besitze von Daten sein möchte, welche für Schuberts Biographie nicht ohne Nutzen sein möchten.*"

Ferdinand Luib befolgte den Rat Kerschbaums und richtete an Puschl folgendes Schreiben mit der Bitte um allfälliges Material für die geplante Schubertbiographie[34]:

„*Wien, am 11. Februar 1858.*

Euer Hochwürden!

Verzeihen Euer Hochwürden, daß ich mit diesen Zeilen zu belästigen mir erlaube.

Theils innerem Berufe, theils mehrfältigen Aufforderungen zufolge, habe ich eine Biographie Franz Schuberts zu verfassen unternommen, in welcher Beziehung leider bisher so gut wie nicht geschehen ist, ungeachtet es im nächsten November schon volle 30 Jahre werden, daß diese klang- und liederreiche Brust die kühle Erde deckt.

Bei meinen diesfälligen Nachforschungen brachte ich nun (und zwar namentlich durch S. H. Herrn P. Maximilian Kerschbaum, Stiftsrentmeister und Regenschori in Kremsmünster) in Erfahrung, daß Euer Hochwürden ein warmer Verehrer Schuberts seyen, seit Jahren dessen Kompositionen fleißig sammelten und im Besitze von für mein vorhabendes Werk nützlichen Daten sein dürften.

Ich bin daher so frei, an Euer Hochwürden mit der ergebenen Bitte mich zu wenden, mir alle Ihnen etwa bekannten Notizen, welche entweder auf das

---

33 Otto Erich Deutsch, *Schubert. Die Erinnerungen seiner Freunde.* Leipzig 1957, S. 75.

34 Schubert-Sammlung Seitenstetten, Mappe *Verschiedene Schubertiana* (1. Teil).

Leben oder auf das musikalisch-literarische Wirken jenes genialen Mannes Bezug haben gütigst mittheilen und sohin zur Vermehrung meines Materiales beitragen zu wollen. Selbst das anscheinend Unbedeutendste ist für mich von großem Interesse.

Sollten sich Euer Hochwürden vielleicht im Besitze von Manuscripten oder von Briefen Schuberts befinden, so würden Sie zu großem Danke mich verpflichten wenn Sie mir die ersteren durch Angabe des Titels, des Textes, der Tonart, zumal des Datums der Entstehung, welches Schubert löblicherweise stets beizusetzen pflegte, möglichst genau zu bezeichnen, von letzteren aber eine getreue Kopie mitzutheilen die Güte hätten.

Indem ich einer baldigen Antwort mit Zuversicht entgegensehe, und zu jedem Gegendienste, der in meinen schwachen Kräften steht, gerne bereit mich erkläre, habe ich die Ehre mit ausgezeichneter Hochachtung zu verharren

Euer Hochwürden
ergebener Diener
Ferdinand Luib mp.
Direktionsadjunkt im k. k. Ministerium für Handel und Gewerbe
Stadt, Herrngasse No 27.“

Das Antwortschreiben auf diesen Brief — ein solches gab es jedenfalls und wird auch bestimmt interessante Details enthalten haben — ist nicht erhalten geblieben, auch nicht in der Wiener Stadtbibliothek, welche die meisten der an Luib gerichteten Antwortbriefe besitzt[35]. Die beiden letzten Briefe zeigen, wie bekannt P. Puschl als Schubert-Sammler in der damaligen Zeit bereits war.

Gleich aus dem nächsten Jahr ist ein Brief[36] datiert, den P. Philipp Pototschnik aus Admont am 6. März 1859 an ihn richtete, in dem er über die Kopiatur der übersendeten Noten Mitteilung macht.

Aus dem Jahre 1862 stammt ein Brief[36] von Aquilin Rogner aus Herzogenburg, der die Verbundenheit Puschls auch mit diesem Stift dokumentiert:

---

35 Vgl. Deutsch, *Erinnerungen* VI.

36 Sammlung von Briefen der Musiker an Seitenstettener Chorregenten. Stiftsarchiv, Lade A 56.

„*Euer Hochwürden*
Hochgeehrter Herr Director!

Ich gebe mir die Ehre, in der Anlage Euer Hochwürden die Gaensbacher'sche Vesper de ,Beata' zur gefälligen Copirung zu übersenden. Daß Eine Vesper mit dem Ps[alm] de profundis von selbem Autor existire, ist mir gänzlich unbekannt, gäbe es wirklich eine solche, sie wäre mir gewiß zugestellt worden, — dafür aber erhielt ich nachträglich die gleichfalls anliegenden Ps[almen] ,de profundis' u. ,memento'. Die choraliter gehaltene Vesper werde ich sobald als thunlich Euer Hochwürden zu überschicken mich beeilen.

Die Missa von Schubert, Vespera solem. von Mozart, die Gänsbacher'sche Missa solem., welche mir zu leihen Euer Hochw. die ausnehmende Güte hatten, stelle ich im selben Paquete unter herzlicher Danksagung zurück und versichere Euer Hochw. meiner steten Bereitwilligkeit allfalsigen Wünschen nach Möglichkeit zu entsprechen.

Ich verharre mit ausgezeichneter Hochachtung

Euer Hochwürden

ergebenster

Aquilin Rogner m. p.

Herzogenburg 26t Septbr 862"

Bei der Rückstellung der „*Missa von Schubert*" handelt es sich wahrscheinlich um die damals letzterschienene Messe in F aus dem Jahre 1814 (Nott 217u bzw. D 105). Diese Messe, deren Erscheinen im Wiener Verlag F. Glöggl & Sohn wohl erst am 9. Jänner 1857 angezeigt worden war, ist im Seitenstettener Archiv bereits mit „*1856*" im Eingang verzeichnet. Zehn Jahre vorher — 1846 — hatte der Prager Domkapellmeister Robert Führer (1807—1861) die von Schubert im März 1815 geschaffene Messe in G als Plagiat unter seinem Namen im Prager Musikverlag Marco Berra herausgegeben. Obwohl Schuberts Bruder Ferdinand gegen diese Veröffentlichung 1847 Einspruch erhob, erschien erst die zweite Auflage dieses Druckes bei Berras Nachfolgerin Josef Hoffmann's Witwe rechtmäßig unter Schuberts Namen. Diese Messe dürfte mit dem im Herzogenburger Brief genannten Werk jedoch nicht gemeint gewesen sein, da ein Druck oder eine Abschrift der Messe in G in Seitenstetten nicht vorhanden ist. — Die beiden anderen, schon viel früher veröffentlichten Messen Schuberts, op. 48 in C und op. 141 in B, lagen bereits seit langer Zeit (1834 bzw. 1837) unter den Seitenstettner Kirchenmusikwerken und dürften daher 1862 als Leihgaben wohl nicht in Frage gekommen sein.

Im Jahre 1863 richtete Puschls Schüler Josef Aufreither einen ausführlichen Brief aus Wien an seinen Lehrer[37]. Er weiß — aus dem Blickfeld eines Studenten — über verschiedene Musikaufführungen Interessantes zu berichten[38].

„Hochwürdigster Herr Director!

Ohne viel Umschweife gestehe ich offen, daß ich Zeit meines Lebens die denkbarsten Gefühle gegen meinen hochwürdigen Gönner und Wohltäter hegen und diese im[m]er an gewissen Tagen mit Worten ausdrücken werde, wenngleich vielleicht meine Gratulationen etwas matt und gleichgiltig scheinen mögen, aber nicht sind. — Nehmen Sie daher meine aufrichtigsten wirklich aus dem Herzen gekom[m]enen Wünsche gütigst auf und entziehen Sie mir Ihre Huld und Güte nie! — Der Allmächtige schenke Ihrem nach jeder Richtung hin segensreichen Wirken noch einige Jahrzehnte, welche in Gesundheit und Zufriedenheit verfließen sollen; dies ist der aufrichtigste Wunsch, den ich je ausprechen kann, bitte aber, mir Ihre hohe Freundschaft wenn ich es so nennen kann [nicht] zu entziehen.

Durch die Gnade des k. k. Schulrathes Becker, welcher Mit-Director am hiesigen Conservatorium ist, besuche ich seit 15ten vor[igen] M[ona]th[s] diese Anstalt u. genieße den Unterricht im Generalbaße und in der Compositionslehre bei dem H. Professor Graedener[39] *Montag, Mittwoch u. Freitag v. 5—7 Uhr Abends für monatliche Einzahlung von 1 fl Ö[sterreichischer] W[ährung] statt 6 fl, welche Begünstigung nur Lehramtskandidaten und Lehrern zu Theil wird. Außerdem steht es jedem Zöglinge frei, den Orchesterübungen, welche Dienstag und Donnerstag von 3—5 Uhr stattfinden und von H. Director Hellmesberger*[40] *persönlich dirigirt werden, beizuwohnen; ich ergrief natürlich die Gelegenheit, mich im Cello zu üben und wurde gleich zu dem IIten Cello postirt. Sowohl der Generalbaß-Unterricht als diese Orchester-Übungen interessiren mich im hohen Grade und wir brachten bereits zur Aufführung: Die Ouverture zu Mendelssohn's Oper ‚Meeresstille u. glückliche Fahrt', die C Synfonie von Schubert, die ‚Ruinen v. Athen' u. die B-Synfonie von Beethoven. Ersteres haben wir nur einmal gespielt, kann ich daher mich der einzelnen Gedanken*

---

[37] Josef Aufreither, geb. 1846; Sohn des Schullehrers in St. Leonhard am Forst (bei Wieselburg, N.Ö.). Schüler P. Puschls, studierte bis 1862 am Gymnasium Seitenstetten (Gymnasial-Archiv, *Matricula Gymnasii Seitenstadiensis 1835—1868*).

[38] Stiftsarchiv Seitenstetten, Karton 2 E, Fasz. 420/I.

[39] Carl G. P. Graedener (1812—1883), Lehrer am Wiener Konservatorium.

[40] Joseph Hellmesberger Vater (1828—1893).

nicht mehr erinnern, soviel aber weiß ich, daß es sehr schön war. Von der C Synfonie Schubert's kon[n]te sich Hellmesberger gar nicht trennen, wir spielten sie daher vieleicht 6—7 mal durch; auch ich war im[m]er froh, wenn diese aufgelegt war; besonders entzückte mich das And[an]te in Amoll, das Scherzo in C, kurz es ist nicht ein Satz, der nicht himlisch schön wäre, noch dazu hat jeder Satz eine entzückende Länge. Gleich dem ergötzten mich die Ruinen v. Athen und die B Synfonie v. Beethoven. Ich kann nur nicht begreifen, wie es möglich war, daß, wie Hellmesberger uns erzählte, Schubert, als er Mitglied des Conservatoriums war und diese Synfonie zum ersten Male in den zwanziger Jahren zur Aufführung brachte, hier in Wien grün[d]lich durchfiel; da sündigten wohl meines Erachtens die dortigen Musiker schwer? Hellmesberger ist ganz Schubert u. er sagte, daß er sie nach dieser Niederlage zum ersten Male aufführte, wo sie dann gefiel. —

Als wir den Tanz der Derwische aus den ‚Ruinen von Athen' spielten, sagte Hellmesberger folgendes: ‚Es sollen vor dem Jahre 1848 in ganz Oesterreich nur 10 gewesen sein, welche dem allgemeinen Urtheile, daß Beethoven in seiner letzten Zeit nur Verwerfliches componirte, nicht beistim[m]ten, und welche daher ‚Beethoven-Derwische' genannt wurden; ich wünsche daß aus ihnen recht viele Beethoven-Derwische hervorgehen.' Es ist wahr, daß dieser Satz und der türkische Tanz und mehrere andere Sätze wirklich höchst sonderbar sind, aber eben diese Sonderbarkeit paßt ja ganz gut dem Texte und der Vorstellung an und ich kann sie daher nur ‚wunderschön', wie die ganze Oper, nennen. Endlich die B Synfonie, wie ich glaube eine der schönsten Beethoven'scher Synfonien, haben wir erst 2mal gespielt, aber ich habe sie vollständig verstanden und ich höre sie fast in meinem Kopfe sum[m]en, da ich dieselbe zu 4 Händen arrangirt von einem gewissen ‚Walz' oder so ähnlich/: ich weiß jetzt nicht bestim[m]t den Namen:/ von meinem hohen Gön[n]er dem H. Hofrathe ausgeborgt und dieselbe ofter mit einem Collegen spielte; das Urtheil über diese kann ebenfalls nur auf ‚sehr schön' lauten. Durch H. Hofrath war ich so glücklich, das Ite philharmonische Concert (Kapellmeister Otto Desoff) anzuhören, welches sie mit der so schönen Ouvertüre zur Zauberflöte begannen und mit der ebenfalls schönen A Synfonie Nro 7 Beethoven's beendeten. Ich weiß nicht, wenn ich die Zauberflöte höre, bin ich im[m]er ganz verrückt; ich habe den Klavier-Auszug zu Hause in den Ferien von Jemanden ausgeborgt und spielte sie fast täglich, so daß ich die ganze Oper nach Verlauf des Iten Monathes der Ferien auswendig spielte. Auch Quartetten Haydn's und Beethoven's hörte ich und ich würde mit dem ‚schön' gar nicht fertig. Durch eine Freikarte, welche Graedener seinen (12) Schülern gab, kam ich zur Generalprobe der letzten Redoute, welche heute vor 8 Tagen war und hörte dort 2 Oratorien v. Händel u. zw. das erste war ‚Samson‘, das zweite kenne ich nicht mit Namen. Sie waren wohl gut und einige Sätze waren sehr schön, aber das ewige Fugiren ermüdet einem endlich auch; daher so scheint mir das gar nicht gut angeordnet gewesen zu sein, gerade 2 Händel'sche Oratorien unmittelbar aufeinander folgen zu lassen. Aufgeführt wurden sie von der Gesellschaft der Musikfreunde unter Johann Herbeck. Was Graedener betrifft, so kann ich mich erinnern, daß seine Ensemble-Stücke Hochwürden gefielen und auch mir; und ich bin hier auf zahlreiche Gegner gestoßen, auch H. Hofrath; und ich ließ mir sagen, daß Graedener verflossenes Jahr hier seine sämtlichen Compositionen zur Aufführung brachte, wegen seiner Trockenheit aber ganz u. gar durchfiel; ich müßte ihn nur verwechseln; er ist erst kurze Zeit hier in Wien und ist Hamburger; hat auch einen fremdartigen Dialect.

Ich hätte noch vieles zu erzählen, muß es mir aber, da der Raum schon beschränkt ist und überdieß befürchten muß, ohnehin schon zu langwierig gewesen zu sein, auf später vielleicht mündlich es zu ersparren. Ich bitte also nochmals, mich Ihrer Güte zu empfehlen habe ich die Ehre mich zu unterzeichnen mit größter Achtung als

Ihren

dankbarsten Schüler

Josef Aufreither

Wien, Samstag
am 14. Nov. 1863.

Ich bitte ergebenst, Sr. Gnaden dem hochwürdigsten Herrn Praelaten meinen tiefsten Respect und Handkuß zu melden; und dürfte ich einmal so glücklich sein, von Ihrer Hand einige Zeilen zu erhalten; so bitte ich so zu addressiren: J. A. Mariahilf, Webgasse Nro 38, II. Stock, Thür Nro 19. in Wien.“

Zu diesem Schreiben ist zu bemerken, daß die Angaben Hellmesbergers, soferne sie überhaupt richtig wiedergegeben wurden, einer gewissen Korrektur bedürfen. Die öffentliche Aufführung der großen C-Dur-Symphonie wurde in Wien von den Orchestermitgliedern bereits 1828 und 1839 wegen der Länge der Symphonie und zu großer Schwierigkeit des Violinparts im letzten Satz abgelehnt. Trotz des triumphalen Erfolges der Erstaufführung in Leipzig im Jahre 1839 unter Felix Mendelssohn Bartholdy weigerten sich auch die Orchestermusiker 1842 in Paris und 1844 in London, die Symphonie aufzuführen. In Wien kam die große C-Dur-Symphonie erst am 1. Dezember 1850 unter Joseph Hellmesberger zur ersten vollständigen Aufführung. —

Der Schreiber des Briefes, Joseph Aufreither, scheint im März 1865 wieder in Seitenstetten auf; in diesem Monat fertigte er mehrere, von ihm mit Ausfertigungstag versehene Abschriften für das Musikarchiv an[41], u. zw. die Sonate für Pianoforte und Arpeggione (D 821, geschrieben 5. III. 1865) sowie die Chöre *Der Tanz* (D 826, 28. III. 1865) und *Der 92. Psalm* (D 953). Diese Werke waren zu jener Zeit noch nicht gedruckt[42].

Wenige Jahre später zeigt ein Brief Puschls, den dieser 1866 an einen Mitbruder schrieb, eine unmißverständliche Verärgerung, die sich gegen einige Mitbrüder und Schüler richtet und eine gewisse Resignation wegen seiner vermeintlich mißverstandenen Arbeiten durchblicken läßt[43].

„Hochwürdiger wertgeschätzter Herr Mitbruder!

Die von Ihnen mir gütigst mitgetheilte Pastoralmesse von Conradin Kreutzer ist für mich unbrauchbar, den[n] es mangelt der bezifferte Baß u. die 2 Trompeten-Stimmen.

Überhaupt schaffe ich mir jetzt keine neuen Musikalien mehr an, nachdem ich so oft den Hohn u. Spot meiner Mitbrüder erfahren und den Undank meiner Schüler für meine gebrachten Opfer in der Musik erprobt habe.

Haben Sie die Güte, wen[n] es Ihnen nicht zu lästig fällt, das beiliegende Paket dem Herrn P. Gotfrid zu übergeben.

Indem ich mich Ihrer brüderlichen Freundschaft empfehle, unterzeichne ich mich als

Ihr

wohlmeinender

Mitbruder Leopold. mpia

Seitenstetten,

$\frac{28}{2}$ 66.“

---

[41] Siehe S. 262f.

[42] Die Sonate für Pianoforte und Arpeggione (D 821) kam gedruckt erst im Jänner 1871 bei J. P. Gotthard (Pl. Nr. J. P. G. 142) heraus. Das Gesangs-Quartett *Der Tanz* (D 826) erschien erst 1892 in der Gesamt-Ausgabe bei Breitkopf & Härtel, XVII/14, F. S. 154. Der Chor *Der 92. Psalm* (D 953) war wohl 1841 in Salomon Sulzer's *Sammlung Hebräischer religiöser Gesänge, Schir Zion* (*Teil I*) aufgenommen, bestimmt aber nicht allgemein bekannt geworden. Nach Deutsch wurde der Chor erst im Jänner 1871 von J. P. Gotthard (Pl. Nr. J. P. G. 47) gedruckt.

[43] Stiftsarchiv Seitenstetten, Karton 2 E, Fasz. 420/I.

Die Handschrift Pater Puschls zeigt in diesem Brief auch einen gewissen ungestümen, verärgerten Duktus. Pater Puschl hat jedoch seinen wohl im Zuge einer plötzlichen Verstimmung niedergeschriebenen Entschluß, keine neuen Musikalien mehr anzuschaffen — zumindest was Schuberts Werke betraf — nicht wahr gemacht, da eine ganz ansehnliche Anzahl von Schubert-Noten das Ankaufs-Datum zwischen 1866 und 1874 trägt.

Auch der gegenseitige Austausch von Musikalien zu Kopiaturzwekken zwischen Seitenstetten und den benachbarten Klöstern ist, trotz des vergrämten Briefes vom 28. Februar 1866, nicht ins Stocken geraten. Ein Brief P. Kerschbaums[44] an Puschl bezeugt dies:

„*Hochwürdiger Herr Direktor!*

Durch die Güte Ihres P.T. Herrn Prälaten sende ich Ihnen die Grabmusik von F. Schubert, sowie den Canon von Petrus Singer, von welch' beyden ich eine Abschrift genom[m]en, mit vielem und herzlichem Danke zurück, u. lege zugleich ein Offertorium von Petrus Singer, das Sie wünschten, bey.

Von einem Offertorium mit Altsolo von M. Haydn konnte ich leider nichts erfragen.

Nochmals meinen Dank aussprechend, u. zu Gegendiensten bereitet, zeichnet sich

Hochachtungsvoll

Euer Hochwürden
ergebenster

Krmsmstr d. 20. 8br [1]868 *P. Maximilian mp.*“

P. Kerschbaum bezeichnet Schuberts Werk als „*Grabmusik*“; dieser Titel ist unter den Werken Schuberts unbekannt. Das Lied *Grab*, D 330, mit seinen Varianten D 377 und D 569 kommt hiefür nicht in Frage. Ebenso fraglich ist es, ob das Werk ein der Osterkantate *Lazarus* (D 689) entnommener Teil mit geändertem Titel ist. Da Kerschbaum keinen näheren Hinweis gibt, bleibt die Frage nach Bestimmung des in dem Brief genannten Werkes in dieser Richtung vorerst noch offen. Bezieht man jedoch die Bezeichnung „*Grabmusik*“ nicht so sehr auf den Titel des Werkes, sondern allgemein auf die Gelegenheit, bei der es aufgeführt wurde, so ergibt sich in dieser Hinsicht eine durchaus verständliche

---

[44] Sammlung von Briefen der Musiker an Seitenstettener Chorregenten. Stiftsarchiv Lade A 56.

Schlußfolgerung. „Grabmusiken" wurden bekanntlich aufgeführt, während die Andächtigen — meist am Karfreitag — in der Kirche waren, um das heilige Grab zu besuchen. Vermutlich hat nun Kerschbaum auch Franz Schuberts *Stabat mater* (D 383) in weiterem Sinne solchen „Grabmusiken" zugezählt. Die gleiche Einreihung nimmt auch Regens chori P. Gregor Berger[45] in seiner Abhandlung über die musikalischen Aufführungen in Seitenstetten vor. In seinem Faszikel *Aufführungen von Oratorien und Grab-(Passions-)Musik und überhaupt größerer Chorwerke im Stifte Seitenstetten* gibt er nämlich zum Jahre 1863 an: *„25. März Franz Schubert, Stabat mater F moll, nachdem es P. Leopold, der es 1863 auf eigene Kosten gekauft, schon am 20. Jänner 1863 in seinem Zimmer mit vollständiger Besetzung durch Dilettanten mit prächtigem Erfolge aufgeführt. Am 3. April (Karfreitag) (1^h nachmitt.) wurde es wiederholt. P. Udiskalk* [Sigl] *spielte dabei Oboe. P. Leopold kaufte das Stabat mater im Manuskript, da es im Druck noch nicht erschienen war. Es wurde in dieser Zeit auch in Wien aufgeführt. Das ‚Vaterland' fand damals keine guten Seiten an dem Tonstück.*"

Nach P. Gregor Berger wurde das Werk auch am Karfreitag 1864 und 1865, 1867, 1869, 1870, 1876, 1878, 1882, 1887 und 1894, sowie am 25. März (Maria Verkündigung) 1867, 1868, 1870, 1871, 1873 und am 4. Mai 1930 (2. Sonntag nach Ostern) aufgeführt.

Schuberts *Stabat mater* in F (D 383) für Soli, Chor und Orchester, mit deutschem Text von Klopstock, ist am 28. Februar 1816 entstanden. Die Uraufführung fand am 24. März 1833 in Wien statt. Im Druck erschien das Werk erst 1888 in der Gesamtausgabe bei Breitkopf & Härtel als Nr. 13 der Serie XIV.

In der Reihe der an Pater Puschl gerichteten Schreiben ist weiters ein Brief von P. Ignaz Traumihler aus St. Florian bei Linz vom 20. Juli 1869[46] zu erwähnen, der wieder von einer Notensendung zu Abschreibzwecken handelt.

Pater Puschl hatte bereits am 28. November 1865 Partitur und Klavierauszug von Schuberts *Großer Messe in Es* (Nott 219) erworben (Deutsch gibt im *Them. Cat.* das Datum des Erscheinens der Erstausgabe von D 950 erst mit „*Dezember 1865*" an). Der Anschaffung folgte bald darauf — am Ostersonntag, 1. April 1866 — die erste Aufführung des Werkes in der Stiftskirche. Daran schlossen sich bis 1874 sieben

45 P. Gregor Berger (1865—1939), Sohn des Seitenstettener Lehrers Leopold Berger, Gymnasialprofessor, Regens chori 1922—1926 (Profeßbuch 19. Jhdt.).

46 Sammlung von Briefen der Musiker an Seitenstettener Chorregenten. Stiftsarchiv Lade A 56.

Aufführungen, mithin jährlich eine. Unter den späteren Wiederholungen des Werkes seien nur jene am 18. November 1928 (100. Wiederkehr des Sterbetages Franz Schuberts) und am 26. Mai 1929 (Sonntagberg, 200-jähriges Jubiläum der Einweihung des Kirchen-Neubaues) besonders hervorgehoben. Auch Puschl muß von dem Werk, das später als eine „*Apotheose des schönen Klanges*“ bezeichnet wurde, ungemein beeindruckt gewesen sein, so daß er den begreiflichen Wunsch hegte, auch die 1819 bis 1822 entstandene *Missa solemnis* von Schubert (Messe in As, D 678) kennen zu lernen und zur Aufführung zu bringen. Die Messe war bis dahin noch nicht gedruckt. Er richtete daher vermutlich eine Anfrage an den Wiener Musik-Verlag Carl Anton Spina[47], um Näheres über den Verbleib des Autographs dieser Messe zu erfahren und auf welche Weise zu einer Abschrift des Werkes zu gelangen sei. Pater Puschl hatte also nicht nur die im Brief vom Februar 1866 geäußerte Verstimmung längst überwunden und seit dieser Zeit so manche Schubert-Komposition ausfindig gemacht und heimgebracht, sondern er interessierte sich darüber hinaus sogar für die Aufführung großer, noch ungedruckter Werke.

Spina beantwortete die Anfrage Puschls am 20. August 1869 mit folgendem Schreiben[48]:

„*C. A. Spina* *Wien, 20/8 1869*
Wien

Herrn P. Leopold Puschl

Hochwürden!

In Erwiederung der geehrten Anfrage betreffend Franz Schubert's As Messe, konnte selbe aus dem Grunde noch nicht im Stiche erscheinen, weil das Original Manuscript mir noch nicht von der Direction des Musik Vereines ausgefolgt wurde, ungeachtet ich dieses Werk von selber gekauft. Unter Anderen Werken, welche ich von selber gekauft, u. von welchen sich die Gesellschaft das Original-Manuscript vorbehielt, befindet sich auch diese Messe, und hat diese mir verläßliche Copien zu übergeben von sämtlichen Werken. — Durch den Umzug der Gesellschaft in das Neue Haus, Ordnung der Bibliothek etc. verzögerte sich nun diese Ablieferung, doch hoffe ich nun baldigst in Ordnung zu sein mit der Gesellschaft, u. werde

[47] Carl Anton Spina, Wiener Musikverleger, 1827—1906, Nachfolger Anton Diabellis.

[48] Sammlung von Briefen der Musiker an Seitenstettener Chorregenten. Stiftsarchiv Lade A 56.

dann umgehend eine Copie anfertigen lassen, u. übersenden. Mich ferneren gütigen Aufträgen bestens empfehlend, zeichne Euer Hochwürden
Hochachtungsvoll Ergebenst
C. A. Spina eh."

Die Anfertigung der im Briefe Spinas genannten Kopie der Partitur der As-Dur-Messe dürfte sich jedoch in die Länge gezogen haben. Puschl, vielleicht des Wartens müde, wird sich daher unmittelbar an die Gesellschaft der Musikfreunde gewendet haben, um über diese Partitur weitere Erkundigungen einzuziehen. Der Bibliothekar und Archivar der Gesellschaft, Carl Ferdinand Pohl, erteilte in seiner Antwort an Pater Puschl genaue Auskunft über den damaligen Stand der Angelegenheit[49]:

„*Wien, Kleeblattgasse 11*
22. Sept. [1]870

Hochgeehrter Herr!

Ich habe wegen der As dur Messe von Schubert die nöthigen Erkundigungen eingezogen, die ich hier zusam[m]enstelle. Die Ges. d. Musikfde besaß allerdings das Autograph, verkaufte es aber an Spina. Rieter-Biedermann (in Leipzig) der auch die Es-Messe sehr schön auflegte, hat wiederholt Versuche gemacht sich mit Spina zu vergleichen aber im[m]er erfolglos. Eine Abschrift der Partitur besitzt Dr. Schneider[50]*, der sie Brahms geliehen hat. Durch Schneider wurde eine Aufführung in der Carlskirche ermöglicht die aber fast zu Zwistigkeiten geführt hätte. Im Archiv besitzen wir die Chorstim[m]en sonst nichts. Im Augenblick wäre eine Benutzung des Werks ohne Genehmigung des Besitzers des Autografs nicht gerechtfertigt. Ich werde sobald wie möglich mit Spina selbst reden u. Ihnen Näheres, ob günstig oder nicht, mittheilen.*

Mit vorzüglichster Hochachtung
Ihr ganz ergebener
C. F. Pohl

Herrn Leopold Puschl, Regenschori d.
Stiffts Seitenstätten."

---

49 Sammlung von Briefen der Musiker an Seitenstettener Chorregenten. Stiftsarchiv Seitenstetten, Lade A 56.

50 Dr. Eduard Schneider (1827—1889), Advokat in Wien, war ein Sohn von Franz Schuberts Schwester Therese (1802—1872), die 1823 den Lehrer Matthias Schneider (1788—1851) geheiratet hatte. Dr. Schneider verwaltete nach Ferdinand Schuberts Tod den immer noch ansehnlichen Nachlaß seines Oheims Franz Schubert.

Die Partitur der As-Dur-Messe (Nott 220) und der von Gotthard verfaßte Klavierauszug mit Text erschienen erst nach dem Ableben Puschls im März 1875 bei dem Nachfolger des Verlegers C. A. Spina, bei Friedrich Schreiber. Beide Drucke sind in der Schubert-Sammlung mit dem Eingangsdatum „*1876*" vorhanden. Das Autograph der Messe besitzt die Gesellschaft der Musikfreunde in Wien.

Der nächste Brief Puschls, der dem Inhalt nach vermutlich an einen Mitbruder in Wien gerichtet ist, zeigt wieder genau, mit welcher Sorgfalt er die Ankündigung von neu erschienenen Werken Schuberts verfolgte und dem Erhalt solcher Anzeigen immer gleich die Bestellung des Werkes folgen ließ. Er erwarb von den Gesangswerken meistens gleich zwei Exemplare, um sowohl eines für den Sänger als auch eines für den Begleiter am Pianoforte zu haben. Das Schreiben[51] lautet:

„*Hochwürdiger Herr Mitbruder!*

Meinem Schreiben von vorgestern muß ich ein zweites nachfolgen lassen, da ich in der Eile Einiges übersehen habe. Das Erste ist, das ich vergessen habe, Sie für das rekom[m]andierte freundliche Schreiben zu entschädigen. Daher schließe ich diesem Briefe 2 Zehnkreuzer Briefmarken bei.

Zweitens vergaß ich ein Heft Lieder Schuberts, welches in Berlin erschien, bei Gotthard anzukaufen oder wen[n] es noch nicht auf dem Lager sich befinden sollte, zu bestellen. Es führt den vollständigen Titel: Schubert Franz 6 bisher ungedruckte Lieder.

No 1. Sehnsucht von Schiller. 1te Bearbeitung. No 2. Thekla, eine Geisterstimme v. Schiller. No 3. An den Mond v. Göthe. No 4. An die Entfernte. No 5. Romanze v. Matthison. No 6. Abendlied der Fürstin. Preis 20 Sgr.

Berlin, bei Wilhelm Müller.
Oranienstraße No 105a.

u bei demselben Verleger:

Schubert Franz. Vier Lieder ohne Worte arrangirt nach bisher ungedruckten Liedern desselben Komponisten von Schaab. Preis 15 Sgr. Diese beiden Pièecen bitte in duplo anzukaufen, sowie auch das bei Gotthard erscheinende Allegretto Schuberts für Pianoforte.

---

[51] Stiftsarchiv Karton 2 E, Fasz. 420/I.

Genehmigen Sie den Ausdruck meiner inigsten Liebe u Hochachtung von

Ihrem

ergebenen Mitbruder

Seitenstetten *P. Leopold Puschl mpia*

$\frac{18}{10}$ *70.*“

Das Schreiben ist wohl ein untrügliches Zeichen seines unentwegten Sammeleifers und seiner peinlichen Genauigkeit bei Bestellungen. Zu dem schriftlichen Auftrag selbst ist Folgendes zu bemerken: Bei dem erstangeführten Notendruck *6 bisher ungedruckte Lieder* handelt es sich um die bei Nottebohm auf Seite 242 (unten) verzeichneten, 1868 bei Wilhelm Müller in Berlin erschienenen 6 Lieder D 52, 73, 296, 765, 114 und 495, Plattenbezeichnung „*13*“. Pater Puschl erhielt dieses Liederheft schon nach wenigen Tagen; er gibt als Erwerbsdatum bereits den 22. Oktober 1870 an.

Aus diesem Liederheft wurden die Lieder 3 bis 6 von Robert Schaab für Pianoforte zu zwei Händen übertragen. Diese Bearbeitung erschien ebenfalls bei Wilhelm Müller in Berlin; der Notendruck trägt den Titel *Vier Lieder ohne Worte* und die Plattenbezeichnung „*W. M. 114*“. Nottebohm führt ihn auf Seite 243 an. Den Eingang des Liederheftes verzeichnet Pater Puschl mit 23. November 1870.

Das in seinem Brief zum Schluß angeführte, 1870 bei Gotthard in Wien erschienene *Allegretto* für Pianoforte zu zwei Händen ist bei Nottebohm auf Seite 213 (unten) angegeben [D 915]. Der Druck trägt die Plattenbezeichnung „*J. P. G. 99*“. Dieses Heft erhielt P. Puschl am 4. Dezember 1870.

Die Tatsache, daß sich im Musikarchiv des Stiftes Seitenstetten etliche Abschriften von Werken Schuberts befanden, muß auch in Wiener Verlegerkreisen bekannt geworden sein, was bei den fortwährenden Notenkäufen Puschls in Wien auch nicht wundernehmen kann. Der Musikalienverleger Johann Peter Gotthard in Wien (sein eigentlicher Name ist Pazdirek, 1839—1919), der — wie aus dem nächstangeführten Schreiben hervorgeht — in regem Briefwechsel mit P. Puschl gestanden sein muß, brachte 1872 eine Reihe von Chören Schuberts heraus. Zu zwei von diesen ersuchte er nun P. Puschl um Auskunft[52]:

[52] Sammlung von Briefen der Musiker an Seitenstettener Chorregenten. Stiftsarchiv Lade A 56.

„Wien, den 30./7. [1]872

Euer Hochwürden!

Kaum habe ich meinen Brief an Euer Hochwürden zur Post geschickt, als mir einfiel, daß ich von Ihnen erfahren kann, ob die beiden Chöre ‚Trinklied' und ‚Bergknappenlied' — beide mit Pianoforte-Begleitung von Fr. Schubert nur 1 Strophe haben oder mehrere. Die mir zur Verfügung stehenden Abschriften enthalten nur eine Strophe! Sollten Ihnen, hochwürdiger Herr, andere Strophen bekannt sein, so verbinden Sie mich unendlich durch Mittheilung derselben.

Indem ich sehr um Vergebung bitte, daß ich Sie so häufig belästige — ich thue es wohl um einer guten Sache willen — empfehle ich mich besten Grußes

Euer Hochwürden

ergebenst
J. P. Gotthard"

Es handelt sich in diesem Brief um die Texte zu den beiden Chören *Trinklied* D 267 und *Bergknappenlied* D 268. Wieso Gotthard zur Ansicht kommen konnte, gerade von P. Puschl mehr über den Text zu diesen Chören erfahren zu können, ist heute wohl nicht mehr festzustellen. War er der Meinung, daß es — da er nur nach Abschriften gearbeitet hatte — in Seitenstetten möglicherweise noch eine andere Abschrift dieser Chöre gab, oder sollte vielleicht in der Stiftsbibliothek nach den Textvorlagen geforscht werden, da die Autoren beider Chöre unbekannt sind? Ein Antwortschreiben P. Puschls ist nicht erhalten geblieben. Die Chöre wurden als Nr. 2 bzw. 4 der *Neuesten Folge nachgelassener mehrstimmiger Gesänge* (Nott 231) von Gotthard 1872 herausgegeben. Die Erstdrucke der beiden Chöre finden sich in der Seitenstettner Schubert-Sammlung mit dem Eingangsvermerk P. Puschls *„18. Oktober 1872"*. Beide Chöre sind in den Drucken nur mit je einer Strophe vertreten, was die Annahme erhärtet, daß auch in Seitenstetten keine weiteren Strophen gefunden werden konnten.

Damit schließt auch der erhalten gebliebene, die Schubert-Sammlung betreffende Briefwechsel Pater Puschls, der ein wesentliches Kapitel in der Geschichte seines Lebens und Wirkens bildet, die hiemit auch hier ihr Ende findet.